# 청소년 사회 정서발달 핸드북

LEVEL 1

Daniel T. L. Shek 등 공저
박예린 · 김소의 · 김혜민 · 장상원 · 문현 · 박선웅 공역

P.A.T.H.S. to Adulthood:
A Jockey Club Youth Enhancement
Scheme Activity Handbook 1

학지사

**P.A.T.H.S. to Adulthood: A Jockey Club Youth Enhancement Scheme Activity Handbook 1 · 2**
by Daniel T. L. Shek and Hing Keung Ma


Published by Centre for Innovative Programmes for Adolescents and Families,
The Hong Kong Polytechnic University,
Hung Hom, Kowloon, Hong Kong.

# 역자 서문

청소년기는 흔히 질풍노도의 시기로 일컬어진다. 독일어 'Strum and Drang'에서 유래한 이 표현은 청소년기의 빠르고 격렬한 변화와 혼란을 상징한다. 청소년기에 겪는 감정적 · 심리적 격동은 성인으로 성장하는 과정에서 발생하는 자연스러운 경험이다. 하지만 청소년기를 질풍노도의 시기로 규정하는 관점은 그들의 감정적 불안정성과 문제 행동들을 과도하게 부각하고, 자연스러운 변화를 통제 불능의 문제로 낙인 찍는 등 부정적인 인식을 강화한다.

한국에서는 '중2병'이라는 표현이 유행하면서 이러한 사회적 낙인이 더욱 심화되고 있다. 중2병은 중학교 2학년 정도의 나이에 있는 청소년을 자의식이 과도하고 반항적이며 감정적으로 미숙한 부정적인 모습으로 묘사한다. 언론은 하루가 멀다 하고 학생들의 비행, 폭력, 따돌림 등을 사건으로 전달하는 동시에 세계 순위권을 다투는 청소년 자살률을 다루고 있다. 처음에는 풍자적으로 쓰이던 중2병이라는 표현은 이제 중학생을 폄하하고 두려워할 존재로 규정하는 표현이 되었다.

청소년기의 여러 문제 행동이나 심리적 어려움들은 자연스러운 성장 과정으로 이해되어야 하고, 사회는 청소년이 이러한 어려움을 슬기롭게 극복할 수 있도록 도와야 한다. 그러나 문제를 해결하는 것만이 청소년 발달의 전부는 아니다. 청소년기는 많은 사회적 · 신체적 · 심리적 변화에 적응하며 조화로운 사회 구성원이 되기 위해 준비하는 중요한 발달 시기이다. 특히 중학생 시기에 해당하는 청소년 초기는 아동기에 비해 성숙해진 인지적 능력과 확장된 사회적 행동범위를 바탕으로 자신의 주변 환경에 대한 이해가 넓고 깊어지는 시기이다. 또한 점점 가까워지는 어른으로서의 삶을 준비하며 자신의 현재 모습과 앞으로의 모습에 대한 고민이 많아지는 시기이다. 저명한 심리학자인 에릭 에릭슨은 생애 주기별로 중요한 발달 과업들을 이론화하면서, 청소년기의 핵심 과업은 자신이 어떤 사람인지에 대해 이해하는 정체성 발달이며, 이는 개인적인 특성만이 아니라, 주변 사람들과 환경과의 관계, 사회에서의 역할과 위치 등 스스로에 대한 다면적이고 종합적인 이해라고 설명했다.

따라서 청소년기 발달의 핵심은 단순히 문제를 예방하고 해결하는 것에 있지 않고, 이후 한 사회의 일원으로서 사회에 긍정적으로 기여할 수 있는 능력을 기르는 데 있다. 청소년들의 문제가 아닌 강점과 능력에 집중해 이들을 긍정적 사회 구성원으로 키우기 위한 방법들을 제시하는 이론이 바로 본 교육과정의 기반이 되는 긍정적 청소년 발달(Positive Youth Development) 이론이다. 긍정적 청소년 발달 이론은 청소년들이 사회에 긍정적으로 기여하는 성인으로 성장하기 위해서는 자신감, 효능감, 도덕성, 타인과의 연결감 등을 키우는 것이 중요하다고 설명하며, 이러한 측면들을 발달시키기 위해 제공되어야 할 경험과 환경을 제시한다. 청소년 연구의 대가인 미국 Tufts University의 Richard M. Lerner와 Boston College의 Jacqueline V. Lerner가 대표적으로 주창한 이 이론은 현재까지 4-H, Boy Scouts, YMCA 등 미 전역의 여러 청소년 대상 교육 프로그램에 적용되었으며, UNICEF, USAID, World Bank 및 어린이 후원단체 Compassion International 등에서도 채택되어 전 세계 수많은 청소년들의 발달 환경에 긍정적인 영향을 미치고 있다. 하지만 대부분의 긍정적 청소년 발달 이론과 프로그램들이 미국으로 대표되는 서양 국가 환경에 맞춰 개발되었다. 문화마다 청소년의 발달 환경이 천차만별이기 때문에, 서양을 중심으로 개발된 프로그램들을 한국을 비롯한 동양 국가에 소개하고 적용하는 데에는 많은 한계가 있어 왔다.

동양권에서 최초로, 또 유일하게 개발된 긍정적 청소년 발달 프로그램은 홍콩 이공대학(Hong Kong Polytechnic University)의 Daniel Shek 교수의 주도로 개발된 PATHS Program(Positive Adolescent Training through Holistic Social Program)이다. Shek 교수는 『The Lancet』과 같은 세계 최고 학술지에 논문을 게재한 청소년 심리 및 교육 전문가로, 지금까지 집필한 학술논문은 1천 편이 넘는다. PATHS 프로그램은 2005년부터 2017년까지 4억 홍콩달러(한화로 약 700억 원)의 대규모 투자로 개발되었고, 성공적인 성과로 3억 5천만 홍콩달러(약 600억 원)의 추가적인 사업비까지 확보했다. 홍콩 교육부 및 사회복지부와의 협력으로 진행된 PAHTS 프로그램은 2019년까지 홍콩 내 총 230개가 넘는 학교에서 약 29만 명의 학생들을 대상으로 진행되어 엄청난 성공을 거두었는데, 이는 홍콩 전체 학교의 절반이 넘는 규모였다.

여러 효과성 연구에서 PATHS 프로그램을 경험한 청소년들은 배움 의욕이 증가하고, 가족 및 친구와의 긍정적인 관계를 형성하는 등의 긍정적 효과를 보였으며, 약물 중독, 인터넷 중독, 비행 등의 문제 행동도 감소한 것으로 나타났다. 최근 한국 청소년들의 심리적, 사회적 문제가 급증하고 있어, 한국에서도 청소년들의 긍정적 발달을 위한 프로그램이 절실한 상황이다. 이에 우리는 이미 학문적으로 효과가 검증된 PATHS 교육과정을 한국 실정에 맞게 번안하였다.

이 프로그램은 긍정적 청소년 발달에 핵심이 되는 역량들을 기르기 위한 14개의 대단원 아래 40개의 소단원으로 구성되어 있다. 각 소단원은 30분 분량의 교육 프로그램에 대한 교수법 및 교수 자료가 포함되어 있다(총 20시간 분량). 이 프로그램을 통해 우리는 청소년들이 다음과 같은 여러 효과를 누릴 것으로 기대한다.

(1) 능력 향상: 정서 조절, 인지적 · 행동적 · 도덕적 능력을 향상
(2) 관계 형성: 좋은 어른들, 좋은 친구들과 유대감 향상
(3) 자신감 향상: 스스로의 자기결정성, 자기효능감, 회복탄력성에 대한 자신감 향상
(4) 인성 개발: 명확한 정체성을 형성하고 도덕적 인성을 함양
(5) 배려: 다른 사람을 돌보는 방법 배우기

PATHS 프로그램을 통해 청소년들이 행복하고 조화롭게 사회에 기여하는 어른으로 성장할 수 있기를 기대한다. 나아가, 청소년기를 많은 문제로 골치 아픈 시기가 아니라 천진난만한 아이에서 성숙한 어른으로 발돋움하기 위한 변화의 시기로 인식하는 문화가 조성되기를 바란다.

– 역자들을 대표하여 박예린, 박선웅

# 추천사

부모, 교육자, 연구자, 정책 입안자뿐만 아니라 시민 사회의 구성원이라면 누구나 청소년들이 긍정적으로 성장하기를 바랄 것이다. 이러한 바람은 시대를 초월한 인류의 공통적인 소망이지만, 긍정적인 청소년 발달이 무엇을 의미하는지는 시대와 장소에 따라 다양하게 정의되어 왔다.

1970년대 미국에서 청소년 발달에 대한 연구가 시작되었을 당시, 청소년기는 흔히 '질풍노도의 시기'로 여겨졌다. 사춘기에 일어나는 다양한 변화는 청소년 본인뿐만 아니라 부모, 교육자 그리고 지역사회 구성원들에게까지 정서적 · 행동적 · 사회적 문제를 야기한다고 인식되었다. 당시의 청소년 문제는 가정과 사회의 안정을 위협하는 행동적 · 사회적 결함으로 간주되었고, 부모와 교사, 보건 종사자, 나아가 청소년을 연구하는 대부분의 과학자들조차 청소년기에 대한 지배적인 견해를 공유했다. 그 견해는 바로 '청소년들을 위해 할 수 있는 최선의 방법은 그들을 덜 나쁜 사람으로 만드는 것'이라는 생각이었다.

간단히 말해, 청소년은 관리해야 할 문제로 여겨졌으며, 어른들이 할 수 있는 유일한 일은 청소년과 사회에 대한 위험을 줄이는 것뿐이라고 여겨졌다. 결핍 모델이 지배적이던 시기에는 긍정적인 청소년 발달의 의미를 묻는다면, 청소년이 하지 말아야 할 행동들에 대한 설명이 답변으로 돌아왔을 것이다. 즉, 긍정적으로 발달한 청소년은 담배를 피우지 않고, 술을 마시지 않으며, 위험한 성관계를 하지 않고, 다른 사람을 괴롭히지 않는 것으로 정의되었다.

그러나 이러한 메시지는 청소년이 좋은 사람으로 여겨지는 기준이 오직 그들이 하지 않은 일로만 결정된다는 인식을 전달한다. 청소년이 가진 강점이나 이를 긍정적으로 활용해 할 수 있는 좋은 일들은 전혀 언급되지 않았다. 결핍 모델을 주장하는 사람들은 청소년의 강점을 인정하지 않았던 것이다.

그러나 모든 청소년은 상당한 강점을 지니고 있다. 결핍 관점에서는 유아기를 제외하고 청소년기가 인간의 전 생애에 걸쳐 신체적 · 생리적 · 정서적 · 인지적 · 행동적 · 사회적 기능에서 체계적이고 의미 있는 비교적 영구적인 변화를 가져오는 가소성의 잠재력이 가장 큰 시기라는 사실이 충분히 고려되지 않았다.

또한 청소년은 유아보다 더 큰 주체성을 지니고 있어 변화의 방향을 스스로 더 잘 통제할 수 있다. 즉, 청소년은 자기주도적으로 변화할 수 있는 능력을 갖추고 있다는 것이다. 이러한 역량은 발달된 인지 및 행동 능력과 사회적 기회에서 비롯된다. 청소년의 주체성은 그들이 유아보다 자신의 발달 내용과 방향을 더욱 잘 통제할 수 있도록 한다. 가소성과 주체성은 청소년기의 주요 강점이라 할 수 있다.

20세기 말부터 시작된 움직임은 가소성과 주체성을 포함한 청소년기의 강점에 대한 관심을 불러일으켰다. 한편으로는 청소년 발달 프로그램 실무자들이 청소년이 단순히 결핍 중심의 문제로만 가득 차 있지 않다는 사실을 발견했다. 대신 그들은 함께 일한 청소년들에게서 삶의 기술, 목적 그리고 성취를 목격했다. 다른 한편에서는 생물학자와 발달 과학자들이 인간의 생리적 시스템(예: 유전 및 신경계)과 인지적 · 사회정서적 · 행동적 특성과 관련된 인간의 엄청난 가소성을 밝혀냈다.

실무자들과 과학자들이 청소년에 대해 가진 지식이 결합되면서 청소년기에 대한 개념이 급격히 변화하기 시작했다. 2000년대 말부터 이 글이 쓰이는 현재까지, 청소년의 강점에 기반한 긍정적 청소년 발달(Positive Youth Development: PYD) 관점은 미국뿐 아니라 국제적으로도 급부상하며 발전을 거듭했다. 이러한 과정에서 여러 가지 긍정적 청소년 발달의 이론적 모델들이 등장했다.

이 모델들은 긍정적 청소년 발달을 정의하는 데 사용하는 관찰 가능한 요인들에서 차이를 보였다. 예를 들어, Damon은 긍정적 청소년 발달을 "긍정적이고 고귀한 목적, 즉 자아를 넘어 세상에 긍정적으로 관여하고 기여하기 위한 삶의 경로를 개발하는 것"으로 정의했다. 반면, 우리가 사용하는 '긍정적 청소년 발달의 5C 모델'은 C로 시작하는 다섯 가지 요인[역량(Competence), 자신감(Confidence), 관계(Connection), 인성(Character), 배려(Caring)]이 잘 발달하면, 여섯 번째 C인 '기여(Contribution)'가 가족, 학교, 지역사회 그리고 궁극적으로 시민사회에 대한 기여로 나타난다고 정의한다. 한편, Benson은 긍정적 청소년 발달과 번영이 청소년의 20가지 내재적 발달 자산과 20가지 환경적 자산이 일치할 때 이루어진다고 보았다.

각 모델이 강조하는 부분은 다소 다르지만, 긍정적 청소년 발달 모델의 공통적인 핵심은 청소년의 강점이 그들의 삶 속 다양한 발달 자원과 통합될 때 긍정적 발달이 이루어진다는 아이디어를 공유한다는 점이다. 긍정적 발달이 이루어지기 위해서는 물리적 · 심리적 · 사회적으로 안정적인 환경에서 청소년의 강점과 환경이 세 가지 측면에서 통합되어야 한다. 첫째, 부모, 멘토, 교육자, 코치, 종교 지도자, 청소년 프로그램 실무자 등 유능하고 배려심 있으며 지속적으로 신뢰할 수 있는 성인이 제공하는 멘토링과 지원이 필요하다. 둘째, 이러한 관계를 통해 청소년이 삶의 기술을 개발할 기회가 제공되어야 한다. 셋째, 가정, 학교, 지역사회 활동에 참여하거나 주도함으로써 이러한 삶의 기술을 실질적으로 활용할 기회가 제공되어야 한다.

요약하자면, 강점 기반 긍정적 청소년 발달 관점의 등장과 발전은 결핍 모델의 비관적이고 패배주의적인 관점을 넘어, 다학제적이고 과학적 증거에 기반한 낙관적 접근으로 전 세계 청소년들에게 적용되었다. 국제적인 긍정적 청소년 발달 연구는 다양한 청소년의 강점을 활용하며, 그들의 번영과 시민사회에의 기여를 촉진하기 위한 창의적인 방법들을 계속 창출해 내고 있다.

이 책은 청소년을 참여시키고 그들의 삶을 향상시키기 위해 시의적이고 중요한, 검증된 커리큘럼을 제시한다. 이를 통해 모든 청소년이 건강하고 의미 있는 삶을 만들어 나가는 동시에 세상과 다양한 사람들과 기관에 기여할 수 있도록 돕는다. 이 커리큘럼을 통해 청소년들이 자신의 미래와 타인의 복지, 지역사회 그리고 지구에 어떻게 기여할지 매우 기대된다.

– Richard M. Lerner와 Jacqueline V. Lerner

# 저자 서문

서구와는 달리 아시아에서는 학문적으로 검증된 긍정적 청소년 발달(Positive Youth Development) 프로그램이 거의 없다. 우리가 개발한 PATHS 프로젝트는 긍정적 교육과정을 통해 중학생들의 행복과 삶의 목적성을 향상시키기 위한 대응적이고 혁신적인 프로그램이다. PATHS 프로젝트는 여러 면에서 혁신적이다.

첫째, PATHS 프로젝트는 중·고등학생의 정신 건강을 다룬 홍콩 최초의 대규모 긍정적 청소년 발달 프로그램이다. 홍콩에서 청소년의 정신 건강 문제가 증가하는 상황을 고려할 때, 이는 필수적이고 시의적절한 대응이다.

둘째, PATHS 프로젝트는 긍정적 청소년 발달 접근 방식을 기반으로 청소년의 잠재력과 강점을 강조한다. PATHS의 교육 프로그램들은 청소년의 강점을 보고 모든 청소년이 빛나고 번성할 것이라는 믿음을 갖는 패러다임 전환의 산물이다.

셋째, PATHS 프로젝트는 체험적 교육 방식을 활용한 긍정적 교육의 중요성을 강조한다. 체험적 교육 방식을 채택한 것은 교사 중심 교육과 강의식 교육이 주를 이루는 아시아 국가들에서 새로운 시도이다. PATHS의 교육 프로그램들은 성찰적이고 협력적인 학습, 학생 중심의 교수 및 학습, 체계적인 교사 교육 및 e-러닝 자료 개발에 중점을 둔 새롭고 창의적 교육 접근 방식을 보여 준다.

넷째, PATHS 프로젝트의 비전은 학생의 행복과 전인적 발달을 향상시키는 것이다. 청소년들의 비인지적 역량과 21세기 역량에 대한 초점은 학업 성적을 청소년 번성의 유일한 기준으로 여기는 많은 아시아 국가의 사고방식을 흔드는 것이다. PATHS의 교육 프로그램은 청소년들이 사회를 더 나은 방향으로 이끄는 데 필요한 심리사회적 역량, 지식, 성찰을 개발하도록 돕는다. 나아가 청소년의 문제 행동에만 초점을 맞추는 대신 유대감, 회복탄력성, 사회적 역량과 같은 14가지 긍정적 청소년 발달 구성 요소를 통해 전인적 청소년 발달을 촉진하는 전체론적인 관점을 유지한다. 따라서 PATHS 프로그램은 21세기 역량 개발에 중점을 둠으로써 학생들이 'VUCA(Volatile, Uncertain, Complex, Ambiguous)'한 세계, 즉 변화하고, 불확실하며, 복잡하고, 모호한 세계에 나아갈 준비를 돕는다. 또한 이 프로그램은 교사의 지식과 기술을 향상시키고 반성적 실천을 촉진하여 교육의 발전에 기여한다.

다섯째, 우리는 혼합 연구 평가에 기초한 증거 기반 긍정적 청소년 발달 프로그램에 중점을 두고, 논문 출판을 통해 교수학습에 대한 연구를 시행한다. 프로그램의 효과성 분석 연구가 없는 많은 프로그램과 달리, 우리는 체계적인 평가 전략(예: 정량적 및 정성적 평가, 포커스 그룹 인터뷰)을 사용하여 효과를 평가하고 후속 실행을 개선했다. 우리는 또한 교수 및 학습 연구(Scholarship of Teaching and Learning: SoTL) 접근 방식을 채택했으며, 이 프로젝트를 통해 총 1,164편의 출판물을 발행했다. 출판물들은 445편의 학술지 논문, 182권의 책 및 특별호, 384편의 장, 153편의 학술 대회 논문 등 다양한 범주로 나뉜다. 또한 우리 프로젝트의 작업과 효과는 신문 및 잡지 기사, 정부 공식 문서, 다른 학자의 리뷰 논문에도 발표된 바 있다. 홍콩의 PATHS 프로그램은 증거 기반 프로그램으로 세계적인 학술지인 『The Lancet』에서 다뤄지기도 하였다.

여섯째, PATHS 프로그램은 시간이 지나도 지속 가능하며 다양한 맥락에서 적용될 수 있다. 우리는 홍콩 프로그램을 다른 환경에도 맞게 수정하여 Tin Ka Ping PATHS 프로그램과 농촌 버전의 PATHS 프로그램을 개발했다. 또한 대학생의 행복을 증진하기 위해 긍정적 청소년 발달 구성 요소를 활용한 리더십 교육 과목을 학점 인정 과목으로 개발했다. 현재는 초등학생들도 우리 프로그램의 혜택을 받을 수 있도록 초등학교 버전의 PATHS 프로그램을 개발 중이다.

마지막으로, PATHS 프로그램의 도달 범위는 광범위해서, 홍콩 및 기타 지역에서 각각 674,637시간 및 1,035,042시간의 수업 시간에 활용되었다. 11,000명이 넘는 교사, 사회복지사 및 관련 전문가가 교육을 받아 다른 교육 프로그램들의 약점을 해결하고 높은 영향력과 지속 가능성을 촉진했다. 홍콩에서는 2005년부터 현재까지 320개 이상의 학교와 284,400명의 학생(601,198시간)의 참여가 있었다. 또한 홍콩의 사회적 사건과 팬데믹에도 불구하고 2019년 9월부터 현재까지, PATHS 프로그램은 많은 학생(온라인 216,671명, 오프라인 89,732명)과 3,921명의 교사에게 혜택을 주었다. 나아가 연구팀은 2019~2020학년도부터 약 14,600명의 학생과 85명의 교사로부터 평가 데이터를 수집했다. 팬데믹 이후, 프로그램의 도달 범위는 더욱 엄청나다(306,403명의 학생 및 3,921명의 교사). PATHS 프로젝트는 큰 지정 기부금(홍콩 PATHS 프로젝트 미화 약 9700만 달러, Tin Ka Ping PATHS 프로그램 미화 약 80만 달러)을 유치하며 기부자들로부터 사회적 영향력을 인정받았다.

PATHS 프로젝트는 여러 면에서 사회에 큰 영향력을 끼친다. 첫째, 이 프로젝트는 홍콩 청소년의 행복을 증진시킬 도구 상자를 풍부하게 제공한다. 홍콩 외에도 스리랑카에서 유니세프가 PATHS의 스리랑카 버전을 개발하여 시행한 바 있다. 현재 우리는 아르헨티나에서 스페인어 버전과 말레이시아에서 말레이시아 버전을 개발 중이다. 또한 PATHS 프로그램의 농촌, 대학 및 초등학교 버전들은 교사 및 관련 전문가들이 어린이, 청소년, 성인의 정신 건강을 증진시키기 위해 사용할 수 있다.

둘째, PATHS 프로그램은 100만 명이 넘는 학생들에게 심리사회적 역량과 행복을 향상시킨다. PATHS 프로그램의 효과를 뒷받침하는 여러 증거가 있다. 첫째, 학생들이 프로그램에 참여한 후 객관적 평가에서 회복탄력성, 정서적 역량, 자기 효능감 및 긍정적 정체성 등 더 나은 심리사회적 역량을 보였다. 둘째, 주관적 평가에서 대부분의 교사와 학생들이 PATHS 프로그램을 통해 학생들의 심리사회적 역량을 향상시킬 수 있다고 인식했다. 셋째, 인터뷰와 포커스 그룹을 통한 정성적 평가에서 학생들이 프로그램에 참여를 통해 소프트 스킬(소통능력, 리더십 등)을 습득하고 심리사회적 역량이 향상되었다고 말했다. 넷째, 학생들은 일기에 그들이 심리사회적 역량, 자기 이해 및 대인 관계 기술을 얻었다고 적었다. 노동 시장에서 고용주들은 소프트 스킬이 뛰어난 직원들을 찾기 때문에 심리사회적 역량 향상은 고용 가능성 향상과 연결된다. 따라서 대학 버전 프로그램('내일의 리더' 프로그램)은 학습 결과와 고용 가능성도 향상시킨다.

셋째, PATHS 프로그램은 11,000명 이상의 교사에게 교육 및 프로그램 실행을 통해 전문적 역량과 심리사회적 역량을 향상시켰다. 아시아 사회에서의 교육은 일반적으로 강의식으로 이루어지며 교사들은 긍정적 청소년 발달 프로그램을 가르칠 긍정적인 태도와 기술이 부족한 경우가 많기 때문에 교사들에게 매우 유익하다. 체험적 학습은 아시아에서 일반적인 교육 방법이 아니다. 교사 교육을 통해 본 프로그램은 교사의 역량과 웰빙을 향상시킨다.

마지막으로, 우리는 긍정적 교육 및 체험적 교육 방법을 채택하고 촉진하여 고등학교 정신 건강 교육을 변혁하고 있다. 이 프로그램은 보다 학생 중심적이고 상호작용적인 대안적 정신 건강 프로그램을 소개하고 제공한다. 우리는 PATHS 프로젝트가 많은 청소년의 생명을 구할 수 있다고 믿는다.

홍콩 이공대학교와 고려대학교가 참여하는 이번 공동 연구 프로젝트를 수행하게 되어 매우 기쁘다. 박선웅 교수의 리더십 아래 교육 자료를 번역하고 한국 실정에 맞게 수정하였다. 한국 버전의 PATHS 프로그램이 한국에서 증가하는 청소년 정신 건강 문제에 대한 시의적이고 건설적인 대응이 되기를 진심으로 바란다.

저자들을 대표하여<br>Daniel T. L. Shek

# 차례

## 대단원 5 행동 역량



## 대단원 6 도덕적 역량



## 대단원 7 자기효능감



## 대단원 8 친사회적 규범



## 대단원 9 회복탄력성

## 대단원 10 자기결정성



## 대단원 11 영성



## 대단원 12 명확하고 긍정적인 정체성



## 대단원 13 미래에 대한 신념



## 대단원 14 친사회적 참여

## 대단원 1

# 유대감

**소단원 1** 친구이자 교수자 되기

**소단원 2** 성격의 힘

**소단원 3** 나에게 중요한 친구 찾기

**소단원 4** 함께하는 여정

## 들어가며

유대감이란 개인이 부모, 형제자매, 또래, 친구, 교사 등의 대상에게 느끼는 정서적 애착을 말한다. 애착연구의 대가인 Ainsworth는 "애착 행동은 요람에서 무덤까지 인간을 특징짓는 요소로 작용한다."라고 하였다. 많은 연구에 따르면, 청소년들이 주변 사람들과 안정적으로 애착을 형성할 경우, 자존감, 자신감, 문제 해결 능력, 대인 관계 기술이 향상된다.

그러나 사회가 변화함에 따라 사람들은 서로에게서 고립되고 있다. 청소년이 긍정적으로 성장하는 데 필요한 지원이 그들의 환경에서 부족하면, 사회적으로 용납하기 어려운 행동이나 활동에 참여할 가능성이 높아진다. 따라서 성인 및 또래와의 유대감을 증진하고 긍정적인 생활 방식을 실천하는 것은 청소년의 건강한 발달에 매우 중요하다. 특히 교사 및 학교 친구들과의 애착은 자신감과 학교 참여도를 높인다. 따라서 누구와 어떻게 유대를 형성할 것인지는 청소년 발달에서 매우 중요하고, 바람직한 친구의 자질을 파악하는 법을 배우는 것은 유대감 형성 교육에서 필수적이다.

Level 1에서의 유대감 교육은 학생과 교수자, 또래 간의 바람직한 신뢰 관계를 형성하는 것을 목표로 하며, 총 4개의 소단원으로 구성되어 있다. 소단원 1에서는 교수자와 학생 간, 학생 상호 간의 건전한 관계를 구축하여 향후 수업에서의 적극적인 참여를 유도한다. 소단원 2에서는 학생들이 자신의 성격을 이해하고 성격이 대인 관계에 미치는 영향을 배운다. 소단원 3에서는 바람직한 친구와 바람직하지 않은 친구를 구분하고 올바른 친구를 선택하여 서로에게 도움이 되는 관계를 형성하는 방법을 다루고, 마지막으로 소단원 4에서는 학생들 간에 신뢰 관계를 형성하고 이러한 경험을 일상생활에 적용하여 다른 또래와 더욱 친밀한 우정을 쌓는 것을 목표로 한다. 유대감을 형성하는 다른 주요 요소는 '친사회적 규범' '명확하고 긍정적인 정체성' 및 '정서적 역량' 단원에서 다룬다.

## 개관

| 소단원 | 소단원 목적 | 학습 목표 |
|---|---|---|
| **친구이자 교수자 되기 (30분)** | 교수자와 학생 간, 학생 상호 간 건전한 관계를 구축하여 적극적인 참여를 장려한다. | 1. 교수자와 친밀한 관계를 맺는다.<br>2. 교수자와 친구의 중요성을 이해한다.<br>3. 친하지 않은 반 친구 세 명에 대해 자세히 알아본다. |
| **성격의 힘 (30분)** | 학생들이 자신의 성격에 대한 이해를 높이고, 성격이 대인 관계에 미치는 영향을 알아본다. | 1. 세 가지 주요 성격 유형에 대해 배운다.<br>2. 성격이 대인 관계에 미치는 영향을 이해한다. |
| **나에게 중요한 친구 찾기 (30분)** | 1. 학생들에게 바람직한 친구와 바람직하지 않은 친구를 구분하는 방법을 가르치고, 올바른 친구를 선택하여 건강한 관계를 맺을 수 있도록 격려한다.<br>2. 학생들에게 유혹을 이겨 내는 데 필요한 기술을 가르친다. | 1. 바람직한 친구와 바람직하지 않은 친구를 구분하는 요인을 파악한다.<br>2. 거절의 원칙과 기술을 습득한다. |
| **함께하는 여정 (30분)** | 학생들 간의 신뢰를 구축한다. | 1. 우정에서 신뢰의 중요성을 이해한다.<br>2. 급우 간의 신뢰를 구축하고 증진하는 기술을 익힌다. |

이 대단원에 포함된 모든 활동지 및 파워포인트 슬라이드와 영상 자료 등은 학지사 홈페이지(www.hakjisa.co.kr)에서 내려받을 수 있습니다.

소단원 1

# 친구이자 교수자 되기

## 1. 소단원 목적

교수자와 학생 간, 학생 상호 간 건전한 관계를 구축하여 적극적인 참여를 장려한다.

## 2. 학습 목표

① 교수자와 친밀한 관계를 맺는다.

② 교수자와 친구의 중요성을 이해한다.

③ 친하지 않은 반 친구 세 명에 대해 자세히 알아본다.

## 3. 수업 내용

| 활동 | 절차 |
|---|---|
| **1. 준비 활동(2분)** | 1. 학생들에게 질문을 던지며 시작한다. "적을 알고 나를 알면 백 번 싸워도 위태롭지 않다."라는 말이 무슨 뜻인지 알고 있나요? 이 말은 대인 관계에서 무엇을 의미할까요?"<br>2. "오늘 여러분과 공유할 이야기가 있습니다. 모두가 공감할 수 있는 실제 이야기입니다. 무슨 내용일까요?"라고 말하며 다음 활동으로 이어 간다. |
| **2. 교수자의 경험 공유:** 친구이자 교수자 되기 **(10분)** | **목표: 학생들에게 개인적인 이야기를 들려줌으로써 교수자에 대한 신뢰를 높이고, 학생들의 적극적인 프로그램 참여를 유도한다. 학생들에게 누구나 성장 과정에서 어려움을 겪는다는 것을 보여 준다.**<br>1. 중학교 학생의 경험을 이야기 형식으로 들려준다. 이야기는 주인공이 대인 관계, 학업, 가족 등으로 인해 어려움을 겪다가 다른 사람의 도움과 자신의 노력으로 어려움을 극복하는 내용으로 구성한다.<br>2. 교수자는 학생들에게 이야기의 주인공이 중학교 1학년 시절의 교수자라고 알린다. 이를 통해 학생들의 공감을 불러일으키고 감동을 줄 수 있다. 또한 학생들이 곤경에 처했을 때 효과적인 해결책을 찾도록 격려하는 예시로 활용할 수 있다.<br>3. 사람들은 누구나 성장하면서 나름대로의 어려움을 겪는다는 결론을 내린다. 성공은 다른 사람의 도움과 자신의 노력을 통해 달성할 수 있음을 강조한다. |

| | 목표: 같은 반 친구들, 학생과 교수자 간 더 많은 것을 알아 간다. |
|---|---|
| **3. 모둠 공유:** 특징 검사지(10분)<br><br>▷ **교수자료**<br>-[부록 1-1] 활동지: 특징 검사지 | 1. 활동지의 목적을 간략히 소개한다.<br>2. 활동지를 학급에 나누어 주고 5분 동안 자신을 가장 잘 설명한다고 생각하는 답에 체크 표시를 하도록 학생들에게 지시한다.<br>3. '특징 검사지'의 총합을 합산한다.<br>4. 학생들에게 활동지를 반 친구 세 명과 공유하여 어느 문항에서 점수가 높고 낮은지 등 서로에 대해 더 많이 알 수 있도록 한다. 이때 공유한 검사지 결과를 동의 없이 다른 사람에게 알리면 안 된다는 점을 강조한다. |
| **4. 결론(3분)** | 1. 사람은 성장하면서 어려움을 마주하게 된다. 학생들이 각자의 경험을 공유함으로써 서로 도울 수 있음을 강조한다.<br>2. 학생들이 긍정적인 우정을 쌓을 수 있도록 격려한다.<br>3. 새로운 친구를 만나는 등 우정을 위해 적극적으로 행동할 것을 권장한다. |
| **5. 마무리 활동(5분)**<br><br>▷ **교수자료**<br>-[부록 1-3] 성장 확인 질문 | 1. 성장 확인 질문을 나누어 주고 학생들이 수업 내용과 스스로를 돌아볼 수 있도록 지도한다.<br>2. 수업 중 학생들의 참여도를 칭찬한다. |

## 4. 세부 지도 사항

### 1) 친구이자 교수자 되기

- 교수자의 역할은 단순히 가르치는 것에 국한되지 않는다. 교수자는 긍정적인 도덕적 메시지를 전달하고, 학생들이 혼란스러워 할 때 길을 제안하는 등 학생들이 성숙해 가는 과정에서 인생의 안내자 역할을 해야 한다. 이 프로그램의 사전 연구에서 자신의 이야기를 드러내는 것이 학생과 강사 간의 좋은 관계를 형성하는 데 큰 도움이 되며, 이후 프로그램에서도 더 깊이 있고 의미 있는 소통의 길을 열어 준다는 것은 입증된 바 있다.
- 최적의 결과를 위해 다음 사항을 유의한다. (1) 학생이 교수자에 대해 관심을 가져야 하고, (2) 학생과 교수자 사이에 근본적인 신뢰가 있어야 하며, (3) 학생이 수업에 집중할 수 있는 환경을 조성해야 하며, (4) 교수자가 자신의 개인적인 경험을 공개적으로 드러내고자 하는 의지가 필요하고, (5) 교수자의 권위를 강조하는 것은 자신을 솔직하게 보여 주거나 학습 동기를 부여하는 관계를 구축하는 데 도움이 되지 않는다는 것을 이해해야 한다.

- 교수자는 개인적인 이야기를 공개하는 것이 의도치 않은 결과를 초래할 수 있음을 명심해야 한다. 예를 들어, 학생들이 수업이 끝난 후에 교수자의 사적인 이야기를 퍼뜨릴 수 있으며, 이야기를 공유한 목적에 집중하지 못하여 교수자가 기대했던 결과를 얻지 못할 수 있다.
- 교수자는 청소년기에 처했던 어려운 환경(예: 학업 성적 부진, 교사나 또래로부터 인정받지 못함, 가족 문제 등)을 어떻게 이겨냈는지, 그리고 다른 사람의 도움과 자신의 노력으로 어려움을 어떻게 극복했는지에 대해 공유할 수 있다. 학생들과 비슷한 나이와 배경을 가졌을 때, 현재 학생들이 겪는 것과 비슷한 문제를 겪었던 경험을 찾아본다. 당시의 느낌을 학생들에게 자세히 이야기하여 공감을 유도한다.
- 교수자는 학생에게 본인이 이야기 주인공이라면 어떤 결정을 할 것인지 물어봄으로써 상호적인 공유경험을 만들 수도 있다. 선택지를 주고 몇몇 학생들에게 이에 대해 어떻게 생각하는지 이야기하도록 한다.
- 공유 수업을 진행하기 위한 최선의 방법을 선택한다. 수업 중에 개인적인 경험을 이야기하는 것이 어렵거나 불편하다고 느끼면, 일상 사진이나 악기 연주, 요리와 같은 개인적인 특기나 취미를 보여 주는 등의 대안을 모색할 수 있다.

## 2) 특징 검사지

- 총점은 참고용 지표로만 사용한다. 학생들에게 이 활동의 목적은 자신과 급우의 강점과 약점을 파악하고 어떤 점을 개선할 수 있는지 알아보는 것임을 강조한다.
- 학생들은 활동지 결과를 친한 친구와만 공유하려는 경향이 있을 수 있으므로 학급에서 소외되는 학생들과 개인적으로 대화함으로써 격려하고 관심을 보여야 한다.
- 학생들이 단순히 최종 점수의 높고 낮음을 비교하는 것보다 답변의 이유를 말하고, 서로 간의 차이를 이해하는 것에 초점을 맞추도록 지도한다.

## 5. 보충 활동(선택 사항)

| 활동 | 내용 | 권장 사항 |
|---|---|---|
| **나에게 힘이 되는 가족** | **목표: 가족 구성원과 좋은 관계를 맺는다.**<br>학생들에게 '[부록 1-2] 나에게 힘이 되는 가족' 활동지를 작성하고 '만족 지수'를 계산하도록 한다. 학생에게 가족과 답을 공유하거나 개선점을 찾도록 요청한다. | 교수자가 특정 학생의 '만족 지수'가 다소 낮다고 판단하면 학생의 상황에 대해 자세히 알아보아야 한다. 필요한 경우 학생을 학교 상담교사나 사회복지사에게 의뢰한다. |
| **사진 공유하기** | **목표: 학생들이 서로의 삶을 이해하고 긍정적인 관계를 구축할 수 있도록 한다.**<br>학생들에게 자신의 일상 사진을 가져와 반 친구들과 공유하도록 한다. 서로에 대해 더 많이 알 수 있도록 각 사진에 담긴 이야기를 들려 달라고 요청한다. | 가능하면 게시판에 사진을 게시하여 모든 학생이 더 많이 교류할 수 있도록 한다. |

부록 1-1

# 활동지: 특징 검사지

이름: ______________________

자신을 가장 잘 설명하는 답변에 체크 표시하세요.

| | 거의 하지 않는다 | 드물게 함 | 때때로 함 | 자주 함 | 항상 함 |
|---|---|---|---|---|---|
| 1. 스포츠를 즐긴다(예: 야구 경기, 수영). | □ | □ | □ | □ | □ |
| 2. 여가 시간에 친구들과 건강한 활동을 한다 (예: 등산). | □ | □ | □ | □ | □ |
| 3. 돈을 신중하게 사용하고 절약한다. | □ | □ | □ | □ | □ |
| 4. 스스로를 돌아보고 반성한다. | □ | □ | □ | □ | □ |
| 5. 친구를 잘 챙겨 준다. | □ | □ | □ | □ | □ |
| 6. 안정적인 친구 관계를 유지한다. | □ | □ | □ | □ | □ |
| 7. 새로운 것을 배운다. | □ | □ | □ | □ | □ |
| 8. 문제 상황을 곧바로 해결하려 한다. | □ | □ | □ | □ | □ |
| 9. 무섭게 화를 낸다. | □ | □ | □ | □ | □ |
| 10. 친구를 신뢰한다. | □ | □ | □ | □ | □ |

합계: ______________________

계산 방법

Q.1–8, 10: 거의 하지 않음 = 1, 드물게 함 = 2, 때때로 함 = 3, 자주 함 = 4, 항상 함 = 5

Q.9: 거의 하지 않음 = 5, 드물게 함 = 4, 때때로 함 = 3, 자주 함 = 2, 항상 함 = 1

부록 1-2

# 보충 활동: 나에게 힘이 되는 가족

이름: ____________________

자신을 가장 잘 설명하는 답변에 체크 표시하세요.

| | 거의 하지 않는다 | 드물게 함 | 때때로 함 | 자주 함 | 항상 함 |
|---|---|---|---|---|---|
| 1. 집에 머무른다. | ☐ | ☐ | ☐ | ☐ | ☐ |
| 2. 가족과 함께 시간을 보낸다. | ☐ | ☐ | ☐ | ☐ | ☐ |
| 3. 가족과 함께 공통의 취미 생활을 한다. | ☐ | ☐ | ☐ | ☐ | ☐ |
| 4. 가족을 챙기고 돌본다. | ☐ | ☐ | ☐ | ☐ | ☐ |
| 5. 가족은 나를 아낀다. | ☐ | ☐ | ☐ | ☐ | ☐ |
| 6. 부모님이 나에 대한 기대가 있다. | ☐ | ☐ | ☐ | ☐ | ☐ |
| 7. 부모님은 내 기분을 신경 쓴다. | ☐ | ☐ | ☐ | ☐ | ☐ |
| 8. 우리 가족은 내 의견과 결정을 존중한다. | ☐ | ☐ | ☐ | ☐ | ☐ |
| 9. 부모님이 서로 싸운다. | ☐ | ☐ | ☐ | ☐ | ☐ |
| 10. 부모님이 나에게 화를 낸다. | ☐ | ☐ | ☐ | ☐ | ☐ |

합계(만족 지수): ____________________

계산 방법

Q.1–8, 10: 거의 하지 않음 = 1, 드물게 함 = 2, 때때로 함 = 3, 자주 함 = 4, 항상 함 = 5

Q.9: 거의 하지 않음 = 5, 드물게 함 = 4, 때때로 함 = 3, 자주 함 = 2, 항상 함 = 1

# 부록 1-3 성장 확인 질문

이름: ______________ 반: ______________ 날짜: ______________

## 1. 수업 과제

1) 곤경에 처해 본 적 있나요? 그때 다른 사람에게 도움을 청했나요? 도움을 요청했든, 하지 않았든 그렇게 행동한 이유는 무엇인가요?

2) 여러분이 어려움에 처했을 때 친구나 선생님들이 어떤 종류의 도움을 주었는지 적어 보세요.

3) 주변 어른들, 친구들과 좋은 관계를 맺는 것은 어떤 점에서 중요할까요?

## 2. 숙제

1) 우정을 잃는 것이 자신감, 문제 해결 능력, 의사소통 능력에 미치는 부정적인 영향은 무엇일까요?

2) 학교가 친구를 사귀는 안전한 공간이라고 생각합니까? 그렇게 생각한 이유는 무엇인가요?

소단원 2

# 성격의 힘

## 1. 소단원 목적

학생들이 스스로의 성격에 대한 이해를 높이도록 돕고, 성격이 대인 관계에 미치는 영향을 알아본다.

## 2. 학습 목표

① 세 가지 주요 성격 유형에 대해 배운다.
② 성격이 대인 관계에 미치는 영향을 이해한다.

## 3. 수업 내용

| 활동 | 절차 |
|---|---|
| **1. 준비 활동(8분)**<br><br>▷ **교수자료**<br>-[부록 1-4] 활동지: 불쾌한 표현 | 1. 활동지를 학급에 나누어 준다. 학생들에게 5분의 시간을 주고 총 20개의 표현 중 가장 불쾌하다고 생각하는 표현 10개를 고르게 한다.<br>2. 학생들의 활동지를 취합하여 가장 많이 선택된 10개의 표현을 선별한다.<br>3. 학생들에게 형용사를 사용하여 불쾌한 표현의 특징을 설명하도록 한다.<br>4. 학생들에게 위에서 설명한 특징이 대인 관계에 어떤 영향을 미칠지 생각해 보게 하고 소단원 목표를 소개한다. |
| **2. 모둠 토론:** 성격이 다른 세 친구**(10분)**<br><br>▷ **교수자료**<br>-[부록 1-5] 모둠 활동지: 성격이 다른 세 친구 | **목표: 성격이 대인 관계에 미치는 영향을 이해하고 자신의 성격을 알아본다.**<br>학급을 여러 개의 작은 모둠으로 나눈다.<br>1. 모둠별로 활동지를 나누어 준다.<br>2. 학생들은 5분 동안 등장인물들의 성격과 그들의 성격이 대인 관계에 미치는 영향에 대해 토론한다.<br>3. 학생들이 토론 결과를 학급에 발표하도록 한다.<br>4. 학생들에게 자신과 가장 비슷하다고 생각하는 등장인물을 고르고 이유를 설명하도록 한다.<br>5. 학급에서 공유된 내용을 요약하고 성격이 대인 관계에 영향을 미친다는 결론을 내린다. |

| | |
|---|---|
| **3. 교안:** 성격 유형(5분)<br><br>▷ **교수자료**<br>-[부록 1-6] 학생용 참고 자료: 성격 유형 | **목표: 성격이 대인 관계에 미치는 영향을 이해한다.**<br>1. 참고자료를 나누어 주고 세 가지 주요 성격 유형을 소개한다.<br>• 공격적인 성격<br>• 소극적인 성격<br>• 단호한 성격<br>2. 지나치게 공격적이거나 소극적인 성격은 대인 관계에 악영향을 미칠 수 있으므로 학생들이 정중하지만 단호하게 행동하도록 격려한다.<br>3. 학생들이 "우리 모두는 괜찮은 사람이다."라는 것을 느낄 수 있도록 지도한다. |
| **4. 결론(2분)** | 1. 대인 관계에서 성격이 중요한 역할을 한다는 점을 강조한다.<br>2. 학생들이 지나치게 공격적이거나 소극적이지 않도록 격려한다.<br>3. 학생들이 본인 성격 중 대인 관계에 부정적인 특성을 발견했을 때 친구나 어른과 상의할 수 있도록 안내한다. |
| **5. 마무리 활동(5분)**<br><br>▷ **교수자료**<br>-[부록 1-7] 성장 확인 질문 | 1. 성장 확인 질문을 나누어 주고 학생들이 수업 내용과 스스로를 돌아볼 수 있도록 지도한다.<br>2. 수업 중 학생들의 참여도를 칭찬한다. |

## 4. 세부 지도 사항

### 1) 준비 활동

- 많은 학생은 지나치게 공격적인 표현을 가장 불쾌하다고 느낄 것이다. 학생들의 선택 결과를 활용해서 공격성이 대인 관계에 미치는 영향을 설명한다.
- 20개의 표현은 다음과 같이 분류된다.
  - 공격적: 1, 2, 3, 5, 6, 8, 9, 11, 12, 13, 14, 15, 17, 18, 19, 20
  - 소극적: 4, 7, 10, 16
- 학생들에게 자신이 불쾌하다고 생각한 표현을 다른 사람에게 사용하면 안 된다는 것을 상기시킨다.

### 2) 성격이 다른 세 친구

- 학생들에게 진영이 책을 줍고 급우를 도와주려고 한 이유가 무엇인지 물어본다. 이는 진영이 자신의 권리뿐만 아니라 다른 사람을 돌보는 방법을 분명히 알고 있었기 때문

이다.

- 학생들은 자신의 성격을 파악하기 어려워할 수 있다. 교수자는 학생들에게 교복이 급우에 의해 더러워지거나 부모님이 좋아하는 만화책을 버린 경우, 어떻게 반응할지 물어보는 등 구체적인 상황을 제시하는 것이 좋다.
- 학생들은 단호한 척을 하면서 자신의 단점을 숨기려고 할 수 있다. 이런 상황에서 교수자는 학생들에게 솔직한 태도로 임해 줄 것을 요청한다.

### 3) 성격 유형

- 대부분의 사람은 상황에 따라 한 가지 이상의 성격 유형에 해당된다는 것을 알려 준다(예: 친구보다 부모님을 대할 때 단호한 태도를 보이기 더 어렵다). 그럼에도 불구하고 학생들에게 가능한 한 분명한 태도를 취하도록 지도한다.
- 장기적인 효과를 위해 웹툰이나 드라마 등에 나오는 유명한 인물을 예시로 들어 성격 유형을 설명할 수 있다.
- 마지막으로, 학생들에게 다음 내용을 상기시킨다. "여러분을 잘난 척한다거나 가식적이라고 헐뜯는 누군가 때문에 가끔 여러분의 단호한 면을 숨기고 싶을 수 있습니다. 그럴 때 우리 모두는 괜찮은 사람이라는 것을 떠올리면 스스로가 겸손하고 성실한 사람이라는 확신을 가질 수 있습니다."

## 5. 보충 활동(선택 사항)

| 활동 | 내용 | 권장 사항 |
|---|---|---|
| 유쾌한 표현 10가지 | **목표: "우리 모두는 괜찮은 사람이다."라는 원칙을 적용하는 법을 배운다.**<br>학생들에게 [부록 1-4]에서 가장 불쾌한 표현 10개를 골라 사려깊은 문장으로 바꾸어 보라고 한다. 이는 "우리 모두는 괜찮은 사람이다."라는 원칙을 사용하여 단호한 성격을 기르는 데 도움이 될 수 있다. | '최고의 표현' '최고로 창의적인 아이디어' 등의 상을 부여함으로써 적극적인 참여를 유도한다. |

# 부록 1-4 활동지: 불쾌한 표현

이름: ____________________

1. 다음 중 캐릭터가 한 말 중 가장 불쾌하다고 생각하는 10가지를 선택해 주세요.

❶ WANTED

"네가 가져오는 걸 깜빡해서 이제 아무것도 가지고 놀 수가 없잖아!"

❷ WANTED

"또 지각했구나. 매번 내가 기다리게 하지 마."

❸ WANTED

"넌 멍청해. 항상 성적이 엉망이지. 나 좀 봐, 90점이야."

❹ WANTED

"…… (항상 아무 말도 하지 않음.)"

❺ WANTED

"역시 내 생각이 더 좋아."

❻ WANTED

"걔 오지 말라고 말하는 거 까먹었지? 짜증 나. 그럼 안 갈래."

❼ WANTED

"미안해……. 네가 알아서 결정해."

❽ WANTED

"나는 밖으로 나가고 싶은데 너도 나가자!"

❾ WANTED

"너만 아니었으면 게임도 이겼을 거야."

❿ WANTED

"난 못 할 것 같아. 나 시키지 마."

⓫ WANTED

"나 TV 봐야 하니까 조금만 기다려 줘."

⓬ WANTED

"넌 아무것도 못하는데 왜 허튼 일을 시도하는 거야?"

⓭ WANTED

"나한테 책 줘!"

⓮ WANTED

"이 펜 못생겨서 별로다. 너 가져."

⓯ WANTED

"그래서 뭐! 까먹은 게 벼슬이니? 변명하지 마!"

⓰ WANTED

"확실하진 않지만 괜찮을 거야……."

⓱ WANTED

"걔는 아무하고도 이야기 안 해. 같이 놀지 마!"

⓲ WANTED

"날 봐! 나는 최고라고! 우리가 이길 거야."

⓳ WANTED

"잘하고 못하고의 문제가 아니라 그냥 걔 자체가 문제야."

⓴ WANTED

"이 펜은 내 거야. 돌려줘!"

2. 앞의 10가지를 선택한 이유는 무엇인가요?

부록 1-5

# 모둠 활동지: 성격이 다른 세 친구

이름: ____________________

**다음 이야기를 읽고 조원들과 함께 다음 질문에 대해 토론하세요.**

**1. 영주**

영주는 다른 사람의 감정을 고려하지 않고 항상 직설적으로 말합니다. 어느 날 영주는 매점에서 음료를 사서 돌아서는 순간 옆에 서 있던 여학생에게 음료를 쏟았습니다. 영주는 미안하다고 말하지 않고 여학생 탓으로 돌렸습니다. 심지어 여학생에게 엎질러진 음료수 대신 새로 마실 것을 사 달라고 요구하기도 했습니다.

**이에 대해 생각해 봅시다.**

| | 예 | 아니요 |
|---|---|---|
| 영주는 친구들 사이에서 인기 있나요? | ☐ | ☐ |
| 영주는 다른 사람들이 어떻게 느끼는지 생각하였나요? | ☐ | ☐ |
| 영주는 자신의 감정을 고려했나요? | ☐ | ☐ |

**영주에 대해 어떻게 생각하나요?**

______________________________________________

______________________________________________

## 2. 석진

석진은 항상 낮고 작은 목소리로 말합니다. 어느 날 그는 평소처럼 간식을 사러 매점에 갔습니다. 갑자기 반 친구들이 자신들이 먹을 음식을 사 달라고 요구했습니다. 석진은 친구들의 부탁을 받아들여 간식을 사 줬습니다. 시간이 지나면서 점점 더 많은 반 친구들이 석진이에게 간식을 사 달라고 부탁했습니다. 석진은 반 친구들에게 아주 쓸모 있는 친구가 되었습니다.

**이에 대해 생각해 봅시다.**

| | 예 | 아니요 |
|---|---|---|
| 석진은 친구들 사이에서 인기 있을까요? | □ | □ |
| 석진은 다른 사람들이 어떻게 느끼는지 생각하였나요? | □ | □ |
| 석진은 자신의 감정을 고려했나요? | □ | □ |

**석진에 대해 어떻게 생각하나요?**

### 3. 진영

진영은 중학교 1학년 학생입니다. 어느 날 복도 모퉁이를 돌다가 같은 반 학생과 부딪혀 반 친구의 책과 종이가 모두 바닥에 떨어졌습니다. 반 친구는 화가 나서 진영에게 소리를 질렀습니다. 그럼에도 불구하고 진영이는 침착하게 친구가 괜찮은지 물어보고 친구의 책을 주워 줬습니다.

**이에 대해 생각해 봅시다.**

| | 예 | 아니요 |
|---|---|---|
| 진영은 친구들 사이에서 인기 있을까요? | □ | □ |
| 진영은 다른 사람들이 어떻게 느끼는지 생각하였나요? | □ | □ |
| 진영은 자신의 감정을 고려했나요? | □ | □ |

**진영에 대해 어떻게 생각하나요?**

# 부록 1-6 학생용 참고 자료: 성격 유형

이름: ____________________

## 1. 공격적인 성격

**특징**: 직설적으로 말하며, 남을 쉽게 비난하고, 의견이 다를 때 항상 이기고 싶어 하며, 무의식적으로 자신을 먼저 생각합니다.

**대인 관계**: 공격적인 사람은 일반적으로 다른 사람의 필요와 감정에 대해 생각하지 않는 경향이 있기 때문에 다른 사람을 존중하지 않는 것처럼 보입니다.

**좌우명**: "나는 괜찮지만 너는 아니야." (예: 영주)

## 2. 소극적인 성격

**특징**: 눈을 마주치는 것을 피하는 경향이 있고, 작은 목소리로 말하며, 주저하고 자책하고 소심하며, 말하지 않아도 사람들이 자신의 마음을 읽을 수 있기를 바랍니다.

**대인 관계**: 소극적인 사람들은 보통 다른 사람들과 긍정적인 관계를 유지하지만 자신의 욕구는 무시하는 경향이 있습니다.

**좌우명**: "나는 별로지만 너는 괜찮아." (예: 석진)

## 3. 단호한 성격

**특징**: 자신의 권리를 확실히 아는 동시에 타인의 권리를 존중하고 침해하지 않습니다. 차분하고 정중한 어조로 말하며, 말할 때 상대방과 눈을 마주치고, 기꺼이 의견을 경청하며, 자신의 생각을 정중하게 표현할 수 있습니다.

**대인 관계**: 단호한 사람은 다른 사람들과 긍정적인 관계를 맺고 호평을 받습니다. 이들은 자신과 다른 사람들의 필요를 함께 신경 씁니다.

**좌우명**: "우리 둘 다 괜찮아." (예: 진영)

**다음에 대해 생각해 봅시다.**

- 여러분은 어떤 성격 유형에 속한다고 생각하시나요?
- 왜 그렇게 생각하였나요?
- 어떤 성격 유형이 되고 싶은가요?
- 자신이나 성격 유형에 대해 특히 배우고 싶은 부분이 있나요?

# 부록 1-7 성장 확인 질문

이름: ______________________ 반: ______________________ 날짜: ______________________

## 1. 수업 과제

1) 공격적인 성격의 특징은 무엇입니까?

2) 소극적인 성격의 특징은 무엇입니까?

3) 단호한 성격의 특징은 무엇입니까?

## 2. 숙제

1) 어떤 유형의 성격이 되고 싶나요? 그 이유는 무엇인가요?

2) 여러분의 성격은 대인 관계에 어떻게 영향을 미칩니까?

3) 세 성격 유형 중 어느 유형의 친구를 사귀고 싶은가요? 그 이유는 무엇인가요?

소단원 3

# 나에게 중요한 친구 찾기

## 1. 소단원 목적

① 학생들에게 바람직한 친구와 바람직하지 않은 친구를 구분하는 방법을 가르치고 올바른 친구를 선택하여 건강한 관계를 맺을 수 있도록 격려한다.

② 학생들에게 유혹을 이겨 내는 데 필요한 기술을 가르친다.

## 2. 학습 목표

① 바람직한 친구와 바람직하지 않은 친구를 구분하는 요인을 파악한다.

② 거절의 원칙과 기술을 습득한다.

## 3. 수업 내용

| 활동 | 절차 |
|---|---|
| **1. 준비 활동(2분)** | 1. 학생들에게 "최근에 친구를 사귀는 데 어려움을 겪은 적이 있나요?"라고 묻는 것으로 수업을 시작한다.<br>2. "붉은색을 가까이하면 붉어지고 먹을 가까이하면 검게 된다."라는 의미의 고사성어를 인용하여 올바른 친구 선택이라는 소단원 주제를 소개한다. |
| **2. 학급 토론:** 나에게 중요한 친구 찾기**(15분)**<br><br>▷ **교수자료**<br>-[부록 1-8] 파워포인트 슬라이드: 나에게 중요한 친구 찾기<br>-[부록 1-9] 교수자용 참고 자료: 나에게 중요한 친구 찾기 | **목표: 바람직한 친구와 바람직하지 않은 친구를 구분한다.**<br>1. 중학교 1학년 학생의 일상과 친구를 선택하는 방법에 대한 파워포인트를 활용한다.<br>2. 학생들은 학급 투표에 두 번 참여한다. 각 투표 때마다 몇 명의 학생에게 선택의 이유를 학급과 공유하고 다시 투표하도록 요청한다. 학생들의 선택에 따라 다음 시나리오를 진행한다.<br>3. 두 가지 시나리오를 거치면 이야기가 끝난다. 세 가지 결말 중 두 가지는 행복한 결말이고 한 가지는 불행한 결말이다.<br>4. 학생들에게 바람직한 친구와 바람직하지 않은 친구의 공통점을 말하게 한다(예: 서로를 지지해 주고, 감정에 공감하며, 비슷한 취미를 가진 친구). |

| | |
|---|---|
| | 5. 학생들에게 바람직한 친구와 바람직하지 않은 친구의 차이점을 말하게 한다(예: 상대방의 미래에 관심이 없고 상대방이 나쁜 짓을 저지르도록 부추기는 친구).<br>6. 결론을 내리고 특히 다음의 내용을 강조한다.<br>• 바람직한 친구와 바람직하지 않은 친구 모두 여러분에게 도움을 주지만, 전자의 친구만이 상대방의 미래에 관심을 가집니다.<br>• 공자는 "정의로운 사람과의 우정, 성실한 사람과의 우정, 지혜로운 사람과의 우정은 모두 유익하다."라고 말했습니다. 이러한 자질을 갖춘 친구를 사귀는 것이 중요합니다. |
| **3. 교안:** 거절하는 14가지 방법**(5분)**<br><br>▷ **교수자료**<br>-[부록 1-10] 요령: 거절하는 14가지 방법 | **목표: 학생들에게 거절하는 기술을 가르친다.**<br>1. 학생들에게 [부록 1-10]을 나누어 주고 나열된 거절 기술 중 수업에서 언급된 이야기나 일상생활에 적용할 수 있는 기술을 고르도록 한다.<br>2. 학생들에게 소단원 2에 언급된 단호한 성격을 활용하도록 격려한다. 학생들은 다른 사람의 권리를 존중하는 동시에 자신의 권리도 보호해야 한다. |
| **4. 결론(3분)** | 1. 학생들에게 친구를 사귈 때 신중해야 한다는 점을 상기시킨다. 필요한 경우 교사나 주위 어른에게 도움을 요청하도록 안내한다.<br>2. 바람직한 친구를 소중히 여기고 그들을 본받으라고 조언한다.<br>3. 유혹받는다고 느끼는 경우 확실하게 거절하고 잘못된 점을 지적하도록 한다. |
| **5. 마무리 활동(5분)**<br><br>▷ **교수자료**<br>-[부록 1-11] 성장 확인 질문 | 1. 성장 확인 질문을 나누어 주고 학생들이 수업 내용과 스스로를 돌아볼 수 있도록 지도한다.<br>2. 수업 중 학생들의 참여도를 칭찬한다. |

## 4. 세부 지도 사항

### 1) 준비 활동

• 수업 전에 음악을 틀어 따뜻한 분위기를 조성하고 학생들에게 좋은 우정의 특징은 무엇인지 물어본다.

### 2) 나에게 중요한 친구 찾기

• 공간이 있으면 책상을 절반씩 교실 양 끝으로 옮겨 선택 상황에서 학생들이 자신의 답을 나타내는 책상 쪽으로 이동하게 한다. 이렇게 함으로써 학생들의 몰입을 이끌어 낼

수 있고 학생들의 선택을 시각화할 수 있다.

- 학생들이 성숙한 경우, 교수자는 몇 가지 딜레마를 통해 비판적 사고를 유발할 수 있다. 예를 들어, 기호가 친구의 담배 제안을 받아들여야 하는지 묻는 질문에 대해 교수자는 기호의 친구가 평소 기호를 잘 도와주고 기호의 가장 친한 친구라는 이야기를 덧붙여서 학생들이 어떤 선택을 할 것인지 살펴볼 수 있다.
- 결론을 내릴 때 교수자는 좋은 친구와 나쁜 친구 모두 공통된 특성을 가지고 있기 때문에 의사결정이 복잡하다는 점을 강조한다.
- 파워포인트를 보여 줄 때 교수자는 반대 결말도 보여 주어 학생들의 다른 선택이 완전히 다른 결과를 초래할 수 있음을 보여 줄 수 있다.

### 3) 거절하는 14가지 방법

- 교수자는 소단원 1에서 말했던 유혹을 물리친 경험을 공유할 수 있다.
- 일반 학생의 경우 교수자는 유혹을 거절할 수 있는 보편적인 상황에 집중한다. 복잡한 배경을 가진 학생이 있는 경우(예: 이미 음주나 흡연 같은 비행 경험이 있는 학생), 교수자는 특정한 유혹을 거부하는 기술에 더 많은 주의를 기울일 수 있다.
- 학생들에게 자신의 권리로서 거절하는 것과 마땅히 져야 할 책임을 거부하는 것은 다른 문제임을 강조한다.
- 시간 여유가 있는 경우, 교수자는 '나에게 중요한 친구 찾기'의 상황과 '거절하는 14가지 방법'에 제시된 요령을 활용하여 역할극을 하도록 지도할 수 있다. 학생들이 유혹을 거절하는 데 자신감을 가질 수 있도록 역할극을 잘하는 학생에게 시범을 보이도록 요청한다.

## 5. 보충 활동(선택 사항)

| 활동 | 내용 | 권장 사항 |
|---|---|---|
| **"좋은 친구들" 슬로건 공모전** | **목표: 바람직한 친구에 대한 이해를 증진한다.**<br>학급 대회를 열어서 학생들이 우정을 증진하는 슬로건을 디자인하도록 한다. 최고의 슬로건은 향후 수업에서 활용하거나 칠판에 붙여 학급 목표로 삼을 수 있다. | 학생들의 언어 능력 부족으로 인해 슬로건 대회 참여가 어려운 경우, 포스터 디자인 공모전으로 변경한다. 이는 학생들의 잠재된 능력과 재능을 발견하는 데에도 도움이 될 수 있다. |

## 부록 1-9 교수자용 참고 자료: 나에게 중요한 친구 찾기

### 1. 시나리오 1

• 토요일 오후, 기호는 공원 벤치에 지루하게 앉아 있었습니다. 그는 함께 놀 친구가 있으면 좋겠다고 생각했습니다. 그때 같은 반 친구 두 명이 기호에게 다가와 함께 놀자고 말했습니다. 멋진 옷을 입은 철수는 기호에게 산책을 가자고 했습니다. 운동복을 입은 다른 친구 민기는 기호에게 함께 배구를 하자고 했습니다.

기호는 산책을 해야 할까요, 아니면 배구를 해야 할까요?

---

### 2. 시나리오 2

• 기호가 거리를 산책하기로 결정한 경우
한 달 후, 철수는 공원에서 기호에게 담배를 권했습니다. 기호는 철수의 제안을 받아들여야 할까요, 아니면 거절해야 할까요?

• 기호가 배구를 하기로 결정한 경우
한 달 후, 기호는 배구장에서 친구들을 만났습니다. 경기를 마친 어느 날, 친한 팀원 중 한 명이 기호에게 담배를 권했습니다.

기호는 제안을 받아들여야 할까요, 아니면 제안을 무시하고 배구 연습을 계속해야 할까요?

---

### 3. 결말

• 기호는 두 시나리오 모두에서 담배 권유를 받아들였습니다. 기호는 흡연에 중독되었고, 대부분의 시간을 불량한 친구들과 함께 보냈습니다. 그는 성적이 급격히 떨어졌고 가족과의 관계도 악화되었습니다.

• 기호는 시나리오 1에서 친구가 담배를 권하는 것을 거절했습니다. 기호는 철수와 놀지 않기로 결심하고 스스로와 다른 사람들을 아껴 주는 친구들을 사귀었습니다.

• 기호는 시나리오 2에서 배구 연습을 하기로 결정했습니다. 친구들의 응원에 힘입어 열심히 연습한 기호는 마침내 1군 선수 중 한 명으로 선발되었습니다!

부록 1-10

# 요령: 거절하는 14가지 방법

• 원칙: 우리는 다른 사람의 권리를 존중하는 동시에 필요한 경우 거절할 수 있는 자신의 권리도 보호해야 합니다.

다음은 유혹을 거절하는 몇 가지 방법입니다.

• 일반적으로 다양한 유혹의 경우…….

1. "죄송하지만 지금은 좀 바빠서요."
2. "오늘 방과 후에 선생님을 만나서 진로 상담하기로 했어요, 죄송합니다."
3. "오늘 방과 후에 동생을 돌봐야 해서 시간이 없어요."
4. "죄송하지만 관심 없습니다."
5. "가족들이 저를 걱정하게 만들기 싫어요. 지금 가야 해요!"
6. "다음 주에 시험이 있어서 집에 가서 공부해야 돼요!"
7. "다음 주 토요일에 방과 후 활동에 가야 해서 같이 갈 수 없어요."

• 누군가 흡연을 제안하는 경우…….

1. "선생님들께 들키면 큰일 날 거예요! 어찌 됐든 전 안 할래요!"
2. "TV에서 흡연의 결과를 보았습니다. 아예 시작조차 하지 않겠어요!"
3. "법을 어기고 싶지 않아요. 처벌받을 수도 있어요."
4. "관심 없어요."
5. "중독성이 강해서 안 할래요."
6. "호기심이 내 인생을 망치도록 할 수 없어요!"
7. "부모님을 실망시켜 드리기 싫어요."

# 부록 1-1.1 성장 확인 질문

이름: ______________________ 반: ______________________ 날짜: ______________________

## 1. 수업 과제

1) 바람직하지 않은 친구의 유혹을 거절할 5가지 방법을 적어 보세요.

2) 유혹을 거절한 다음에 무엇을 해야 하나요?

3) 바람직한 친구와 바람직하지 않은 친구의 공통점과 차이점을 설명하세요.

## 2. 숙제

1) 거부해야 하는 제안에는 어떤 것들이 있고 거부하면 안 되는 제안에는 어떤 것들이 있나요? 그렇게 생각한 이유는 무엇인가요?

2) 유혹을 거절하지 못했던 경험과 그 이유를 떠올려서 적어 보세요.

3) 만약 누군가 똑같은 유혹을 다시 한다면 지금은 어떻게 거절할 수 있을까요?

소단원 4

# 함께하는 여정

## 1. 소단원 목적

학생들 간의 신뢰를 구축한다.

## 2. 학습 목표

① 우정에서 신뢰의 중요성을 이해한다.

② 급우 간의 신뢰를 구축하고 증진하는 기술을 익힌다.

## 3. 수업 내용

| 활동 | 절차 |
|---|---|
| 1. 준비 활동(2분) | 1. 학생들에게 다음의 질문을 던지는 것으로 소단원 수업을 시작한다.<br>• 여러분에게 신뢰는 어떤 의미인가요?<br>• 친구 사이에 신뢰를 쌓는 것이 중요할까요? 왜 그렇게 생각하시나요?<br>2. 유명한 장거리 달리기 선수 이야기를 소개한다. |
| 2. 교안: 헨리 이야기(5분)<br><br>▷ **교수자료**<br>- [부록 1-12] 파워포인트 슬라이드: 헨리 이야기<br>- [부록 1-13] 교수자용 참고 자료: 헨리 이야기 | **목표: 성공한 사람들의 이야기에서 신뢰의 중요성을 배운다.**<br>1. 헨리의 이야기를 들려준다.<br>2. 헨리는 국제 장거리 경주에서 여러 차례 우승한 유명한 시각장애인 선수이다. 그는 가이드의 도움 덕분에 달릴 수 있다. 그의 성공은 어둠 속에서 길을 안내하는 가이드에 대한 강한 믿음과 신뢰 덕분이다.<br>3. 모든 우정에서 신뢰의 중요성을 강조해야 한다. |

| | |
|---|---|
| **3. 학급 공유:** 신용 카드 **(10분)**<br><br>▷ **교수자료**<br>-[부록 1-14] 활동지: 신뢰 쌓기<br>-[부록 1-15] 교수자용 참고 자료: '신뢰 쌓기'에 대한 예시 답안 | **목표: 주어진 상황에서 사람들을 신뢰하지 못하는 이유를 탐구한다.**<br>1. 학급에 활동지를 나누어 준다. 활동지는 등장인물이 친구의 신뢰를 얻지 못하는 상황을 다루고 있다고 간략히 설명한다.<br>2. 학생들은 5분 동안 자신이 등장인물이라면 신뢰를 얻기 위해 무엇을 할 수 있을지 생각해 본다.<br>3. 학생들은 활동지에 작성한 답을 서로 공유한다. 이후 몇 명에게 작성 내용을 발표하도록 요청한다.<br>4. 결론을 내리고 다음의 내용을 강조한다.<br>• 존중, 진심, 약속 지키기는 상호 신뢰의 기초입니다.<br>• 우정은 신용과 책임 모두에 한도가 있는 '신용 카드'와 같습니다. 우정을 유지하기 위해 필요한 책임을 다하지 못하면, 우정을 이어 나갈 수 없습니다. |
| **4. 개인 창작 활동:** 격려 카드**(5분)**<br><br>▷ **교수자료**<br>-[부록 1-16] 활동지: 격려 카드 | **목표: 학생들에게 카드에 격려 메시지를 적고 서로 카드를 교환하도록 하여 학생들 간의 신뢰를 구축한다.**<br>1. 각 학생에게 격려 카드를 두 장씩 나눠 주고 2분 동안 카드에 격려 메시지를 적도록 한다.<br>2. 학생들에게 격려 카드를 친한 친구 중 신뢰를 더 강하게 만들고 싶은 한 명과 잘 모르지만 신뢰 관계를 맺고 싶은 친구 한 명에게 주도록 지도한다. |
| **5. 결론(3분)** | 1. 다른 사람을 신뢰하는 것은 중요하다.<br>2. 신뢰 관계는 적극적인 자세가 필요하다.<br>3. 주변 사람들에게 신뢰 관계를 구축하는 방법을 알려 준다. |
| **6. 마무리 활동(5분)**<br><br>▷ **교수자료**<br>-[부록 1-17] 성장 확인 질문 | 1. 성장 확인 질문을 나누어 주고 학생들이 수업 내용과 스스로를 돌아볼 수 있도록 지도한다.<br>2. 수업 중 학생들의 참여도를 칭찬한다. |

## 4. 세부 지도 사항

### 1) 신용 카드

• 성숙한 학생은 이미 신뢰의 중요성을 알고 있다고 생각하여 이 단원의 중요성을 낮게 평가할 수 있다. 이 경우, 교수자는 '신용 카드'를 예시로 들어 학생들에게 신뢰가 무엇을 의미하는지 물어볼 수 있다. 신뢰라는 개념은 '약속을 지키는 것' '다른 사람을 존중하는 것' '다른 사람을 진심으로 대하는 것' '일관된 모습을 보이는 것' '다른 사람을 이용하지 않는 것' 등의 하위 범주로 세분화할 수 있다. 교수자는 학생들이 '신뢰'의 의미를 깊이 탐구하도록 돕는다.

- 시나리오를 학생의 일상생활과 연결한다. 학생들이 배운 것을 머리로만 이해하지 않고 실천에 옮기도록 격려한다.

### 2) 격려 카드

- 일부 학생은 격려 카드를 받지 못할 수 있다. 이는 잘못된 것이 아니며, 중요한 것은 학생들이 먼저 적극적으로 다가가서 신뢰 관계를 구축해야 하는 것임을 강조한다.
- 교수자가 모든 학생이 격려 카드를 받도록 하려면 학생들에게 격려 카드를 서로 교환하도록 하고 교환할 때 받는 사람의 이름을 카드에 적게 한다.
- 학생들이 자신만의 격려 카드를 디자인하도록 하여 창의성을 발휘하게끔 유도할 수 있다.

## 5. 보충 활동(선택 사항)

| 활동 | 내용 | 권장 사항 |
|---|---|---|
| 신뢰 수호자 | **목표: 학생들이 다른 사람과 신뢰 관계를 구축하도록 장려한다.**<br>학생들에게 수업이 끝난 후 격려나 감사의 메시지를 담은 카드를 작성하여 친구, 가족, 선생님 등 자신에게 힘이 되는 사람들에게 전달하도록 한다. | 수업 질서를 유지하기 위해 교수자가 미리 카드를 수거하여 모두 격려에 적합한 내용인지 확인할 수 있다. 교수자는 모든 학생이 한 장 이상의 카드를 받을 수 있도록 카드를 나눠 주기 전에 짝을 지어 줄 수 있다. |

부록 1–13

# 교수자용 참고 자료: 헨리 이야기

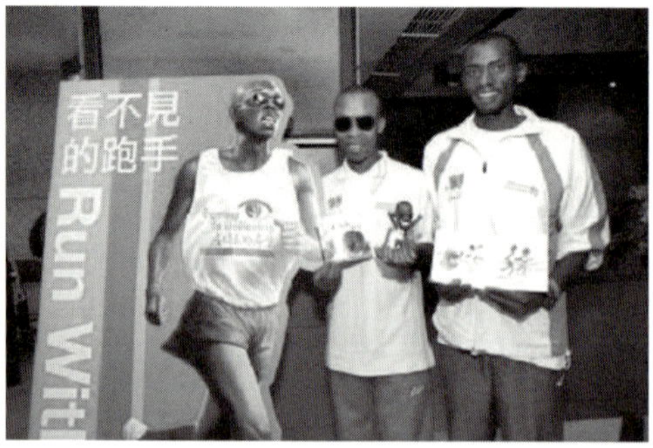


헨리 완요이케는 케냐 출신의 장거리 달리기 선수로 세계 선수권 대회에서 여러 차례 우승한 경력이 있습니다. 헨리가 다른 선수들과 다른 점은 그가 시각장애인이라는 점입니다.

달리기를 좋아하던 그는 21살 때 뇌졸중을 앓았고 그 이후로 시력을 잃었습니다. 프로 장거리 달리기 선수가 되겠다는 그의 꿈은 무너졌습니다. 그럼에도 불구하고 그의 친구인 조셉은 그를 격려하고 언제 방향을 틀어야 하고 언제 장애물을 피해야 하는지 알려 주며 기꺼이 그의 달리기 가이드가 되어 주었습니다. 그 이후로 두 사람은 서로에 대한 신뢰를 쌓아 나갔습니다.

두 사람은 언제나 서로를 응원합니다. 이러한 믿음 덕분에 헨리는 시각 장애에도 불구하고 2000년 시드니 패럴림픽 5,000미터에서 금메달을 획득할 수 있었습니다. 지난 10년 동안 헨리는 하프마라톤과 시각장애인 마라톤에서 세계 신기록을 세웠습니다.

헨리의 가이드이자 오랜 친구인 조셉은 한 인터뷰에서 “우리는 어릴 적부터 친구였어요. 지금은 앞을 못 보지만 그렇다고 해서 그를 내버려 둘 수는 없습니다. 헨리가 꿈을 이룰 수 있도록 돕고 싶을 뿐입니다.”라고 말했습니다.

학생 여러분, 한치 앞이 보이지 않는 상황에서도 다른 사람을 믿기로 결심한 적이 있나요? 헨리와 조셉의 이야기에 신뢰의 본질이 담겨 있습니다.

# 부록 1-14 활동지: 신뢰 쌓기

이름: ____________________

다음은 동민이 신뢰를 잃게 되는 6가지 시나리오입니다. 여러분이 동민이라면 다른 사람들과 신뢰 관계를 구축하기 위해 어떻게 하시겠습니까?

| | 시나리오 | 내가 동민이라면 |
|---|---|---|
|  | 1. 동민은 현재에게 태블릿 PC를 빌리고 일주일 후에 돌려주기로 약속했습니다. 그러나 동민은 한 달이 지난 후에도 태블릿 PC를 돌려주지 않았습니다. 현재는 앞으로 동민에게 아무것도 빌려 주지 않기로 결심했습니다. | 나는 ________할 것이다.<br><br>예를 들어, 나는 ______하지 않을 것이다. |
|  | 2. 현재는 운동회 날 110m 허들 경기에 참가했지만 트랙에서 넘어져 동민의 비웃음을 샀습니다. 그래서 현재는 내년에 경기에 참가하지 않겠다고 생각했습니다. | 나는 ________할 것이다.<br><br>예를 들어, 나는 ______하지 않을 것이다. |
|  | 3. 현재의 가족 중 한 명이 최근에 돌아가셨습니다. 현재는 동민에게 슬픈 감정을 털어놓았지만, 동민은 현재가 이야기하는 동안 다른 반 친구들과 장난을 치느라 관심이 없어 보였습니다. 현재는 동민이 자신을 존중하지 않는 것을 느끼고 더 이상 동민과 이런 일을 공유하지 않기로 마음먹었습니다. | 나는 ________할 것이다.<br><br>예를 들어, 나는 ______하지 않을 것이다. |
|  | 4. 동민은 자신의 기분에 따라 현재를 대하는데, 현재는 이런 동민을 맞춰 주기 어렵다고 느낍니다. 그는 언제 동민에게 말을 걸어도 괜찮을지 눈치를 봅니다. | 나는 ________할 것이다.<br><br>예를 들어, 나는 ______하지 않을 것이다. |
|  | 5. 동민은 항상 현재를 이용합니다. 동민은 현재의 도움이 필요할 때만 현재에게 잘해 줍니다. | 나는 ________할 것이다.<br><br>예를 들어, 나는 ______하지 않을 것이다. |
|  | 6. 현재는 어느 날 수업이 끝난 후 동민이 유리창을 깨는 것을 보았습니다. 그리고 동민이 다른 반 친구에게 책임을 돌리는 것을 들었습니다. 그 후 현재는 더 이상 동민을 믿을 수 없었습니다. | 나는 ________할 것이다.<br><br>예를 들어, 나는 ______하지 않을 것이다. |

## 부록 1-15 교수자용 참고 자료: 신뢰 쌓기에 대한 예시 답안

다음은 동민이 신뢰를 잃게 되는 6가지 시나리오입니다. 여러분이 동민이라면 다른 사람들과 신뢰 관계를 구축하기 위해 어떻게 하시겠습니까?

| | 시나리오 | 내가 동민이라면 |
|---|---|---|
|  | 1. 동민은 현재에게 태블릿 PC를 빌리고 일주일 후에 돌려주기로 약속했습니다. 그러나 동민은 한 달이 지난 후에도 태블릿 PC를 돌려주지 않았습니다. 현재는 앞으로 동민에게 아무것도 빌려 주지 않기로 결심했습니다. | 예를 들어, 나는 현재와의 약속을 지킬 것이다.<br><br>예를 들어, 나는 내가 지킬 수 없는 약속은 하지 않을 것이다. |
|  | 2. 현재는 운동회 날 110m 허들 경기에 참가했지만 트랙에서 넘어져 동민의 비웃음을 샀습니다. 그래서 현재는 내년에 경기에 참가하지 않겠다고 생각했습니다. | 예를 들어, 나는 현재에게 다음에 열심히 하면 된다고 격려할 것이다.<br><br>예를 들어, 나는 친구의 실패를 비웃지 않을 것이다. |
|  | 3. 현재의 가족 중 한 명이 최근에 돌아가셨습니다. 현재는 동민에게 슬픈 감정을 털어놓았지만, 동민은 현재가 이야기하는 동안 다른 반 친구들과 장난을 치느라 관심이 없어 보였습니다. 현재는 동민이 자신을 존중하지 않는 것을 느끼고 더 이상 동민과 이런 일을 공유하지 않기로 마음먹었습니다. | 예를 들어, 나는 다른 사람의 감정을 존중할 것이다.<br><br>예를 들어, 나는 친구의 말을 경청하고 경솔한 말을 하지 않을 것이다. |
|  | 4. 동민은 자신의 기분에 따라 현재를 대하는데, 현재는 이런 동민을 맞춰 주기 어렵다고 느낍니다. 그는 언제 동민에게 말을 걸어도 괜찮을지 눈치를 봅니다. | 예를 들어, 나는 사람들을 진심으로 대할 것이다.<br><br>예를 들어, 나는 다른 사람을 일관성을 있게 대할 것이다. |
|  | 5. 동민은 항상 현재를 이용합니다. 동민은 현재의 도움이 필요할 때만 현재에게 잘해 줍니다. | 예를 들어, 나는 항상 친절하게 사람들을 대할 것이다.<br><br>예를 들어, 나는 필요할 때만 사람들을 이용하지 않을 것이다. |
|  | 6. 현재는 어느 날 수업이 끝난 후 동민이 유리창을 깨는 것을 보았습니다. 그리고 동민이 다른 반 친구에게 책임을 돌리는 것을 들었습니다. 그 후 현재는 더 이상 동민을 믿을 수 없었습니다. | 예를 들어, 나는 정직하고 용기 있게 잘못을 인정할 것이다.<br><br>예를 들어, 나는 나의 잘못을 다른 사람에게 뒤집어씌우지 않을 것이다. |

부록 1-16

# 활동지: 격려 카드

카드를 두꺼운 용지에 복사한 후 가장자리를 따라 오려 냅니다.

# 부록 1-17 성장 확인 질문

이름: ______________________ 반: ______________________ 날짜: ______________________

## 1. 수업 과제

1) 사람을 신뢰하는 것이 중요한 이유 세 가지를 적어 보세요.

2) 서로 신뢰하는 관계를 만들 때 중요한 조건 세 가지를 적어 보세요.

3) 사람들을 신뢰하고자 할 때 어떤 점을 주의해야 하나요? 예를 들어, 나쁜 친구들 때문에 불법을 저지르지 않도록 경계하는 것이 있습니다.

## 2. 숙제

1) 다른 사람들을 신뢰하지 않는 것이 여러분의 정신과 삶, 배움에 어떤 영향을 미칠지 구체적으로 적어 보세요.

2) 혼자 하는 것과 다른 사람들과 협동하는 것의 공통점과 차이점을 각각 세 가지씩 적어 보세요.

3) "혼자 하는 것보다 다른 사람들과 협동하는 것이 더 생산적이다."라는 말에 동의하나요? 그렇게 생각한 이유는 무엇인가요?

대단원 2

# 사회적 역량

## 들어가며

사회적 역량은 긍정적인 대인 관계를 구축하고, 대인 갈등을 해결하는 능력을 말한다. 또한 사회적 역량은 자신이 속한 집단에 대한 명확한 정체성을 발달시키는 것까지 포함한다.

좋은 대인 관계를 맺는 것은 아동과 청소년이 사회에 적응하는 데 중요하다. 한 연구진에 따르면, 부모-청소년 관계가 좋을수록 청소년들이 친사회적 행동을 할 가능성은 높아지고, 반사회적 행동을 할 가능성은 낮아졌다. 마찬가지로 좋은 또래 관계를 가진 청소년들은 반사회적 행동의 빈도가 적다는 것을 발견했다. 또한, 교사와 학생 간의 관계가 좋을수록 친사회적 행동을 더 많이 했다. 일반적으로 좋은 대인 관계는 친사회적 행동의 발달로 이어지는데, 이는 아동과 청소년이 다른 사람들과 더불어 행복하게 살아가기 위해 반드시 습득해야 하는 능력이다. 긍정적인 인간관계의 발달은 이 대단원뿐 아니라 다른 대단원(예: 유대감)에서도 다루고 있다.

이 대단원은 긍정적인 대인 관계를 증진하는 것 외에도, 청소년이 국가정체성을 명확히 확립하도록 돕는 데 중점을 둔다. 자신이 속한 사회와 국가에 대한 확고하고 일관된 감각을 개발하는 것은 청소년의 정체성과 심리사회적 발달의 중요한 측면이다. 정체성을 탐색하는 것은 모든 청소년에게 중요한 발달 과제이다. 정체성 형성 상태에 따라 청소년의 친사회적 및 반사회적 행동 패턴은 다르게 나타난다. 예를 들어, 정체성이 안정적으로 형성된 그룹의 청소년은 친사회적 행동의 빈도가 높고 반사회적 행동의 빈도가 낮은 반면, 아직 자신의 정체성을 탐색만 하고 있는 그룹의 청소년은 친사회적 행동과 반사회적 행동의 빈도가 모두 높았다. 또한 자신이 속한 집단에 대한 정체성이 집단의 통합과 충성심을 촉진한다는 연구 결과도 있다. 따라서 명확한 집단정체성, 특히 국가정체성을 개발하는 것이 중요하다. 명확한 국가정체성은 애국심과 사회 안정을 위한 핵심적인 역할을 한다.

이 대단원(사회적 역량)은 국가정체성에 중점을 둔다. 사회적 역량을 다루는 이 대단원은 2개의 소단원으로 구성된다. 소단원 1에서 학생들은 대한민국에 대해 배우며, 국가정체성을 키우고, 애국가에 관해 자세히 배운다. 소단원 2에서 학생들은 대한민국에 대한 긍정적인 정체성을 기르고, 태극기에 관해 자세히 배우게 된다.

## 개관

| 소단원 | 소단원 목적 | 학습 목표 |
|---|---|---|
| **대한민국과 나**<br>**(30분)** | 학생들이 대한민국에 대해 알게 하고, 국가정체성을 키울 수 있도록 한다. | 1. 학생들이 애국가에 익숙해지도록 한다.<br>2. 긍정적인 국가정체성을 개발하도록 한다. |
| **대한민국을 빛내다**<br>**(30분)** | 학생들이 대한민국에 더 친숙해지고, 한국인으로서 긍정적인 정체성을 키울 수 있도록 한다. | 1. 학생들이 태극기에 대해 자세히 배운다.<br>2. 한국인으로서 긍정적인 정체성을 개발하도록 한다. |

이 대단원에 포함된 모든 활동지 및 파워포인트 슬라이드와 영상 자료 등은 학지사 홈페이지(www.hakjisa.co.kr)에서 내려받을 수 있습니다.

소단원 1

# 대한민국과 나

## 1. 소단원 목적

학생들이 대한민국에 대해 알게 하고, 국가정체성을 키울 수 있도록 한다.

## 2. 학습 목표

① 학생들이 애국가에 익숙해지도록 한다.

② 긍정적인 한국인 정체성을 개발하도록 한다.

## 3. 수업 내용

| 활동 | 절차 |
| --- | --- |
| 1. 준비 활동(4분) | **목표: 학생들이 대한민국에 대해 생각해 보게 한다.**<br>1. 학생들에게 다음의 질문들을 하는 것으로 시작한다.<br>• 생일이 언제인가요?<br>• 생일을 어떻게 축하하나요?<br>• 생일에는 어떤 노래를 부르나요?<br>2. 학생들이 자신의 생일을 축하하는 방법을 공유하도록 한다.<br>3. 서로의 방법을 공유한 후 물어본다.<br>• 생일이 중요하다고 생각하나요?<br>• 자신의 생일 외에 생일과 같이 축하할 만한 다른 날이 있나요?<br>4. 각 나라마다 생일과 같이 기념하는 날이 있다는 것을 알려 준다. 우리나라는 단군이 최초의 국가인 고조선을 세운 날을 기념하여 국경일인 개천절(10월 3일)을 지정하였다.<br>• 우리가 매년 국경일을 어떻게 기념하는지 아시나요? (태극기 게양, 애국가 제창, 공휴일 지정 등) |

| | |
|---|---|
| **2. 수업:** 애국가**(7분)**<br><br>▷ **교수자료**<br>-[부록 2-1] 파워포인트 슬라이드: 애국가 | 1. 애국가 영상이 담긴 파워포인트 슬라이드를 재생한다([부록 2-1]).<br>2. 애국가를 들어 본 후 학생들에게 생각해 보게 한다.<br>• 각 나라마다 애국가와 같은 국가가 있는 이유는 무엇일까요?<br>• 학교마다 교가가 있는 이유는 무엇일까요?<br>3. 국가를 설명할 때 교가를 비유로 사용한다. 애국가는 교가와 같으며, 각 학교와 국가는 자신을 대표하는 고유한 노래가 있다는 것을 알려 준다.<br>• 애국가는 다양한 맥락에서 사용됩니다(국경일, 국가대표 경기 등).<br>• 애국가를 부르는 것은 사기와 단결을 끌어올릴 수 있습니다.<br>• 애국가를 부르는 것은 애국심을 표현하는 방법입니다.<br>4. 그런 다음 학생들에게 물어본다.<br>• 애국가를 부를 때 어떤 기분이 드나요? 기분이 고취되나요? 화가 나나요? 다른 감정이 드나요?<br>• 애국가를 부르는 것이 사기와 단결에 도움이 된다고 생각하나요? 그렇다면 왜 그렇다고 생각하나요?<br>5. 애국가의 역사에 대해 설명한다.<br>• 애국가는 '나라를 사랑하는 노래'라는 뜻을 가지고 있습니다. 우리나라는 애국가를 국가로 사용하고 있습니다.<br>• 애국가의 노랫말은 1907년 전후에 애국심과 충성심을 고취하기 위해 불러 왔던 것이 조금씩 변화되어 현재의 내용을 가지게 되었습니다.<br>• 초창기에는 노랫말에 스코틀랜드 민요 〈올드 랭 사인(Auld Lang Syne)〉의 곡조를 붙여 불렀습니다.<br>• 작곡가 안익태 선생이 남의 나라 곡을 국가에 사용하는 것을 안타깝게 여겨, 1935년 지금의 애국가를 작곡하였습니다.<br>• 1948년 대한민국 정부 수립 이후 현재까지 정부 공식 행사에서 애국가가 불리고, 학교 교과서에도 실리며 전국적으로 사용되었습니다.<br>6. 학생들에게 대한민국의 역사와 광복 이후 국가를 재건하기 위해 겪은 고난을 생각해 보도록 안내한다.<br>7. 이 역사를 기억하도록 격려한다. 우리가 애국가를 부르며 외세의 침략을 받았던 역사를 기억하고 대한민국 국민으로서 단결할 수 있음을 상기시킨다. |
| **3. 모둠 토론:** 새로운 애국가 작사 대회**(12분)**<br><br>▷ **교수자료**<br>-A4 용지 | **목표: 긍정적인 한국인 정체성을 개발하도록 한다.**<br>1. 학생들을 모둠으로 나누고, 각 모둠에 A4 용지 한 장씩 나누어 준다.<br>2. 학생들에게 '새로운 애국가 작사 대회'에 참여하였다고 말하고, 각 모둠에게 자유롭게 노래를 한 곡 선택하여 나라를 사랑하는 마음을 담은 가사를 지어 붙여 보도록 한다.<br>3. 학생들은 K팝, 팝송, 동요 등 자유로운 곡들을 선택할 수 있다.<br>4. 각 모둠은 노래 이름과 가사를 종이에 적도록 한다.<br>5. 새로운 애국가는 나라를 사랑하는 마음을 담고 표현해야 한다는 점을 상기시킨다. |

| | |
|---|---|
| | 6. 학생들이 작성을 마치면, 발표하도록 시킨다.<br>• 이 노래를 선택한 이유는 무엇인가요?<br>• 이 가사는 나라를 사랑하는 마음을 어떻게 표현하고 있나요?<br>7. 원하는 모둠은 새로운 애국가를 불러 볼 수 있다.<br>8. 이 활동을 통해 학생들이 대한민국에 대해 더 많이 알게 되도록 지도한다. |
| **4. 결론(2분)** | 1. 우리는 태어난 순간부터 대한민국 국민임을 기억해야 한다고 강조한다. 한국인이라는 정체성은 우리의 생각과 행동에 의해 바뀌는 것이 아니라는 점을 이야기한다.<br>2. 우리가 한국인이므로 한국의 역사, 세계 속에서 한국의 지위 등 한국에 대해 더 많이 알아야 한다는 점을 강조한다. |
| **5. 마무리 활동(5분)**<br><br>▷ **교수자료**<br>-[부록 2-2] 성장 확인 질문 | 1. 성장 확인 질문을 나누어 주고 학생들이 스스로 생각해 보도록 한다.<br>2. 수업 중에 보여 준 학생들의 참여도를 칭찬한다. |

## 4. 세부 지도 사항

### 1) 준비 활동

• 모든 사람에게 생일이 있다는 것을 예로 들어, 국가에도 생일과 같이 함께 축하하고 기념할 날이 있다는 것을 알려 준다. 우리의 생일이 중요하듯이 국가적 기념일도 중요하다고 설명한다.

• 교수자는 생일이 다가오는 학생을 위해 작은 카드를 준비하거나, 학급 전체가 생일 축하 노래를 불러 주도록 할 수 있다. 이를 통해 학생들에게 우리가 같은 공동체에 소속되어 있기 때문에 이런 활동을 함께하는 것이라고 알려 준다.

### 2) 애국가

• '애국가'의 교안은 행정안전부 홈페이지 국가 상징을 참고하였다.

• 교수자는 수업에서 애국가뿐만 아니라 다른 나라의 국가도 들려줄 수 있다. 이 경우 수업 전에 준비해야 한다.

• 애국가를 긍정적인 방식으로 소개한다. 학생들이 애국가를 듣거나 부를 때 어떤 느낌

이 드는지 많이 나눌 수 있도록 장려한다. 학생들이 애국가의 중요성과 자신과 나라의 관계를 이해하도록 지도한다. 예를 들어, 올림픽이나 월드컵 기간에 애국가를 들으면 어떤 기분이 드는지 이야기해 본다.

- 다음의 웹사이트에서 여러 나라의 국가를 들어 볼 수 있다.
  - https://en.wikipedia.org/wiki/List_of_national_anthems

### 3) 새로운 애국가 작사 대회

- 교수자는 학생들의 결과물에 대한 자신의 느낌을 표현할 수 있다.
- 학생이 자신의 나라에 대한 감정이 긍정적이지 않을 수도 있다. 교수자는 대한민국에 대한 긍정적인 사례를 찾아서 학생들이 더 많은 생각을 할 수 있도록 도와줄 수 있다. 학생에게 벌을 주거나 반드시 대한민국을 사랑해야 한다고 말하는 것은 바람직하지 않다.
- 학생들에게 애국가 외에도 우리나라의 다른 상징들을 감상하도록 격려한다. 다음의 웹사이트에서 대한민국의 국가 상징물에 관한 정부 자료를 참고할 수 있다.
  - https://www.mois.go.kr/frt/sub/a06/b08/nationalIcon/screen.do
- 학생들이 새로운 애국가를 작사하는 동안 학생들 곁을 걸어 다니며 활동에 집중하도록 지도할 수 있다.

### 4) 결론

- 교수자는 수업을 시작하기 전에 대한민국에 대한 자신의 감정을 성찰해 보는 것이 좋다. 이는 학생들의 토론과 참여를 촉진하는 데 도움이 될 수 있다.
- 우리는 태어날 때부터 한국인이며, 행동을 바꾼다고 해서 한국인이라는 정체성이 바뀔 수 없다는 것을 강조한다.
- 학생 중 외국인 학생이 있다면 한국에 대한 자신의 감정을 표현하도록 기회를 줄 수 있다.
- 학생이 대한민국에 대해 부정적인 감정을 표현할 경우 편견을 버리고 열린 마음을 갖도록 격려한다. 우리는 다양한 유형의 사람들과 어울리는 법을 알아야 한다.
- 학생들에게 우리나라에 대해 자세히 알아보도록 격려한다.

## 5. 보충 활동(선택 사항)

| 활동 | 내용 | 권장 사항 |
|---|---|---|
| **한국 역사와 관련된 박물관 방문하기** | **목표: 학생들이 다양한 형태로 애국심을 표현할 수 있도록 한다.**<br>모둠 단위로 나누어 사는 곳과 가까운 역사 박물관에 방문한다. 각 모둠은 방문 후 보고서를 작성하도록 한다. 보고서의 주제는 한국의 문화, 역사 등 한국의 다양한 측면에 관련된 것이어야 한다. | 이 활동은 다양한 주제로 진행할 수 있다. |
| **사생대회/글짓기대회** | **목표: 학생들이 다양한 형태로 애국심을 표현할 수 있도록 한다.**<br>학생들은 한국에 대해 다양한 정보를 접하고, 글이나 그림을 통해 나라 사랑하는 마음을 표현한다. | 교수자는 이 대회에 참가하는 사람들의 명단을 칠판에 적어 놓을 수 있다. |

# 부록 2-2 성장 확인 질문

이름: ______________________ 반: ______________________ 날짜: ______________________

## 1. 수업 과제

1) 당신은 대한민국 국민입니까?

2) 현재 나라를 위해 기여하는 것이 있나요?

3) 대한민국을 더 많이 배우고 잘 이해할 수 있는 다양한 방법들을 생각해 보세요.

## 2. 숙제

1) 조국에 대해 많이 알아갈수록 가슴 아픈 일들도 많이 배우게 됩니다. 이때 어떤 태도를 취해야 할까요?

2) 1번 질문에서 그렇게 생각한 이유는 무엇인가요?

3) 외국인들에게 대한민국을 어떻게 소개하겠습니까?

소단원 2

# 대한민국을 빛내다

## 1. 소단원 목적

학생들이 대한민국에 대해 더 친숙해지고, 한국인으로서 긍정적인 정체성을 키울 수 있도록 한다.

## 2. 학습 목표

① 학생들이 태극기에 대해 자세히 배운다.

② 한국인으로서 긍정적인 정체성을 개발하도록 한다.

## 3. 수업 내용

| 활동 | 절차 |
|---|---|
| **1. 준비 활동(3분)** | **목표: 학생들이 태극기에 대해 생각해 보게 한다.**<br>1. 학생들에게 다음의 질문들을 하는 것으로 시작한다.<br>• 태극기는 언제 만들어졌을까요?<br>• 태극기에는 어떤 뜻이 담겨 있을까요?<br>2. 학생들 중 희망하는 학생에게 나와서 보지 않고 태극기를 그려 보도록 한다.<br>3. 이 수업에서 태극기의 역사와 뜻을 배우고, 국기를 게양하는 방법과 한국인으로서 우리의 정체성에 대해 논의할 것이라고 알려 준다. |
| **2. 수업:** 태극기**(5분)**<br><br>▷ **교수자료**<br>-[부록 2-3] 파워포인트 슬라이드: 태극기 | **목표: 태극기의 역사와 뜻을 배우고, 올바른 국기 게양 방법을 익힌다.**<br>1. 태극기를 보여 주고 태극기가 어떤 과정으로 현재의 모습을 가지게 되었는지 소개해 준다.<br>• 1882년 고종의 명에 따라 박영효가 일본에 다녀온 후 기록한 '사화기략'에 따르면, 박영효가 선상에서 태극 문양과 건곤감리(乾坤坎離)를 그려 넣은 '태극 4괘 도안'의 기를 사용하였다는 기록이 있습니다.<br>• 1883년 3월 6일 고종의 명으로 '태극 4괘 도안'으로 그려진 태극기를 국기로 정하였고 공포하였습니다. 하지만 국기 제작 방식이 구체적으로 명시되지 않아 다양한 형태로 국기가 사용되었습니다. |

| | |
|---|---|
| | • 1942년 6월 29일 대한민국 임시정부에서 '국기 통일 양식'을 정하고 공포하였습니다.<br>• 1948년 8월 15일 대한민국 정부 수립 후, 1949년 10월 15일에 「국기 제작법 고시」를 확정하여 발표하였습니다.<br>• 이후, 2007년 1월 「대한민국 국기법」, 2007년 7월 「대한민국 국기법 시행령」, 2009년 9월 「국기의 게양 · 관리 및 선양에 관한 규정」 등을 제정하여 국기를 체계적으로 사용하고 있습니다.<br>2. 태극기에 담긴 뜻을 소개해 준다.<br>• 태극기는 흰색의 바탕에 태극 문양이 가운데 있고, 건곤감리의 4괘가 네 모서리에 있는 형태로 구성되어 있습니다.<br>• 태극기의 바탕색은 흰색으로 밝음과 순수함을 나타냅니다.<br>• 태극 문양의 빨강과 파랑은 우주 만물의 조화를 상징합니다.<br>• 건, 곤, 감, 리의 4괘는 각각 하늘, 땅, 물, 불을 상징합니다.<br>• 태극기는 우리민족이 추구하는 창조와 번영을 담고 있습니다.<br>• 태극기에는 창조와 번영을 추구하는 한민족의 이상을 담고 있습니다.<br>3. 태극기에 대한 소개가 끝난 후 학생들에게 다음과 같은 질문을 한다.<br>• 국기를 게양할 때 어떤 규칙이 있을까요?<br>• 국기에 대한 경례는 어떤 방법으로 할까요?<br>4. 바른 국기 게양 방법과 국기에 대한 경례를 알려 준다.<br>• 국기를 연중 달아야 하는 곳은 지방자치단체, 공공기관의 청사, 학교와 군부대입니다. 학교와 군부대는 낮에만 게양합니다.<br>• 공항과 호텔 등 국제적인 교류장소와 대형건물과 공원과 같이 사람들이 많이 출입하는 곳에도 가능한 한 국기를 연중 달아야 합니다.<br>• 경축일과 평일에는 국기를 깃대의 가장 높은 곳에 달지만, 현충일과 국가장 기간에는 국기를 깃대의 아래로 내려다는 조기로 게양합니다.<br>• 국기에 대한 경례를 할 때는 국기를 향하여 오른손을 펴서 왼편 가슴에 대고 국기를 주목하거나 제복을 입은 경우 거수경례를 합니다.<br>• 국기에 대한 맹세문은 다음과 같습니다. "나는 자랑스러운 태극기 앞에 자유롭고 정의로운 대한민국의 무궁한 영광을 위하여 충성을 다할 것을 굳게 다짐합니다." |
| **3. 학급 및 모둠 토론:** 자랑스러운 한국인**(15분)**<br><br>▷ **교수자료**<br>-[부록 2-4] 파워포인트 슬라이드: 자랑스러운 한국인 | **목표: 학생들이 대한민국을 위해 할 수 있는 일들을 생각해 보도록 한다.**<br>1. 학생들에게 물어본다.<br>• 한국인으로서 자랑스러웠던 적이 있나요? 같은 한국인임을 자랑스럽게 여길 만한 사람을 알고 있나요?<br>2. 학생들에게 몇 가지 예를 제시한다.<br>• 손흥민 축구선수는 잉글랜드 프리미어리그 토트넘 핫스퍼 팀의 주장이었으며, 대한민국 국가대표팀의 주장이기도 했었습니다. 그는 프리미어리그 2021~2022년에 리그 득점왕을 차지했습니다. 그는 지금도 세계인의 사랑을 받는 축구선수입니다. |

| | |
|---|---|
| -[부록 2-5] 활동지: 세계 속에 자랑스러운 한국인이 되기 위한 나의 계획 | • 봉준호 영화감독은 2020년 아카데미 시상식에서 그의 영화 〈기생충〉을 통해 작품상과 감독상 등 4개의 트로피를 들어 올렸습니다. 그의 작품을 통해 많은 세계인이 한국 영화에 주목하고 있습니다.<br>3. 학생들에게 물어본다.<br>• 여러분이 세계적으로 유명해지거나 뛰어난 업적을 남기는 사람이 될 수 있다고 생각해 본 적이 있나요?<br>4. 학생들을 모둠으로 나누고, 활동지([부록 2-5])를 각 모둠의 학생들에게 나누어 준다.<br>5. 활동지에 대한민국을 빛내는 사람으로 성장하기 위한 자신의 계획을 작성하고 모둠 안에서 나누도록 한다.<br>6. 나눔을 마무리하고 학생들에게 그들이 작성한 계획이 한국인들의 이미지를 향상시킬 수 있다고 말한다. 학생들이 작성한 계획을 실행하도록 격려한다. |
| **4. 결론(2분)** | **목표: 학습 내용을 종합한다.**<br>1. 학생들에게 자신이 한국인임을 자랑스럽게 생각할 수 있음을 상기시킨다.<br>2. 기회가 있을 때 대한민국을 다른 나라 사람들에게 홍보할 수 있음을 알려준다. |
| **5. 마무리 활동(5분)**<br><br>▷ **교수자료**<br>-[부록 2-6], [부록 2-7] 성장 확인 질문 | **목표: 수업 내용을 돌아보도록 한다.**<br>1. 성장 확인 질문을 나눠 주고 학생들이 스스로 생각해 보도록 한다.<br>2. 수업 중 학생들의 참여도를 칭찬한다. |

## 4. 세부 지도 사항

### 1) 태극기

- '태극기' 교안은 행정안전부 홈페이지 국가 상징을 참고하였다.
- 교수자는 이 수업의 내용을 미리 숙지해야 하며, 특히 태극기에 대해 어느 정도 이해해야 한다.
- 태극기에 관한 정보는 행정안전부 홈페이지의 국가상징 자료를 활용하여 가르칠 수 있다.

### 2) 자랑스러운 한국인

- 교수자는 한국인으로서 세계적으로 유명한 인물들에 대한 세부정보를 잘 준비한다.
- 이 활동은 학생들이 한국인으로서 대한민국의 이미지를 증진하는 방법에 대해 생각해 볼 수 있도록 돕는 것을 목표로 한다.
- 모범 답안은 없으며, 학생들의 창의력이 발휘되도록 지도한다.

### 3) 결론

- 학생들이 모두 세계적으로 뛰어난 사람이 되어야 한다는 의미는 아니지만, 대한민국에 긍정적으로 기여할 수 있도록 노력해야 한다는 점을 강조한다.

## 5. 보충 활동(선택 사항)

| 활동 | 내용 | 권장 사항 |
|---|---|---|
| 한국 관광 | **목표: 학생들이 한국에 대해 더 자세히 알게 한다.**<br>모둠 단위로 나누어 한국의 관광 명소를 방문하고, 보고서를 작성하도록 한다. | 관광 명소 외에도 한국의 좋은 점들을 소개할 수 있다. |
| 한국 음식 | **목표: 세계로 뻗어 나가는 한국의 문화에 대해 이해한다.**<br>세계인들로부터 사랑받는 한국 음식은 무엇이 있는지 자세히 알아본다. | 학생들이 매일매일 흔하게 접하는 음식을 다른 나라 사람들 역시 좋아한다는 점을 강조한다. |

부록 2-5

# 활동지: 세계 속에 자랑스러운 한국인이 되기 위한 나의 계획

# 부록 2-6 성장 확인 질문

이름: ______________________ 반: ______________________ 날짜: ______________________

1. 이 수업에서 배운 내용이 어떤 방식으로 도움이 되었나요?

2. 한국인으로서 한국을 빛낸 사람들을 보면 어떤 생각과 느낌이 드나요?

# 부록 2-7 성장 확인 질문

이름: ______________________ 반: ______________________ 날짜: ______________________

## 1. 수업 과제

1) 여러분은 대한민국을 사랑하나요?

2) 1번 질문에 대해 그렇게 생각한 이유는 무엇인가요?

3) 대한민국에 거주하는 국민으로서 추천하고 싶은 명소가 있나요?

## 2. 숙제

1) 만약 한국을 관광하는 것에 부정적인 의견이 많고 "대한민국은 관광할 가치가 없는 나라이다."라는 평가를 듣는다면 어떻게 반응하겠습니까?

2) 여러분이 높이 평가하는 대한민국 국민들의 특징은 무엇입니까?

3) 2번 질문에서 대답한 대한민국 국민들의 특징을 잘 보여 주는 예시를 적어 주세요.

대단원 3

# 정서적 역량

## 들어가며

정서적 역량(emotional competence)은 청소년 발달에 중요한 요소이다. 정서적 역량은 청소년이 스스로에 대한 긍정적 자아상을 형성하는 데 영향을 미칠 뿐 아니라 청소년이 좋은 대인 관계를 만들어 가는 데도 영향을 미친다. 다수의 연구에 근거하면, 좋은 정서적 역량을 가진 청소년은 삶에서 마주하는 역경에 더 능숙하게 대처할 수 있다. 심리학자들은 청소년의 정서적 역량을 증진시키기 위해서는 다음의 능력을 발달시키고 강화해야 한다고 제안한다.

1. 자신이 현재 경험하는 정서 파악하기
2. 다른 사람의 정서 이해하기
3. 다양한 단어와 방법을 사용해 정서 표현하기
4. 다른 사람의 정서 경험을 경청하고 공감하기
5. 내적으로 느끼는 정서와 외적으로 정서를 표현하는 방식의 차이를 인식하기
6. 부정적인 정서에 적절한 방식으로 대처하기
7. 상호 간 진솔한 정서 공유가 다른 사람과 친밀한 관계를 형성하는 하나의 방법이 될 수 있음을 이해하기
8. 정서적 자기효능감 강화하기

청소년 발달 이론에 근거하면, 청소년은 자신의 정서를 식별할 수 있으며 자신의 정서 표현 방식이 대인 관계에 영향을 미친다는 것을 이해할 수 있다. 이 교육과정은 청소년들의 정서적 역량을 증진함으로써 정서를 표현하는 기술과 정서를 적절히 통제하는 능력을 함양하고자 고안되었다. 몇몇 심리학 연구에 따르면, 여성들은 언어나 얼굴 표정을 통해 다양한 정서를 풍부하게 표현하는 반면, 남성들은 행동으로 정서를 표현하는 경향이 있다. 따라서 본 교육과정 또한 정서 표현에서의 성차를 고려해서 제작되었다.

Level 1 과정에서 대단원 '정서적 역량'은 청소년 발달의 여러 측면 중 정서 발달에 초점을 맞추고 있으며, 총 두 개의 소단원으로 구성되어 있다. 두 소단원은 학생들이 자신의 정서에 대해 더 잘 인식할 수 있도록 돕고 정서에 대한 전반적인 이해를 높일 수 있도록 고안되었다. 소단원 1을 통해 학생들은 자신의 정서를 설명하는 능력을 함양함으로써 정서의 본질과 다양성에 대해 이해한다. 소단원 2를 통해 학생들은 자신이 느끼는 다양한 정서를 파악하고 이를 적절한 방식으로 표현하는 방식을 배운다.

두 소단원 활동에서, 학생들은 자신의 경험과 생각을 다른 사람들과 공유하는 방식을 통해 정서를 표현하고 정서 경험을 수용하는 방법을 체득하게 될 것이다. 두 개의 소단원은 부정적인 정서를 잘 다루는 능력을 고양한다는 점에서 회복탄력성과 개념적으로 관련이 있다.

## 개관

| 소단원 | 소단원 목적 | 학습 목표 |
|---|---|---|
| **정서 사전**<br>(30분) | 정서에 대한 기초적인 이해를 높이고, 자신의 정서 경험을 잘 인식한다. | 1. 정서에 관한 기초적인 개념을 이해한다.<br>2. 자신의 정서 경험을 분명하게 표현한다. 특히 정서 경험에 따라 다른 단어를 적절히 사용해 표현한다. |
| **진솔한 정서의 이해와 표현**<br>(30분) | 다양한 정서 경험과 정서 표현 방식 간의 차이를 명확히 이해한다. | 1. 다른 정서 경험 간 차이를 구분한다.<br>2. 정서를 다양한 방식으로 경험하고 표현한다. |

이 대단원에 포함된 모든 활동지 및 파워포인트 슬라이드와 영상 자료 등은 학지사 홈페이지(www.hakjisa.co.kr)에서 내려받을 수 있습니다.

소단원 1

# 정서 사전

## 1. 소단원 목적

정서에 대한 기초적인 이해를 높이고, 자신의 정서 경험을 잘 인식한다.

## 2. 학습 목표

① 정서에 관한 기초적인 개념을 이해한다.

② 자신의 정서 경험을 분명하게 표현한다. 특히 정서 경험에 따라 다른 단어를 적절히 사용해 표현한다.

## 3. 수업 내용

| 활동 | 절차 |
|---|---|
| 1. 준비 활동(3분) | 1. 학생들에게 질문하며 소단원 활동을 시작한다.<br>• 오늘 기분이 어떤가요? (학생들의 답변에 따라 적절한 피드백을 제시한다.)<br>• 만약 오늘 선생님을 포함한 우리 반 모든 학생이 방과 후 학교에 남아야만 한다면, 어떤 감정을 느낄 것 같은가요?<br>2. 학생들은 다양한 답변을 제공할 것이다. 학생들의 답변에 이어서 다음의 질문을 한다.<br>• 우리는 '기쁨'과 '화'와 같은 다양한 정서를 항상 가지고 있습니다. 정서는 좋은 것일까요? 또는 나쁜 것일까요?<br>3. 학생들의 답변을 간단히 정리한 후, 다음의 요소를 강조한다.<br>4. 정서는 우리가 주변의 사람들이나 우리가 놓인 상황에 대해 느끼는 감정이다.<br>5. 정서를 경험하는 것은 자연스러운 현상이며, 몇몇 정서들은 선천적이어서 학습하지 않아도 경험하게 된다.<br>6. 일상생활의 일부로서, 우리는 우리의 정서를 인지하고 정서를 적절하게 표현하는 방법을 알아야 한다.<br>7. 우리는 우리의 정서를 이해하고 표현하기 위해 특정한 단어들을 숙지할 필요가 있다. |

| | |
|---|---|
| **2. 모둠 게임:** 정서 표현하기(**10분**)<br><br>▷ **교수자료**<br>- [부록 3-1] 교수자용 참고 자료: 정서 표현하기<br>- [부록 3-2] 파워포인트 슬라이드: 정서와 표현<br>- [부록 3-3] 활동지: 정서와 표현<br>- 백지 | **목표: 일상생활에서 정서 표현을 위해 사용하는 단어들을 생각해 본다.**<br>1. 학생들을 여러 개의 작은 모둠으로 나눈다.<br>2. 게임의 규칙과 진행 방법에 대해 소개한다([부록 3-1]). 학생들에게 모둠 단위로 점수를 산정해 최종 결과를 결정할 것임을 알린다. 활동지와 백지를 배부하고([부록 3-3]) 파워포인트 슬라이드를 이용해 그림을 제시한다([부록 3-2]).<br>3. 게임이 끝나면, 학생들에게 작성을 완료한 백지를 칠판에 부착하도록 지시한다. 제출된 백지의 내용을 요약함으로써 게임을 마무리한다.<br>4. 다음과 같이 말하며 게임을 마무리할 수 있다.<br>• 자신의 정서와 감정을 명확히 인식하고 파악하는 것은 정서를 표현하기 위한 기초적인 능력입니다. 상황에 따라 사람들은 동시에 하나 이상의 감정을 느낄 수 있습니다. |
| **3. 모둠 토론:** "내가 만약……."(**10분**)<br><br>▷ **교수자료**<br>- [부록 3-4] 활동지: 에어컨 없는 하루<br>- [부록 3-5] 활동지: 학급 최우등생이 된 날 | **목표: 일상생활에서 정서 표현을 위해 사용하는 단어들을 생각해 본다.**<br>1. 학생들에게 모둠 토론 활동을 진행하기 위해 필요한 안내사항들을 전달한다([부록 3-4]와 [부록 3-5]). 이후 활동지들을 학생들에게 나누어 주고, 학생들이 모둠 단위로 활동지의 질문에 대한 답변을 논의하도록 지시한다. 이전 활동 '정서와 표현' 활동지의 감정들을 참고해 논의하도록 안내한다.<br>2. 학생들은 모둠의 토론 결과를 발표한다. |
| **4. 결론(2분)** | 1. 자유 토론 활동을 진행한다. 이때, 학생들에게 소단원을 통해 배운 것이 무엇인지 질문하고 학생들의 답변에 기반해 소단원의 결론을 요약한다.<br>2. 소단원을 통해 배운 단어들을 복습하고 학생들이 일상생활에서 이 단어들을 사용할 수 있도록 독려한다. |
| **5. 마무리 활동(5분)**<br><br>▷ **교수자료**<br>-[부록 3-6] 성장 확인 질문 | 1. 성장 확인 질문을 공유하고 학생들이 소단원 활동을 돌아볼 수 있도록 유도한다.<br>2. 소단원 활동에 대한 학생들의 참여에 대해 칭찬한다.<br>3. 학생들은 다음 소단원 활동에서 가족과의 경험을 공유하게 된다. 따라서 학생들에게 학급에서 공유할 만한 가족과의 추억을 생각해 오도록 요청한다. |

## 4. 세부 지도 사항

### 1) 준비 활동

• 교수자는 학생들의 필요와 관심사에 따라 제시된 질문 외 적절한 다른 질문들을 사용함으로써 활동에 대한 학생들의 참여도를 높일 수 있다.

- 교수자는 자신의 정서를 공유하고 학생들이 그 정서의 원인이 무엇인지 추론해 보도록 할 수 있으며, 동시에 학생들이 '정서란 무엇인가?'라는 질문에 대해 고민하도록 유도할 수 있다.

## 2) 정서 표현하기

- 학생들은 자신의 정서를 표현하기 위해 단어를 사용해야 한다. 필요시 교수자는 '정서와 표현' 자료를 미리 배부함으로써 학생들이 활동을 잘 이해하도록 도울 수 있다.
- 교수자는 학생들의 반응과 수업 일정을 고려해 모둠 게임 활동 시간을 조정할 수 있다. 활동의 핵심은 학생들이 긍정적인, 중립적인, 그리고 부정적인 정서에 대해 생각해 보는 것이다.
- 모둠 게임의 목적은 학생들이 자신의 정서를 설명함에 있어 다양한 단어를 사용하는 것이다. 학생들은 게임에서 모둠 친구들과 이야기했던 단어들을 자신을 표현하는 데도 적용할 수 있다. 학생들은 자신을 표현하는 데 복잡하거나 어려운 단어들을 사용하도록 요구되지 않는다. 교수자는 활동을 어려워하거나 자신감이 없는 학생들이 참고할 수 있도록 파워포인트 슬라이드를 보여 줌으로써, 학생들이 활동 도중에 좌절감을 느끼지 않도록 예방할 수 있다.
- 교수자는 활동 시간을 계산하기 위해 시계를 보거나 타이머를 설정하는 것 외에 다른 방법을 사용할 수 있다. 예를 들어, 교수자는 특정 음원이나 대중가요의 일부분을 재생할 수 있다.
- 작성된 활동지를 걷을 때 다양한 방법을 활용할 수 있다. 예를 들어, 학생들이 활동지를 제출할 수 있는 수거함으로써 분필 상자나 기타 빈 상자를 교실에 배치할 수 있다. 또한 이 수거함을 매번 교실 내 다른 위치에 배치하여 각 모둠이 수거함에 접근할 수 있는 평등한 기회를 제공한다.
- 공정성에 대한 논란과 불만을 사전에 방지하기 위해, 게임 시작 전 게임의 규칙과 진행 방식에 대해 명확히 설명하고 학생들이 잘 이해했는지 확인한다.
- 교수자는 학생들을 공개적으로, 또한 자세한 방식으로 칭찬한다. 예를 들어, 다음과 같은 방식으로 학생들을 칭찬할 수 있다. "여러분 모두 수업에서 배운 단어를 잘 사용했습니다. 1모둠은 특히 열심히 공부했으나 기대보다 낮은 성적을 받은 경험을 설명함에 있어 '좌절감'이라는 적절한 단어를 사용했습니다."

### 3) "내가 만약……."

교수자는 모둠 토론 과정에서 발생할 수 있는 집단 역동에 대해 이해하고 있어야 한다. 교수자는 말을 꺼내기 어려워하는 학생이 토론에서 의견을 내도록 독려하고, 필요시 수업 후 해당 학생과 개인 상담 시간을 가진다.

모둠 토론을 수업 중에 진행하기 어려운 상황이라면, 교수자는 활동지를 교실 내부나 인터넷 사이트에 게시하고 학생들이 자유 시간에 토론할 수 있도록 독려한다.

## 5. 보충 활동(선택 사항)

| 활동 | 내용 | 권장 사항 |
|---|---|---|
| 정서 일기 | **목표: 소단원 활동에서 배운 단어들을 사용한다.**<br>학생들이 지난주에 경험했던 정서를 일기에 적어 보도록 지시한다. 이때 일기에서 소단원 활동을 통해 배웠던 정서 단어가 나온 부분을 표시하도록 한다. | 학생들이 자신의 정서를 표현하고 평가하는 것을 어려워한다면, 교수자는 일기의 제목(예: 살면서 가장 행복했던 날)을 제안해 주거나 참고할 만한 뉴스 기사를 추천해 줄 수 있다. |
| 부모님의 정서 | **목표: 다른 사람의 정서를 잘 인식한다.**<br>학생들에게 일주일 동안 부모님의 정서를 관찰하고 정서의 원인이 무엇인지 탐색하도록 지시한다. 학생들은 부모님께 해당 정서를 느끼는 이유에 대해 질문하고 부모님은 자세한 답변을 할 수 있도록 독려함으로써 애정 어린 대화를 할 수 있도록 유도한다. | 교수자는 학생들이 과제와 관련된 경험을 수업에서 공유할 수 있도록 지도한다. |

# 부록 3-1 교수자용 참고 자료: 정서 표현하기

〈게임의 규칙과 진행 방식〉

1. 교수자는 아래의 가상 상황들을 하나씩 크게 소리 내어 읽는다. 학생들은 가상 상황마다 자신이 느끼는 또는 느낄 만한 정서를 가장 잘 나타내는 하나의 단어 또는 여러 단어들을 생각해 낸다.
   1) 신체적 특성이나 체형으로 인해 급우에게 괴롭힘을 당한다.
   2) 연애 편지를 받는다.
   3) 부모님께 '깜짝' 용돈을 받는다.
   4) 이성 친구와 가깝게 지냈다는 이유로 급우로부터 험담을 듣는다.
   5) 급우가 직면한 문제를 해결할 수 있도록 돕는다.
   6) 일주일 동안 집에 혼자 있는다.
   7) 학급 최우등생이 된다.
   8) 사랑하는 사람이 죽는다.
   9) 친한 친구가 엇나가고 일탈한다.
   10) 부모님이 서로 다툰다.

2. 학생들은 활동지와 파워포인트에 제시된 감정들을 참고하여 제한 시간 동안 백지에 각 상황에 맞는 가능한 많은 단어와 구문을 적는다. 게임의 마무리 시점에 학생들은 백지를 종이 수거함에 넣는다.

3. 게임을 마무리하기에 시간이 부족하다고 느껴진다면 교수자는 '상황'의 수를 줄일 수 있다.

4. 교수자는 활동지에 학생들이 적은 답변을 간단히 공유하고, 상황에 따라 적절한 단어와 구문을 사용한 수에 따라 각 모둠에 상을 수여한다.

# 부록 3-3 활동지: 정서와 표현

⊕ 긍정 정서 ■ 중립 정서 ⊖ 부정 정서

부록 3-4

# 활동지:
# 에어컨 없는 하루

이름: ______________________

환경 보호를 위해 '에어컨 없는 하루'가 학교에서 시행됩니다. 더운 날씨지만, 학교는 하루 동안 모든 냉방 장치의 사용을 종료하고 학생들은 방과 후에 가정에서도 냉방 장치를 사용하지 않도록 권고됩니다. 에어컨을 틀지 않은 채로 기온이 30℃를 넘게 된다면, 나는 어떤 감정을 느끼게 될까요?

내가 하게 될 생각과 내가 느낄 정서를 아래 상자에 적어 주세요. 또한 나의 정서가 어떤 표정으로 나타날지 그림을 그려 주세요.

| 내 생각은……. | 내 정서는……. |
|---|---|
| | |

# 부록 3-5 활동지: 학급 최우등생이 된 날

이름: ______________________

오늘은 시험 결과가 나오는 날입니다. 나는 아주 좋은 성적을 받아 그 결과로 학급 최우등생이 되었습니다. 수업에 들어오는 모든 선생님이 나의 성과를 칭찬했습니다. 그러나 나의 친구는 시험 결과가 좋지 않아 보충 학습 대상자가 될 수도 있습니다. 이런 상황에서 귀하는 어떤 감정을 느끼게 될까요?

내가 하게 될 생각과 내가 느낄 정서를 하단에 제시된 상자에 적어 주세요. 또한 나의 정서가 어떤 표정으로 나타날지 그림을 그려 주세요.

| 내 생각은……. | 내 정서는……. |
| --- | --- |
| | |

# 부록 3-6 성장 확인 질문

이름: ______________________ 반: ______________________ 날짜: ______________________

## 1. 수업 과제

1) 오늘 여러분의 정서는 어떤가요? 그 정서를 느끼는 이유는 무엇인가요?

2) 지난주에 가장 많이 느낀 정서는 _____________ 입니다. 이런 감정은 주로 _____________할 때 느낍니다.

3) 2번 질문에서 대답한 감정을 느낄 때 나는 보통 _____________ 합니다.

## 2. 숙제

1) 젊었을 적 부모님이 여러분과 똑같은 상황에 놓인다면 여러분과 비슷한 감정과 반응을 보일 것이라고 생각하나요? 왜 그렇게 생각하나요?

2) 좌절스러운, 비통한, 두려운, 신난 감정을 느낄 때 대응하는 방법을 각각 3가지씩 적어 주세요.

3) 여러분의 감정을 이해하고 받아들이는 사람을 만난 적 있나요? 해당 경험을 자세히 설명해 주세요.

소단원 2

# 진솔한 정서의 이해와 표현

## 1. 소단원 목적

다양한 정서 경험과 정서 표현 방식 간의 차이를 명확히 이해한다.

## 2. 학습 목표

① 다른 정서 경험 간 차이를 구분한다.

② 정서를 다양한 방식으로 경험하고 표현한다.

## 3. 수업 내용

| 활동 | 절차 |
|---|---|
| **1. 준비 활동:** 풍선에 바람 넣기**(3분)**<br><br>▷ **교수자료**<br>- [부록 3-7] 교수자용 참고 자료: '풍선에 바람 넣기 추천' 질문<br>- 공기 펌프<br>- 1~2개의 고무 풍선 | 1. 학생들에게 조용히 다음 절차에 집중하도록 요청한다.<br>2. 펌프를 이용해 풍선에 공기를 넣는다. 풍선이 충분히 부풀어 오르면 터지기 전에 공기 주입을 멈춘다.<br>3. 펌프로부터의 공기는 개인의 정서를 나타내며, 풍선은 한 사람을 나타낸다고 말한다. 만약 우리가 정서를 잘 표현하지 못하고 부적절하게 억누른다면, 우리의 정신건강이 악화될 수 있음을 설명한다. |
| **2. 학급 게임:** 정서 투표 **(8분)** | **목표: 정서를 표현하는 다양한 방식과 각 방식의 장단점을 이해한다.**<br>1. 칠판을 세 개의 열로 나누고, 각각의 열을 '행복' '화' '슬픔'으로 명명한다.<br>2. 학생들에게 이 세 개의 범주에 속하는 비슷한 정서를 떠올려 보도록 지시하고, 학생들의 답변을 칠판에 적는다.<br>3. 칠판에 적힌 정서를 표현할 수 있는 여러 가지 방식에 대해 생각해 보고 각각의 장점과 단점에 대해 학생들과 논의한다.<br>4. 학생들이 정서를 표현하는 가장 적절한 방법과 또는 가장 적절하지 않은 방법에 대해 투표하도록 한다. |

| | |
|---|---|
| **3. 모둠 경험 공유:** 정확한 감정 이해와 표현 **(12분)**<br><br>▷ **교수자료**<br>- 백지 | **목표: 급우들과 정서 경험을 공유한다.**<br>1. 학생들에게 백지를 한 장씩 나눠 준다. 학생들에게 2~3분 동안 가족과 함께했던 가장 감명 깊은 추억에 대해 적거나 그림을 그려 표현하도록 한다. 상황에 따라 가족 외 다른 주제를 다룰 수 있다.<br>2. 학생은 먼저 자신이 적은 추억에 대해 공유한다. 경험을 공유할 때, 자신이 그 상황에서 느꼈던 정서와 정서를 표현했던 방식에 대해서도 이야기한다.<br>3. 학생들이 학급에서 경험을 공유함으로써 서로에 대해 깊이 이해할 수 있는 시간을 마련했다는 점을 칭찬한다. 이후 이 소단원의 핵심이 정서를 표현하는 다양한 방식을 탐구하는 것이라는 점을 언급한다. 학생들이 자신이 정서를 표현하는 일반적인 방식에 대해 생각하고, 이 방식이 적절한 정서 표현 방식인지에 대해 고민해 보도록 유도한다. |
| **4. 결론(2분)** | 1. 다음의 두 내용을 포함해 소단원의 핵심을 정리한다<br>• 정서를 표현하는 것의 중요성<br>• 정서를 표현하는 다양한 방식과 정서를 표현할 때 주의할 점<br>2. 학생들이 일상생활에서 정서를 적절하게 표현할 수 있도록 독려한다. |
| **5. 마무리 활동(5분)**<br><br>▷ **교수자료**<br>-[부록 3-8] 성장 확인 질문 | 1. 성장 확인 질문을 나누어 주고 학생들에게 지난 활동을 돌아볼 수 있는 시간을 준다.<br>2. 수업 시간 동안 학생들의 참여에 대해 칭찬한다. |

## 4. 세부 지도 사항

### 1) 준비 활동

- 교수자가 학생들 사이를 걸어 다니며 풍선에 바람을 넣으며 학생들의 주의를 끄는 동시에 긴장감 있는 분위기를 조성할 수 있다.
- 준비 활동의 목적은 학생들의 사고 활동을 자극하는 것이다. 교수자는 학생들의 지적 수준을 고려해 적절한 질문을 던질 수 있다. 교수자들은 지적 수준이 높은 학생들에게는 사고의 범위를 넓히기 위한 추상적인 질문들을 제시할 수 있다. 학생들이 게임의 의미를 이해하기 어려워한다면, 교수자는 비유를 이용해 상황을 설명할 수 있다.
- 교수자는 풍선에 얼굴, 팔, 다리 등을 그림으로써 풍선이 사람처럼 보이도록 만들 수 있다.
- 소단원 활동을 본격적으로 시작하기 전에, 교수자는 학급에서 학생들의 관계, 학교나 학급에서 발생한 사건들, 학생들의 정서와 학생들이 정서를 표현하는 방식 등 학생들

의 환경적 요인을 관찰하고 그에 대해 고민해야 한다.

### 2) 정서 투표

• 활동을 시작하기 전에, 교수자는 지난 소단원 활동에서 사용했던 '정서와 표현' 파워포인트 슬라이드를 화면에 제시할 수 있다.
• 학생들은 하나의 정서를 표현하는 하나의 방식만을 알고 있을 것이다. 교수자는 학생들이 언어적, 비언어적, 또는 행동적 전략 등을 포함해 정서를 표현하는 다양한 방식에 대해 고민하고 생각해 낼 수 있도록 유도한다.
• 투표 이전에, 교수자는 학생들이 정서를 표현하는 다양한 방식의 적절성과 각 방식이 다른 사람에게 미치는 영향에 대해 생각해 보도록 유도한다. 더불어 교수자는 '가장 편안한 정서 표현상' '최고의 대인 관계상' '가장 건강한 정서 표현상' 등 각각의 투표에 따라 다른 기준을 설정함으로써 학생들이 정서를 표현할 때 고려되어야 하는 요소들이 무엇인지에 대해 이해할 수 있도록 돕는다.
• 각 학생 또는 각 모둠은 한 표를 행사할 수 있다.
• 교수자는 자해나 음주 등 정서를 표현하는 부정적인 방식들을 향한 학생들의 관점을 인지해야만 한다. 이와 같은 정서를 표현하는 부정적인 방식들의 결과와 영향에 대해 학생들이 토론하도록 권장한다. 만약 이와 같은 주제가 수업 중간에 다루기에 너무 심각하다고 판단한다면, 이 주제를 독립적인 다른 수업에서 다룬다.
• 시간이 충분하지 않거나 교수자가 토론에 더 많은 시간을 할애하고자 한다면, 이 활동을 생략할 수 있다.

### 3) 정확한 감정 이해와 표현

• 교수자는 분위기를 북돋기 위해 자신의 개인적 경험을 공유할 수 있다.
• 몇몇 학생들은 짧은 시간 동안 가족과의 추억에 대해 떠올리는 것을 어려워할 수 있다. 따라서 이전 소단원 활동의 마무리에 교수자는 이번 소단원 활동에 대해 예고하고 학생들이 사전에 학급에서 나눌 가족과의 추억에 대해 생각해 오는 것을 과제로 제시한다. 또는 교수자는 특정 가족 구성원에 대한 감정, 이사 결정과 관련된 다툼, 가족 여행 동안 느꼈던 행복 등 학생들이 참고할 만한 몇몇 예시들을 제공할 수 있다.

- 몇몇 학생들은 교실에서 가족과의 경험을 이야기하는 데 거부감을 느낄 수 있다. 학생의 성격과 교수자와 학생 간의 관계를 고려해, 교수자는 이 활동을 적절히 조정할 수 있다. 예를 들어, 토론 활동의 주제는 '학교 생활'이나 '친구들'이 될 수도 있다.
- 학생들은 정서를 표현하는 방식보다는 정서 그 자체를 이야기하는 데 몰두할 수 있다. 또는 학생들은 사건이 발생했던 시점에 정서를 표현하지 않았을 수 있다. 이와 같은 상황에서도, 교수자는 학생들이 그 상황에서 느꼈던 또는 느꼈을 만한 정서를 공유하고, 그를 기반으로 자신의 정서를 표현하는 적절한 방법을 찾아낼 수 있도록 독려한다.
- 경험을 공유하는 동안, 남학생들은 문화적으로 개인적 감정을 표현하는 데 익숙하지 않기 때문에 대화에 잘 참여하지 않을 수 있다. 교수자는 특히 남학생들을 대상으로 긍정적인 지지를 제공하고, 적극적으로 경청하며, 경험 공유를 독려할 수 있다.
- 각 학생의 경험 공유가 마무리될 때마다, 전체 급우가 박수를 치거나 서로를 칭찬하도록 독려한다.
- 교수자는 경험 공유 동안 나타날 수 있는 학생들의 정서에 주의를 기울여야 한다. 만약 한 학생이 갑자기 조용해지거나 짜증을 내는 경우, 교수자는 질문을 멈추거나 그 학생이 잠시 휴식할 수 있도록 함으로써, 해당 학생에 대한 자신의 관심을 표현하고 해당 학생이 진정할 수 있도록 돕는다. 또한 다른 급우들이 해당 학생에게 지나친 관심을 기울여 해당 학생이 부담을 느끼거나 수업 진행이 어려워지는 상황이 발생하지 않도록 주의한다. 교수자는 다른 학생들에게 그와 같은 감정 표현은 자연스러움을 설명하며, 다른 학생들이 해당 학생에게 적절한 관심을 표현할 수 있도록 독려한다. 수업 이후, 교수자는 후속 조치를 취하거나 필요시 상담 서비스에 해당 학생을 의뢰할 수 있다.
- 정서 표현 방식과 전략이 문화에 따라 달라질 수 있음을 명심해야 한다. 따라서 수업에 참여하는 학생 중 성장 배경이 한국이 아닌 학생이 포함된 경우, '적절한' 정서 표현이 무엇인지에 대한 문제에 유연하게 접근해야 한다.

## 5. 보충 활동(선택 사항)

| 활동 | 내용 | 권장 사항 |
|---|---|---|
| 야외 인터뷰 | **목표: 정서를 표현하는 다양한 방식을 이해한다.**<br>학생들을 여러 개의 작은 모둠으로 나눈다. 각 모둠이 '정서를 표현하는 방법'이라는 주제에 대해 조사하도록 지시한다. 학생들은 같은 활동을 하는 학생들을 제외하고, 주변 사람들에게 그들만의 정서 표현 방법에 대해 질문할 수 있다. 인터뷰의 내용은 '정서를 표현하는 방법' '해당 정서 표현 방법의 장단점' '경청하는 사람의 특징' 등이 포함될 수 있다. | 교수자는 다른 학생들도 읽을 수 있도록 인터뷰의 내용을 칠판에 게시한다. |
| 학급 정서 측정기 | **목표: 정서를 표현하는 습관을 형성한다.**<br>학급의 전체 학생들은 7~10개의 정서를 선택하고 일련의 '정서 표식'을 만든다. 예를 들어, 각 정서 밑에 스티커를 붙이는 보드를 마련한다. 매일마다 학생들은 그날의 정서를 표현하는 정서 표식을 정하기 위해 투표하고, 선택된 정서 표식을 칠판에 게시함으로써 그날 학급의 정서를 표현한다. | • 학생들은 각 '정서 표식'에 정서의 강도에 대한 표현을 추가할 수 있다.<br>• 학생들은 교수자에게 몇 가지 정서 표식을 제시함으로써, 교수자가 그날 경험한 자신의 정서를 표현하도록 할 수 있다. |

# 부록 3-7 교수자용 참고 자료: '풍선에 바람 넣기' 추천 질문

**다음의 질문에는 따로 우선 순위가 없습니다.**

| 추천 질문 | 추천 답변 |
|---|---|
| 만약 풍선에 공기가 지속적으로 주입된다면, 어떤 일이 벌어질까요? | 풍선은 터질 것입니다. |
| 풍선은 사람을 나타내며 펌프로부터의 공기는 정서를 나타냅니다. 만약 우리가 너무 많은 정서로 가득 차면 어떤 일이 벌어질까요? | 이는 부정적인 신체적, 심리적 손상을 유발합니다. 심한 경우, 한 사람은 완전히 무너질 수 있습니다. |
| 심리적으로 무너지거나 쇠약해지는 경험을 예방하기 위해 우리는 무엇을 해야 할까요? | 우리의 정서와 감정을 표현해야 합니다. |
| 풍선에서 공기가 완전히 빠져 나가면, 풍선에는 어떤 일이 발생할까요? | 풍선의 모양이 망가집니다. |
| 만약 사람들이 아무 정서도 느끼지 않는다면 어떤 일이 발생할까요? | 사람들은 자신을 둘러싼 모든 일에 관심을 잃어버리며, 다른 사람들에게 냉담하거나 무관심하다는 인상을 줄 수 있습니다. |
| 사람과 사람의 정서 간의 관계를 풍선과 공기 펌프의 관계에 비유해 설명한다면, 어떻게 말할 수 있을까요? | 풍선은 사람이고 펌프로부터의 공기는 그 사람의 정서입니다. |

# 부록 3-8 성장 확인 질문

이름: ____________ 반: ____________ 날짜: ____________

## 1. 수업 과제

1) 다음의 사건을 경험할 때 어떤 감정을 느낄 수 있을까요?
 - 가족과의 다툼
 - 생일 축하받기
 - 친구가 오해함
 - 친구가 괴롭힘 당한다는 사실을 알게 됨
 - 대회에 나가서 우승함

2) 여러분의 감정을 털어놓는다면 누구에게 말할 건가요? 그 이유는 무엇인가요?

| 대상 | 이유 |
|---|---|
| | |
| | |

3) 가족, 선생님, 친구 중에서 감정을 가장 적게 공유하는 사람은 누구인가요? 그 이유는 무엇인가요?

## 2. 숙제

1) 누군가 아무리 힘들어도 남자는 울면 안 된다고 말한다면 동의하겠습니까? 그렇게 생각한 이유는 무엇인가요?

2) 누군가 여자는 격렬한 운동이나 베개를 때리는 것으로 분노를 해소해서는 안 된다고 말하면 동의하겠습니까? 그렇게 생각한 이유는 무엇인가요?

3) 여러분이 차별받거나, 경쟁이나 시험에서 지거나, 오해받거나, 칭찬받는 상황에서 어떤 감정을 느낄지 글로 적거나 그림을 그려 표현해 주세요.

대단원 4

# 인지적 역량

## 들어가며

인지적 역량은 인지 구조, 인지 과정, 외현적 행동으로 구성된다. 먼저 인지 구조는 개인의 속성, 신념 및 가치 체계를 의미하고, 인지 과정은 자기 평가, 사고방식, 추론, 정보 분석 및 처리 기술을 의미한다. 외현적 행동은 반응 및 표현과 같은 관찰 가능한 행동을 말한다. 본 단원은 학생들의 창의적이고 비판적인 사고를 촉진하고 궁극적으로 인지적 역량을 증진하는 것을 목표로 한다. 이 교육과정에서는 창의적 사고와 비판적 사고를 지칭하기 위해 '인지적 역량'이라는 용어를 사용하였다.

창의적 사고란 참신하고 가치 있는 아이디어를 만들어 내는 사고를 말한다. 사람들은 일반적으로 문제를 해결할 때 창의적 사고를 적용하며, 창의적 사고에는 다음과 같은 사고 능력이 필요하다. 새로운 방식으로 문제를 재정의하고, 작업의 전반적인 측면과 세부적인 측면 모두에 주의를 기울이며, 정보를 처리하기 위한 규칙과 절차를 개발하는 능력이다.

비판적 사고란 적절하고 신뢰할 수 있는 정보를 바탕으로 무엇을 믿고, 무엇을 해야 할지 결정하는 추론 과정을 의미한다. 비판적 사고에는 객관적인 결론에 도달하기 위해 다양한 관점을 조정하는 능력인 합리적 사고도 포함된다. 자신의 관점을 비판적으로 평가하고 적절하게 조정하기 위해서는 반성적 사고 기술도 필요하다.

청소년의 창의적 사고 발달은 가정과 학교 환경에 의해 크게 영향을 받는다. 선행 연구에 따르면, 홍콩 청소년들은 아들과 딸로서 부모에게 복종할 것을 기대받고, 고도로 구조화되고 경쟁적인 교육 시스템에서 높은 성적에 대한 압박을 받는 환경으로 인해 창의적 사고 발달이 불리한 것으로 나타났다. 따라서 홍콩과 마찬가지로 권위적이고 경쟁적인 한국의 사회 환경 속에서 청소년들이 유행과 물질주의의 영향에 휩쓸리지 않도록 비판적 사고 능력을 갖출 수 있게 돕는 것이 본 단원의 목표이다.

대단원 4는 두 소단원을 통해 합리적, 창의적, 비판적 사고의 개념을 소개한다. 소단원 1에서는 학생들이 사고의 세 가지 관점을 배우고, 자기 성찰의 중요성을 이해하며, 자기 성찰을 위한 기본 기술을 습득하도록 돕는다. 소단원 2에서는 게임과 모둠 토론을 통해 학생들이 합리적이고 비판적인 사고를 적용할 수 있는 기회를 제공한다.

## 개관

| 소단원 | 소단원 목적 | 학습 목표 |
|---|---|---|
| **두뇌: 인간의 소프트웨어 (30분)** | 학생들이 합리적 · 창의적 · 비판적 사고를 구분하고 자기 성찰의 중요성을 이해하도록 돕는다. | 1. 합리적 · 창의적 · 비판적으로 사고한다.<br>2. 자기 성찰의 기본 개념과 중요성을 이해한다. |
| **온라인에서 만난 사랑 (30분)** | 학생들이 일상생활에서 합리적이고 창의적인 사고를 적용할 수 있도록 안내한다. | 1. '인터넷 친구 사귀기' 활동에 제시되는 문제에 합리적인 사고를 적용한다.<br>2. '인터넷 친구 사귀기' 활동에 제시되는 문제에 창의적인 사고를 적용한다. |

이 대단원에 포함된 모든 활동지 및 파워포인트 슬라이드와 영상 자료 등은 학지사 홈페이지(www.hakjisa.co.kr)에서 내려받을 수 있습니다.

소단원 1

# 두뇌: 인간의 소프트웨어

## 1. 소단원 목적

학생들이 합리적 · 창의적 · 비판적 사고를 구분하고 자기 성찰의 중요성을 이해하도록 돕는다.

## 2. 학습 목표

① 합리적, 창의적, 비판적으로 사고한다.

② 자기 성찰의 기본 개념과 중요성을 이해한다.

## 3. 수업 내용

| 활동 | 절차 |
|---|---|
| **1. 준비 활동:** 두뇌 자극 **(8분)**<br><br>▷ **교수자료**<br>- [부록 4-1] 파워포인트 슬라이드: 두뇌 자극 퍼즐<br>- [부록 4-2] 교수자용 참고 자료: 두뇌 자극 퍼즐<br>- A4 용지 | 1. 학생들을 여러 개의 작은 모둠으로 나눈다.<br>2. '두뇌 자극' 파워포인트를 보여 주고 모둠별로 답을 찾도록 한다.<br>3. 흰 종이를 제공하고 학생들이 5분 내로 종이에 답을 적도록 한다. 각 모둠은 칠판에 답을 적는다.<br>4. 학생들에게 어떻게 답을 떠올렸는지 물어보고 사고의 중요성을 강조한다. |

| | |
|---|---|
| **2. 모둠 게임:** 가로등(**5분**)<br><br>▷ **교수자료**<br>- [부록 4-3] 파워포인트 슬라이드: 가로등 이야기<br>- [부록 4-4] 교수자용 참고 자료: 가로등 이야기<br>- [부록 4-5] 교수자용 참고 자료: 칠판 양식 | **목표: 합리적, 창의적, 비판적 사고를 이해한다.**<br>1. '가로등 이야기' 파워포인트를 화면에 보여 준다. 각 모둠에게 답을 적을 카드 세트를 나누어 주고 파워포인트 속 질문에 대해 모둠 토론을 실시한다. 각 모둠마다 한 명의 학생이 칠판에 답을 게시하고([부록 4-5]) 설명한다.<br>2. 학생들에게 합리적 사고, 창의적 사고, 비판적 사고가 무엇인지 물어본다. 교수자가 세 개념의 정의를 간략하게 설명한다.<br>3. '가로등 이야기'의 답을 제시한다. 일상 속 사고의 중요성과 다양한 사고방식이 문제를 이해하는 다양한 관점을 제공한다는 점을 강조한다. 학생들이 사고력을 실제 생활에 적용하도록 격려한다. |
| **3. 학급 토론:** 성찰의 열쇠(**10분**)<br><br>▷ **교수자료**<br>- [부록 4-6] 교수자용 참고 자료: 양치기 소년<br>- [부록 4-7] 활동지: 성찰의 열쇠 | **목표: 자기 성찰의 중요성을 이해한다.**<br>1. 엄숙한 목소리로 '양치기 소년' 이야기([부록 4-6])를 들려준다. 엄숙한 어조에서 편안한 어조로 이야기를 3~4회 반복한다. 어조의 변화는 학생들의 반응을 이끌어 낼 수 있다.<br>2. 학생들의 반응을 관찰한다. 학생들은 웃거나 주인공의 행동에 대해 질문할 수 있다. 다음 질문들에 대해 학생들과 토론한다.<br>• 주인공에 대해 어떻게 생각하시나요?<br>• 양치기 소년과 농부들이 이야기의 결말을 바꾸기 위해 무엇을 할 수 있을까요?<br>• 왜 양치기 소년은 자신의 행동을 반성하지 않았을까요?<br>3. 학생들의 생각을 요약하고 일상 속 자기 성찰은 우리가 성장하고 소중한 경험을 얻는 데 도움이 된다는 점을 강조한다. 자기 성찰을 할 때 어떤 질문을 해야 하는지 토론한다.<br>4. 학생의 의견을 간단히 요약하고 성찰의 특징에 대해 다음의 결론을 내린다.<br>• 개인적인 경험을 바탕으로 합니다.<br>• 미리 정해진 내용이 없습니다.<br>• 그 자체로 소중합니다.<br>5. '성찰의 열쇠'([부록 4-7])를 나누어 주고 '성찰의 열쇠'에 나열된 질문에 대해 학생들과 토론한다. |
| **4. 결론(2분)** | 1. 한 사람의 발달에 있어서 사고의 중요성을 설명한다.<br>2. 학생들이 사고와 자기 성찰을 추후 수업과 일상생활에서 적용하도록 장려한다. |
| **5. 마무리 활동(5분)**<br><br>▷ **교수자료**<br>- [부록 4-8] 성장 확인 질문 | 1. 성장 확인 질문을 나누어 주고 학생들이 수업 내용과 스스로를 돌아볼 수 있도록 지도한다.<br>2. 수업 중 학생들의 참여도를 칭찬한다. |

## 4. 세부 지도 사항

### 1) 준비 활동

• 해당 활동은 학생들의 특성에 따라 개인 또는 모둠 게임으로 진행할 수 있다.
• 교수자는 토론을 촉진하기 위해 수업 전에 추가 자료(예: 각 모둠에게 배포할 두뇌 자극 활동지)를 만들 수 있다.
• 이 활동은 학생들의 두뇌 활동을 활성화하기 위해 고안되었다. 학생들이 답을 찾는 데 많은 시간이 걸릴 수 있으므로 학생이 일정 시간이 지나도 답을 찾지 못하면 교사는 힌트를 주거나 답을 공개한다.

### 2) 가로등 이야기

• 게임 시작 전 규칙(예: 시간 제한)을 설명한다.
• 대부분의 학생이 빠르게 답을 찾을 수 있는 난이도여야 한다. 학생들의 사고를 확장시키기 위해 교수자는 학생들에게 다양한 관점의 사고를 사용하여 가로등을 설명하도록 유도할 수 있다. 또한 학생이 정답에 투표한 후, 세 가지 사고력의 정의를 설명해 보라고 요청할 수 있다. 교수자는 학생이 세 가지 사고력을 다른 상황에도 적용할 수 있도록 새로운 예시를(예: '펜' 또는 '전화기') 들 수 있다.
• 교사는 학생들의 흥미와 참여도를 높이기 위해 정답을 맞힌 그룹에게 상품을 제공할 수 있다.
• 학생에게 사고력은 중요하므로 교수자는 세 가지 유형의 사고를 명확하게 정의하고 설명해야 한다.
• 합리적 사고는 증거에 기반한 추론을 의미하며, 이는 본능이 아닌 근거에 기반한 결정을 의미한다. 이를 위해 우리는 결정을 내리기 전에 예상되는 결과를 고려해야 한다.
• 창의적 사고란 기존의 사고방식을 깨는 참신한 아이디어를 말한다.
• 비판적 사고는 질문을 던지고 신뢰성에 의문을 제기함으로써 문제를 성찰하는 것을 말한다(비판적 사고는 합리적이고 창의적인 사고에 통합되어야 하며, Level 3 과정에서 비판적 사고에 중점을 둔 교육을 실시한다).

### 3) 성찰의 열쇠

- '양치기 소년' 이야기는 성찰과 사고의 중요성을 강조하는 것을 목표로 한다. 학생들이 이야기의 내용 자체가 아니라 성찰의 중요성에 초점을 맞추도록 지도한다.
- 학생이 성찰의 의미를 이해하지 못하는 경우 예시를 사용할 수 있다.
- 교수자는 학생을 진심으로 칭찬하고 학생의 의견을 칠판에 적는다.
- '성찰의 열쇠'에서 언급된 주요 내용을 정리한 A4 보드를 만들어 교실 게시판에 게시한다. 이를 통해 학생들은 배운 내용을 돌이켜 보고 다른 수업의 학습 과정에도 자기 성찰을 적용할 수 있다.

## 5. 보충 활동(선택 사항)

| 활동 | 내용 | 권장 사항 |
|---|---|---|
| **사고력 대회** | **목표: 학생들의 사고력을 단련한다.**<br>사고력 대회는 학급 간 또는 학급 내 대회가 될 수 있다. 학생들은 자발적으로 대회에 참가한다. 각 참가자(개인 또는 모둠)는 제한된 시간 내에 세 가지 사고력과 관련된 여러 개의 질문에 답한다. 가장 많은 점수를 획득한 개인/팀이 상을 받는다. | 사고력 대회를 위한 질문은 여러 관련 도서에서 찾을 수 있다. 교실 안에 학생들의 답안지 수집함을 설치한다. 이 활동은 다른 학교 활동에 접목하여 실시할 수 있다. |

# 부록 4-2 교수자용 참고 자료: 두뇌 자극 퍼즐

12명이 있고 빈칸 6개가 있습니다. 6개 칸을 모두 사용하여 각 칸에 4명씩 들어가도록 6개의 칸을 배치해 보세요(칸들은 서로 교차해도 괜찮음)!

답변:

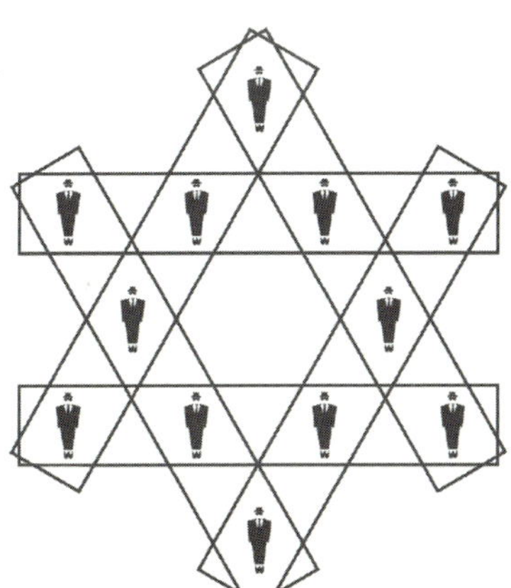

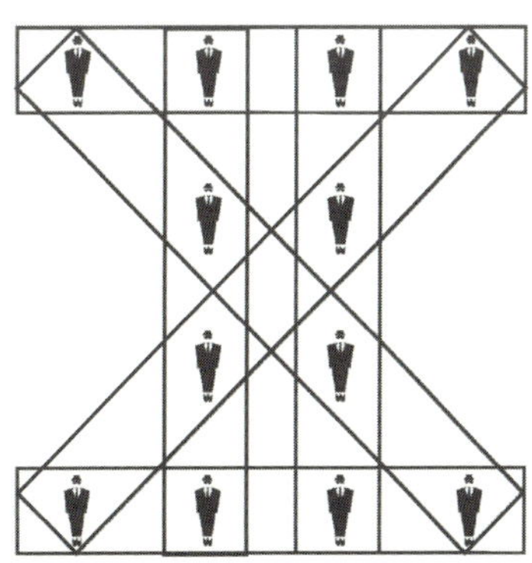

# 부록 4-4 교수자용 참고 자료: 가로등 이야기

### 1. 이야기

어느 날 세 사람이 길을 걷다가 가로등을 보았습니다. 그들은 다음과 같은 생각을 했습니다.

A: "가로등이 움직이면서 네온사인처럼 깜빡인다면 정말 멋질 것 같아요!"

B: "가로등 덕분에 사람들은 어둠 속에서도 걸을 수 있어요. 정말 편리하죠!"

C: "왜 가로등이 길 가장자리에 고정되어 있을까요? 길 한가운데 가로등을 설치하는 것이 더 낫지 않나요?"

### 2. 질문

세 사람은 합리적, 창의적, 비판적이라는 서로 다른 사고방식을 적용했습니다. 각자 어떤 사고 방식을 적용했나요? 모둠원들과 토론하고 칠판에 답안 카드를 붙여 주세요.

### 3. 답변

A – 창의적 사고
B – 합리적 사고
C – 비판적 사고

# 부록 4-5 교수자용 참고 자료: 칠판 양식

모든 학생이 다른 모둠의 답을 볼 수 있도록 다음 그림과 같이 칠판을 준비합니다.

| 모둠 (예시) | A 비판적 사고 | B 창의적 사고 | C 합리적인 사고 |
|---|---|---|---|
| 1 | | | |
| 2 | | | |
| 3 | | | |
| 4 | | | |
| 5 | | | |
| 6 | | | |
| 7 | | | |
| 8 | | | |

# 부록 4-6 교수자용 참고 자료: 양치기 소년

옛날 옛적에 꼬마 양치기가 있었습니다. 그는 풀밭에서 양떼를 돌보고 있었습니다. 양치기 소년은 나무 아래에 앉아 하늘을 올려다보았습니다. "할 일 없이 매일 양떼를 돌보는 것은 너무 지루해. 뭔가 재미있는 일 없을까?" 그는 자리에서 일어나 주변을 둘러보았습니다. 그는 농부들이 밭에서 부지런히 일하는 모습을 발견했습니다. 그는 혼자 "농부들은 정말 열심히 일하네. 장난을 쳐서 저 사람들을 즐겁게 해 줘야겠다!"라고 생각했습니다. 꼬마 양치기는 내리막길을 달려가면서 "도와줘요! 늑대예요! 늑대가 양들을 공격해요! 도와주세요! 도와주세요!"라고 외쳤습니다.

언덕에 있던 농부들은 즉시 무기가 될만한 것들을 들고 달려갔습니다. 그들은 초조하게 주위를 둘러보았지만 늑대의 흔적을 발견하지 못했습니다. 꼬마 양치기는 웃으며 농부들에게 "늑대가 사라졌어요!"라고 말했습니다. 농부들은 그에게 "안 다쳤니? 양떼는 괜찮아?"라고 물었습니다. 꼬마 양치기는 농부들에게 자신은 다치지 않았고 양떼도 무사하다고 말했습니다. 농부들은 꼬마 양치기에게 조심하라고 당부하고 밭으로 돌아갔습니다.

다음날, 양떼를 돌보던 꼬마 양치기는 다시 심심해졌습니다. 그는 들판에서 농부들을 보고 "도와주세요! 늑대예요! 양들이 위험해요! 도와주세요! 도와줘요!"라고 외쳤습니다. 농부들은 다시 한 번 장비를 들고 달려갔습니다.

**[교수자는 꼬마 양치기가 자신의 양떼를 늑대가 공격한다고 주장한다는 주요 줄거리를 반복하면서 조금씩 수정하여 이야기를 들려줄 수 있습니다. 농부들은 서둘러 도와주고 밭으로 돌아갔습니다.]**

**다음 날, [교수자는 어린 양치기가 자신의 양떼가 늑대에게 공격당하고 있다고 주장한다는 주요 줄거리를 반복하면서 약간의 변화를 주어 이야기를 들려줄 수 있습니다. 농부들은 서둘러 도와주고 밭으로 돌아갔습니다.–편안한 목소리로]**

교수자는 반복되는 이야기에 학생이 불평하거나 반응을 보일 때까지 같은 줄거리를 계속 반복합니다. 그런 다음 교수자는 토론을 시작합니다.

부록 4-7

# 활동지: 성찰의 열쇠

이름: ___________________________

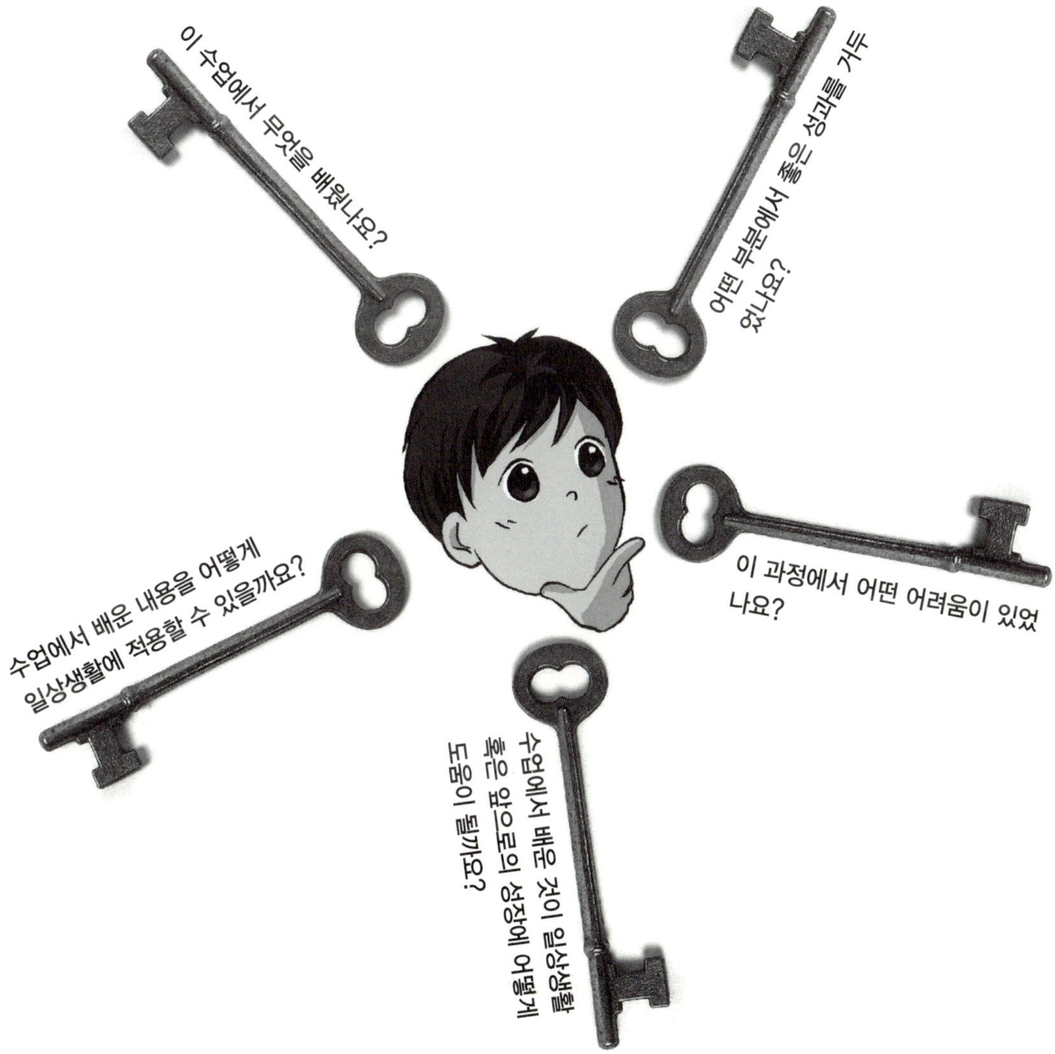

# 부록 4-8 성장 확인 질문

이름: ____________________ 반: ____________________ 날짜: ____________________

## 1. 수업 과제

1) 일상 생활에서 다음의 세 사고방식을 각각 얼마나 자주 사용하는지 표시하세요.

- 합리적 사고
  전혀 사용하지 않음 / 거의 사용하지 않음 / 가끔 사용함 / 자주 사용함 / 항상 사용함
- 창의적 사고
  전혀 사용하지 않음 / 거의 사용하지 않음 / 가끔 사용함 / 자주 사용함 / 항상 사용함
- 비판적 사고
  전혀 사용하지 않음 / 거의 사용하지 않음 / 가끔 사용함 / 자주 사용함 / 항상 사용함

2) 우리 반에서:

______, ______이/가 합리적 사고를 잘합니다.
______, ______이/가 창의적 사고를 잘합니다.
______, ______이/가 비판적 사고를 잘합니다.

3) 나는 ______ 사고방식을 기르고 싶습니다. 그 이유는 ____________________.

## 2. 숙제

한 무리의 남자아이들과 한 무리의 여자아이들이 학교에 하나뿐인 농구 코트를 사용하려고 서로 다투는 상황을 상상해 보세요. 현명한 결정을 내릴 수 있도록 다음의 사고방식을 활용하세요.

- 합리적 사고

- 창의적 사고

- 비판적 사고

소단원 2

# 온라인에서 만난 사랑

## 1. 소단원 목적

학생들이 일상생활에서 합리적이고 창의적인 사고를 적용할 수 있도록 안내한다.

## 2. 학습 목표

① '인터넷 친구 사귀기' 활동에 제시되는 문제에 합리적인 사고를 적용한다.

② '인터넷 친구 사귀기' 활동에 제시되는 문제에 창의적인 사고를 적용한다.

## 3. 수업 내용

| 활동 | 절차 |
| --- | --- |
| 1. **준비 활동:** 인터넷 친구 사귀기(**3분**) | 1. 학생들을 여러 개의 작은 모둠으로 나누고 다음의 질문을 던진다.<br>• 여러분은 인터넷 친구를 사귄 적 있나요?<br>• 인터넷 친구를 사귀는 것은 안전한가요?<br>2. 활동을 마무리하며 인터넷 친구를 매우 쉽게 사귈 수 있다는 것을 강조한다. |
| 2. **모둠 토론:** 온라인에서 만난 사랑(**10분**)<br><br>▷ **교수자료**<br>- [부록 4-9] 파워포인트 슬라이드: 온라인에서 만난 사랑(파트 A)<br>- [부록 4-10] 교수자용 참고 자료: 온라인에서 만난 사랑(파트 A)<br>- [부록 4-13] 활동지: 믿거나 말거나 | **목표: 합리적인 사고로 문제를 분석한다.**<br>1. "온라인에서 만난 사랑(파트A)" 파워포인트([부록 4-9])를 띄우고 지수의 이야기([부록 4-10])를 읽어 준다. 학생들에게 토론 활동이 이어질 것이므로 내용에 주의를 기울여야 한다고 당부한다.<br>2. 짧은 역할극이 끝나면 '믿거나 말거나' 활동지([부록 4-13])를 나누어 주고 모둠 토론을 진행한다.<br>• 지수가 인터넷 친구인 민혁이를 신뢰할 수 있는지 판단하기 위해 어떤 기준을 사용해야 하나요?<br>• 여러분이 지수라면 민혁이와 만날 건가요?<br>3. 학생들이 토론 결과를 발표하고 다음의 결론을 내린다.<br>• 우리는 인터넷 친구를 사귈 때 합리적으로 생각해야 합니다. 인터넷에서 만난 사람과 친구를 맺기 전에 상대방의 배경과 동기를 진지하게 고려해야 합니다. |

| | |
|---|---|
| - [부록 4-14] 교수자용 참고 자료: 믿거나 말거나 | |
| **3. 모둠 창작 활동:** 인터넷 사용자를 위한 조언 **(10분)**<br><br>▷ **교수자료**<br>- [부록 4-11] 파워포인트 슬라이드: 온라인에서 만난 사랑(파트 B)<br>- [부록 4-12] 교수자용 참고 자료: 온라인에서 만난 사랑(파트 B) | **목표: 창의적인 사고를 사용하여 인터넷 친구 사귀는 방법을 평가한다.**<br>1. "온라인에서 만난 사랑(파트 B)" 파워포인트([부록 4-11])를 띄우고 지수의 이야기([부록 4-12])를 읽어 준다. 인터넷 친구를 신뢰할 수 있을지 판단하는 기준을 요약한다.<br>2. 각 모둠에게 색종이와 색깔 펜을 제공한다.<br>3. 학생들은 인터넷 친구를 사귈 때 우려되는 부분에 대해 토론하고, 인터넷 친구 사귀기의 함정을 피할 수 있는 조언을 떠올린 후 멋있게 표현한다(예: 포스터, 표어, 시 등).<br>4. 학생들에게 토론 결과를 발표하도록 한다. |
| **4. 결론(2분)** | 1. 학생들이 일상생활에서 다양한 사고 기술을 적용하도록 장려한다.<br>2. 인터넷 친구를 사귈 때 주의해야 할 점에 대해 결론을 내린다. |
| **5. 마무리 활동(5분)**<br><br>▷ **교수자료**<br>- [부록 4-15] 성장 확인 질문 | 1. 성장 확인 질문을 나누어 주고 학생들이 수업 내용과 스스로를 돌아볼 수 있도록 지도한다.<br>2. 수업 중 학생들의 참여도를 칭찬한다. |

## 4. 세부 지도 사항

### 1) 준비 활동

- 교수자는 '인터넷 친구 사귀기' 주제에 대한 토론을 지도할 때 개방적이고 객관적인 태도를 취해야 한다.
- 교수자는 수업 전에 인터넷 친구를 사귀는 것에 대한 자신의 견해를 생각해 보아야 한다. 교수자가 부정적인 견해를 가지고 있는 경우, 토론 중에 개인적인 견해를 노골적으로 표출하면 학생들이 의견을 표현하는 데 방해가 될 수 있으므로 지양해야 한다.

### 2) 온라인에서 만난 사랑

- 학생이 활동지 내용을 명확하게 이해하지 못하는 경우, 교수자는 추가 지도(예: 인터넷

친구가 알려 준 정보의 신뢰성 및 동기에 대해 생각해 보도록 유도하기 등)를 제공할 수 있다.

- 학생의 사고력을 향상시키기 위해 교수자는 학생이 활동지의 빈칸을 모두 채우도록 권장한다.
- 학생들의 사고 촉진을 위해 같은 주제에 대해 최대한 많은 질문을 제기하도록 장려한다.
- 시간 여유가 있는 경우, 교수자는 학생들과 인터넷 친구를 사귀는 문제에 대해 토론할 수 있다. 지수의 이야기를 통해 사람들은 나쁜 의도를 갖고 상대방의 신뢰를 얻기 위해 다양한 방법을 사용할 수 있고, 인터넷에서 만난 사람의 의도를 분별하는 것은 어려우므로 인터넷 친구를 사귀는 것은 위험하다는 것을 학생들에게 상기시킨다.
- 이 수업은 인터넷 친구를 사귀는 것 자체의 가치를 부정하지 않는다. 교수자가 인터넷 친구를 사귀는 것에 대해 부정적인 태도를 취한다고 느끼면 학생들이 토론을 피할 수 있으므로 교수자는 이 문제에 대한 자신의 입장을 사전에 인지해야 한다. 학생들이 개인적인 감정보다는 객관적인 분석을 통해 이 문제를 탐구하도록 지도한다. 학생에게 인터넷 친구를 사귈 때, 조심해야 한다는 점을 강조한다.
- 교수자는 관련 신문 스크랩을 준비하여 인터넷 친구를 사귈 때 필요한 학생들의 인식을 향상시킬 수 있다.
- 교수자는 학생들에게 창의적인 방식(예: 역할극)으로 이야기를 발표하게 할 수 있다.

### 3) 인터넷 사용자를 위한 조언

- 이야기가 실화라는 점을 강조하여 학생들의 경각심을 불러일으킨다.
- 모둠 창작 활동은 아름다운 미술 작품을 만드는 것보다 학생들의 사고를 자극하는 것이 목적이다. 학생들이 인터넷 중독을 예방하는 유용한 아이디어를 제안하도록 장려해야 한다.
- 교수자는 완성된 결과물을 교실 게시판에 게시하여 학생들에게 동기를 부여하고 문제에 대한 학생들의 인식을 높일 수 있다.
- 교수자는 지역 기관에서 이 주제와 관련된 참고 자료를 수집할 수 있다.

## 5. 보충 활동(선택 사항)

| 활동 | 내용 | 권장 사항 |
|---|---|---|
| **팟캐스트 드라마** | **목표: 합리적이고 창의적인 사고를 심화한다.** 각 모둠은 '온라인에서 만난 사랑' 이야기를 바탕으로 인터넷 친구를 사귈 때 주의할 점이 포함된 새로운 이야기를 작성한다. 그런 다음 모둠별로 이야기를 녹음한다. | 시간 여유가 있는 경우, 학생들의 모둠 이야기를 서로 공유한다. |
| **인터넷 사용자를 위한 십계명** | **목표: 합리적이고 창의적인 사고를 심화한다.** 각 모둠은 '인터넷 사용자를 위한 십계명'이라는 주제로 웹 페이지를 만든다. 웹 페이지는 수업 시간에 제안한 온라인에서 나쁜 친구를 사귀지 않기 위한 조언을 내용으로 다룬다. 학생들은 웹 페이지에 사례를 추가할 수 있다. | 학교 웹 사이트에 학생들이 디자인한 웹 페이지 링크를 게시한다. 학생들은 친구에게 URL을 공유할 수 있다. |

# 부록 4-10 교수자용 참고 자료: 온라인에서 만난 사랑(파트 A)

최근 지수는 가장 친한 친구와 싸웠고 그로 인해 반 전체로부터 따돌림을 당했습니다. 그러던 어느 날, 그녀는 온라인에서 민혁이라는 고등학교 2학년 남학생을 만났습니다. 당시 지수는 너무 속상한 마음에 민혁이에게 자신의 감정과 학교 생활에 대해 털어놓았습니다.

민혁이는 자신도 지수와 비슷한 경험을 했다고 말했습니다. 온라인 채팅을 하는 동안 민혁이는 지수에게 자신이 다니는 학교, 거주 지역, 전화번호 등 몇 가지 개인 정보를 알려 주었습니다. 민혁이는 지수와 친구가 되고 싶다는 의사를 밝혔습니다. 민혁이가 기꺼이 개인 정보를 알려 준 덕분에 지수는 민혁이와 계속 온라인 대화를 이어 갔습니다.

민혁이는 지수를 아끼는 마음을 표현했고 항상 지수와 속마음을 나누었습니다. 지수는 자신과 민혁이가 특별한 사이라고 생각했고, 민혁이가 지수에게 전화번호를 물었을 때 지수는 전화번호를 알려 주었습니다. 지수는 매일 밤 민혁이와 대화를 나누며 점차 그에게 애정을 느꼈습니다.

나중에 민혁이는 직접 만나자고 요청했는데, 지수는 이 초대를 받아들여야 할까요?

부록 4-12

# 교수자용 참고 자료: 온라인에서 만난 사랑(파트 B)

**결말**

지수는 신중하게 생각하지 않고 초대를 받아들였습니다. 다음 날 민혁이는 지수를 자신의 집으로 초대했고, 두 사람이 집에 들어가자마자 민혁이는 성관계를 제안했습니다. 지수는 충격을 받았고 낯선 사람의 말을 믿은 것을 후회했지만 다행히도 강하게 저항하고 도망쳤습니다. 지수는 그 사건을 떠올릴 때마다 여전히 두려움을 느낍니다.

부록 4–13

# 활동지: 믿거나 말거나

민혁이는 지수를 만나기 위해
자신의 개인 정보를 알려 주었습니다.

민혁이를 신뢰할 수 있나요?

| 민혁이가 의심스러우신가요? | 증거가 있나요? | 왜 그렇게 생각하나요? |
|---|---|---|
| 오직 지수하고만 친해지고 싶어 하나요? | ✕ | 그가 지수를 만나는 데 숨겨진 다른 동기가 있었는지 확신할 수 없습니다. |
| 고등학교 2학년 학생인가요? | ○ | |
| 지수가 자신을 믿어 주길 바라는 마음에 사생활을 공유한 걸까요? | ○ | |
| 그가 지수를 정말 아끼나요? | ○ | |
| 이성을 사귈 때 같은 방법을 자주 사용하나요? | ○ | |
| 지수를 위로해 주고 싶어서 만나자고 했나요? | ○ | |

신뢰할 수 없음　　　신뢰할 수 있음

# 부록 4-14 교수자용 참고 자료: 믿거나 말거나

민혁이는 지수를 만나기 위해 자신의 개인 정보를 알려 주었습니다.

민혁이를 신뢰할 수 있나요?

| 민혁이가 의심스러우신가요? | 증거가 있나요? | 왜 그렇게 생각하나요? |
|---|---|---|
| 오직 지수하고만 친해지고 싶어 하나요? | X | 그가 지수를 만나는 데 숨겨진 다른 동기가 있었는지 확신할 수 없습니다. |
| 고등학교 2학년 학생인가요? | ○ | 제공된 정보 중 어떤 것도 증명할 수 없습니다. |
| 지수가 자신을 믿어 주길 바라는 마음에 사생활을 공유한 걸까요? | ○ | 그의 동기를 알 수 없습니다. |
| 그가 지수를 정말 아끼나요? | ○ | 알 수 없습니다. |
| 이성을 사귈 때 같은 방법을 자주 사용하나요? | ○ | 인터넷을 통해서는 그가 평소 친구를 사귀는 습관을 알 수 없습니다. 인터넷은 친구를 쉽게 만들 수 있는 수단입니다. |
| 지수를 위로해 주고 싶어서 만나자고 했나요? | ○ | 나쁜 동기가 있더라도 숨길 것입니다. |

신뢰할 수 없음 (○) / 신뢰할 수 있음

# 부록 4-15 성장 확인 질문

이름: ______________ 반: ______________ 날짜: ______________

## 1. 수업 과제

1) SNS에서 잘 모르는 사람을 친구로 사귈 때의 장점과 위험에는 어떤 것들이 있을까요?

| 장점 | 위험 |
|---|---|
| | |
| | |
| | |
| | |

2) 어떤 방법들로 이러한 위험을 줄일 수 있을까요? 가장 효과적인 방법은 무엇이라고 생각합니까?

3) SNS를 사용하면서 개인정보 문제를 생각해 본 적 있나요? 여러분은 어떤 개인정보를 공개하고 어떤 개인정보를 보호하나요? 공개하는 개인 정보는 체크 표시를, 보호하는 개인정보는 X자 표시를 해 주세요.

□실제 이름 □생일 □학교 □휴대전화 번호 □주민등록번호 □주소

4) 한 번도 만나본 적 없는 친구가 다음과 같은 부탁을 한다면 수락하겠습니까? 그 이유는 무엇인가요?

| 부탁 | 이유 | 부탁 | 이유 |
|---|---|---|---|
| □10만 원 빌리기 | | □영화 같이 보기 | |
| □만화책 교환 | | □주소 교환 | |

## 2. 숙제

1) 사람들이 인터넷에서 친구를 사귈 때 다음의 상황을 겪었다고 실제로 들은 적이 있나요?

□안전 위협 □연락 두절 □금전 손실 □서로 도움 □상대의 거짓말을 발견 □기타__________

2) 인터넷에서 친구를 사귀는 것과 실제 현실에서 친구를 사귀는 것의 장점과 위험은 각각 무엇이라고 생각하나요?

| | 장점 | 위험 |
|---|---|---|
| 인터넷 | | |
| 실제 현실 | | |

3) 실제 현실에서 가장 믿을 수 있는 사람은 누구인가요? 그 이유는 무엇인가요? 인터넷에서 만난 상대방을 믿을 만하다고 평가할 여러분의 기준은 무엇입니까?

대단원 5

# 행동 역량

**소단원 1** 나에게 도움이 될까요

**소단원 2** 어떻게 말할까요

## 들어가며

행동 역량이란 비언어적 및 언어적 전략을 사용하여 사회적으로 수용 가능하고 규범적인 행동을 수행할 수 있는 능력을 말한다. 행동 역량이 높은 사람은 언어적, 비언어적으로 자신의 감정을 명확하게 표현할 수 있으며, 다른 사람과의 상호작용에서 효과적으로 행동할 수 있다.

행동 역량의 발달은 인지, 도덕적 판단, 조망수용 및 친사회적 행동의 발달과 밀접한 관련이 있다. 아동이 성장함에 따라 인지와 논리적 사고가 발달하며 복잡해지고, 도덕적 판단 또한 단계적으로 발달한다. 한 연구자에 따르면 아동의 조망수용(상대방의 사고, 감정, 의도 등을 추리하고 올바르게 이해하는 능력)이나 역할 수행 능력 역시 단계별로 발달한다. 즉, 나이가 많은 아동은 인지, 도덕적 판단 및 조망수용의 발달 수준이 높기 때문에 행동 역량 수준 또한 어린 아동에 비해 높을 것이다. 존중과 책임은 아이들이 학교에서 필수적으로 배워야 할 중요한 가치이고, 행동 역량 개발은 이 두 가치를 발전시키는 데 중요한 역할을 한다.

이 단원은 문화와 성별의 영향을 고려하여 설계되었다. 한 연구자는 동양 어린이가 서양 어린이에 비해 더 이타적이고 법을 잘 준수하는 경향을 보이는데, 이것은 전통적인 동양의 양육 가치관이 자녀의 좋은 성품과 바람직한 행동의 발달을 강조하기 때문이라고 하였다. 성차에 대한 연구는 여학생이 남학생보다 사회 규범과 학교 규정을 더 잘 준수한다는 것을 밝혔다. 또한 여자아이는 남자아이보다 감정적으로 표현하는 경향이 강하며, 남자아이는 자신의 감정적 반응을 숨기거나 부정하는 경향이 더 강한 것으로 나타났다. 문화와 성별 요인을 고려함으로써 다양한 유형의 교육 대상을 망라할 수 있는 단원으로 개발하고자 하였다.

Level 1 과정의 행동 역량 단원은 사회적으로 수용 가능한 인성, 매너 및 규범적 행동, 특히 비판과 사과 행동의 발달에 중점을 둔다. 소단원 1에서는 학생들이 다른 사람을 건설적으로 비판하는 태도를 익히도록 지도한다. 학습 목표는 다른 사람의 비판을 수용하고 건설적인 비판과 파괴적인 비판을 구분하는 것의 중요성을 이해하는 것이다. 소단원 2에서는 학생들이 다른 사람에게 잘못했을 때 사과하는 습관을 길러 주기 위해 설계되었다. 학습 목표는 잘못했을 때 사과의 필요성을 인지하고 사회적 상호작용에서 사과의 중요성을 이해하는 것이다.

## 개관

| 소단원 | 소단원 목적 | 학습 목표 |
|---|---|---|
| **나에게 도움이 될까요 (30분)** | 학생이 서로 다른 두 가지 유형의 비판을 식별하고 건설적인 비판을 사용하도록 장려한다. | 1. 건설적인 비판과 파괴적인 비판을 구분한다.<br>2. 파괴적인 비판을 사용하는 것의 단점을 이해한다.<br>3. 건설적으로 비판하는 방법을 배운다. |
| **어떻게 말할까요 (30분)** | 학생들이 다른 사람에게 잘못했을 때 사과하는 습관을 기를 수 있도록 돕는다. | 1. 언어적, 비언어적으로 사과하는 방법을 배운다.<br>2. 사회적 상호작용에서 잘못을 저지른 후 사과하는 것의 중요성을 이해한다. |

이 대단원에 포함된 모든 활동지 및 파워포인트 슬라이드와 영상 자료 등은 학지사 홈페이지(www.hakjisa.co.kr)에서 내려받을 수 있습니다.

소단원 1

# 나에게 도움이 될까요

## 1. 소단원 목적

학생이 서로 다른 두 가지 유형의 비판을 식별하고 건설적인 비판을 사용하도록 장려한다.

## 2. 학습 목표

① 건설적인 비판과 파괴적인 비판을 구분한다.

② 파괴적인 비판을 사용하는 것의 단점을 이해한다.

③ 건설적으로 비판하는 방법을 배운다.

## 3. 수업 내용

| 활동 | 절차 |
|---|---|
| **1. 준비 활동(3분)**<br><br>**▷ 교수자료**<br>- [부록 5-1] 파워포인트 슬라이드: 어떤 것을 받아들이시겠습니까 | 1. 학생들에게 다음의 질문을 던진다.<br>• 다른 사람들로부터 비판을 받은 적 있나요?<br>• 누군가 여러분을 비판할 때 어떤 기분이 드나요?<br>• 다른 사람의 비판을 받아들였나요? 그 이유는 무엇인가요? (학생들에게 다른 사람의 비판을 받아들이거나 받아들이지 않은 이유를 공유하게 한다.)<br>2. 주제에 대한 학생들의 관심을 불러일으키기 위해 교수자는 다른 사람으로부터 비판받았던 자신의 경험을 학생들과 공유한다.<br>3. 학생들에게 비판의 유형을 구분하도록 지도한다.<br>4. 수업을 시작할 때 '어떤 것을 받아들이시겠습니까' 파워포인트 슬라이드([부록 5-1])를 사용할 수 있다. |

| | |
|---|---|
| **2. 학급 토론:** 정말 도움이 될까요**(15분)**<br><br>▷ **교수자료**<br>- [부록 5-2] 음성 자료: 정말 도움이 될까요<br>- [부록 5-3] 교수자용 참고 자료: 정말 도움이 될까요 대본<br>- [부록 5-4] 토론 참고 자료: 정말 도움이 될까요<br>- [부록 5-5] 교수자용 참고 자료: 사고력 질문과 예시 답변 | **목표: 파괴적인 비판을 사용하는 것의 단점을 이해한다.**<br>1. 학생들을 여러 개의 작은 모둠으로 나누고 토론용 자료([부록 5-4])를 나누어 준다.<br>2. 음성 자료([부록 5-2])를 재생하기 전에 오디오 드라마 속 인물(태수)의 상황을 소개한다.<br>3. 음성 파일이 끝나면 학생들에게 다음과 같은 질문을 한다.<br>• 정민과 수지가 한 행동이 바람직한가요, 잘못됐나요?<br>• 태수는 기분이 어땠을까요? 정민과 수지의 비판을 받아들여야 할까요?<br>4. 학생의 의견에 따라 피드백을 제공하고 파괴적인 비판에 대응하는 적절한 방법에 대해 토론한다.<br>5. [부록 5-5]의 사고력 질문을 사용하여 학급 토론을 진행한다.<br>6. 파괴적인 비판은 당사자가 개선되는 데 도움을 주지 않는다는 결론을 내린다.<br>7. 학생들이 태수를 도울 수 있는 적절한 방법을 생각해 보도록 지도한다. |
| **3. 모둠 토론:** 당신을 도와줄게요**(5분)**<br><br>▷ **교수자료**<br>- [부록 5-6] 토론 참고 자료: 당신을 도와줄게요 | **목표: 건설적인 비판을 하는 방법을 배운다.**<br>1. 각 모둠에 토론용 자료([부록 5-6])를 나누어 준다.<br>2. 각 모둠에게 토론용 자료와 다음 두 가지 질문에 대해 토론한 후 발표하도록 안내한다.<br>• 건설적이고 도움이 되는 비판을 위한 적절한 방법과 태도는 무엇인가요?<br>• 여러분이 태수의 반 친구라면 어떻게 태수를 도울 수 있을까요?<br>• 태수에게 건설적인 비판을 해 주세요.<br>3. 학생들의 발표가 끝나면 건설적이고 유용한 비판의 정의와 이러한 유형의 비판을 하는 방법을 요약하여 결론을 내린다.<br>4. 요약: 사회적 상호작용에서 건설적이고 유용한 비판은 사람들이 스스로를 개선하는 데 도움을 줄 수 있다. |
| **4. 결론(2분)** | 1. 일상생활과 사회적 상호작용에서 우리는 다른 사람을 비판하기도 하고 다른 사람으로부터 비판을 받기도 한다. 따라서 우리는 비판을 주고받는 적절한 방법을 알아야 한다.<br>2. 다른 사람을 비판할 때는 상대방의 약점이 무엇이고, 어떻게 개선할 수 있는지를 분명하고 정중하게 전달해야 한다. 인신공격이 되지 않도록 주의한다.<br>3. 파괴적인 비판을 하지 않도록 경계한다. 다른 사람이 파괴적인 방식으로 나를 비판할 때는 비판을 침착하게 분석하는 성찰의 시간을 가진다. |
| **5. 마무리 활동(5분)**<br><br>▷ **교수자료**<br>- [부록 5-7] 성장 확인 질문 | 1. 성장 확인 질문을 나누어 주고 학생들이 수업 내용과 스스로를 돌아볼 수 있도록 지도한다.<br>2. 수업 중 학생들의 참여도를 칭찬한다. |

## 4. 세부 지도 사항

### 1) 준비 활동

- 학생들은 비판받은 경험에 대해 여전히 부정적이거나 공격적인 태도를 보일 수 있다. 이 점에 주의를 기울여서 학생들이 과거의 비판을 용서하도록 권유한다.
- 일부 학생들은 부모님이 항상 자신을 비판한다고 불평할 수 있다. 이러한 학생 의견에 즉시 동의하는 것은 지양하고, 더 많은 이야기를 나누면서 부모님이 왜 그렇게 하는지 생각해 보도록 유도한다. 교수자는 학생이 본인을 되돌아보고 긴장을 풀 수 있도록 한다.
- 일부 학생은 자신의 경험을 공유하는 것을 어려워할 수 있으므로 교수자는 파워포인트([부록 5-1])를 사용하여 건설적인 비판과 파괴적인 비판을 구분하는 방법을 가르칠 수 있다.

### 2) 정말 도움이 될까요

- 오디오 드라마의 내용이 요즘 청소년들의 상황을 충분히 반영하지 못할 수 있다. 음성 파일이 끝나면 교수자는 학생들에게 다른 사람을 비판했던 경험을 공유하거나, 태수에게 파괴적인 비판을 해 보라고 요청할 수 있다.
- [부록 5-5]를 사용한 학급 토론에서 교수자는 오디오 드라마에 파괴적 비판을 추가하여 토론을 심화할 수 있다. 예를 들어, 파괴적 비판에 약점을 개선할 수 있는 제안을 덧붙일 수 있다. “이번 시험은 엄청 쉬웠는데도 넌 역시나 망쳤네. 에휴! 정말 안타깝다! 너도 어이없지? 수업 시간에 좀 더 집중해 봐.” 그런 다음, 학생들에게 이 비판이 파괴적인지 아닌지를 분류하도록 한다.
- 학생과 등장인물의 이름이 같은 경우, 당황하지 않도록 다른 이름(예: ‘학생A’ 또는 ‘학생B’)을 사용하여 토론한다.
- 학생이 파괴적인 비판을 사용하여 다른 급우를 놀리지 않도록 주의한다.

### 3) 당신을 도와줄게요

- 토론을 원활하게 진행하기 위해 교수자는 토론용 자료를 화면에 띄울 수 있다.

- 각 모둠은 등장인물에 대해 서로 다른 측면을 논의하므로 교수자는 토론 전에 전반적인 개요를 설명하는 것이 좋다.
- 교수자는 교실을 돌아다니며 학생들에게 적극적으로 참여하도록 격려할 수 있다.
- 학생이 등장인물을 위한 개선 방안을 떠올리지 못하면 교수자는 비판을 표현하는 방법에 대해 토론하도록 제안할 수 있다.
- 교수자는 약점을 개선할 해결책이 포함되지 않은 비판을 지적할 필요가 있다. 학생이 약점을 개선할 방안을 포함한 건설적인 비판을 하도록 지도한다.

## 5. 보충 활동(선택 사항)

| 활동 | 내용 | 권장 사항 |
|---|---|---|
| 급식에 대한 의견 | **목표: 건설적인 비판을 연습한다.**<br>학생들에게 학교 급식을 비판하고 일주일 이내에 개선 방안을 제안하도록 한다. | 교수자는 좋은 의견을 게시판에 공유하여 학생들이 참고하도록 할 수 있다. |
| 서비스에 대한 의견 | **목표: 건설적인 비판을 연습한다.**<br>학생들에게 일주일 동안 이용한 모든 상점의 서비스에 대해 건설적인 비판을 하도록 요청한다. | |

# 부록 5-3 교수자용 참고 자료: 정말 도움이 될까요 대본

드라마: "정말 도움이 될까요?"
캐릭터: 태수, 정민, 수지, 은미(선생님)

〈제1부. 점심 시간〉

(음악)
은미: 태수, 안녕. 뭐해? 왜 여기 혼자 앉아 있어? 또 친구들과 싸웠니?
태수: 음 그게 아니라……. 정민이랑 수지 때문에 기분이 나빠요. 쉬는 시간에 걔네가 저한테 뭐라고 했거든요.
은미: 정말? 뭐라고 했는데?
태수: 음…….
(음악)
(시나리오는 쉬는 시간으로 돌아가 정민과 수지가 태수를 어떻게 대했는지 더 자세히 설명한다.)

〈제2부. 쉬는 시간〉

(음악)
수지: 태수야, 너 시험 어땠어? 잘 쳤어?
태수: 어……. 창피한데……. 망쳤어.
정민: 하하하! 이번 시험 엄청 쉬웠는데 망쳤다고? 넌 돌멩이보다 더 멍청한 것 같아. 수업 시간에 집중하라고 말했는데도 그대로더니 결국에 이 꼴이 됐네. 에휴!
수지: 맞아, 맞아. 너보다 돌멩이가 진짜 더 똑똑하겠다. 넌 수업시간에 매번 딴짓만 해. 네가 나를 항상 귀찮게 하는 바람에 나도 선생님 말씀을 놓치잖아!
태수: 난 수업이 잘 이해가 안 돼. 날 도와줄 사람이 필요한데…….
정민: 하하하. 도와줄 사람을 찾는다고? 어디 한 번 해 봐. 매번 성가시게 구는 너를 도와줄 만큼 할 일 없고 착한 사람이 과연 있을까?
수지: 정민이 말이 맞아. 너는 늘 화를 내. 넌 모두에게 상처만 주니까 아무도 너와 친구가 되고 싶어하지 않는 거야. 애들도 다 너 피하는 거 알지? 아무도 널 안 도와줄 걸?
정민: 맞아. 넌 항상 사람들을 화나게 하잖아. 지난번에 우리 반이 농구 경기에서 졌을 때도 넌 "수고했어."

라는 말 한마디 없이 그냥 비난만 했잖아. 주장이었던 민기가 아직도 너한테 서운해하는 거 알아?

태수: 하! 아직도 나한테 서운해한다고? 걔네가 경기를 엉망으로 한 걸 어떡해. 난 맞는 말 한 거야.

수지: 네가 할 말은 아니지. 경기 중에 우리 반 응원은 했어? 넌 체육 시간에 운동도 안 하잖아. 넌 진짜 게을러. 도대체 왜 그래?

태수: ……뭐라고?

정민: 우리는 널 비난하는 게 아니야. 하지만 넌 정말 고칠 점이 많아. 사실, 선생님들도 널 싫어해. 넌 버릇없이 굴고 항상 거짓말하니까. 넌 글렀어.

수지: 맞아, 우리는 널 도우려는 거야! 모르겠니?

태수: 아니야. 날 돕는다면서 이런 식으로 말하면 안되지.

(음악)

**〈제3부. 다시 점심 시간〉**

태수: 정민이와 수지가 정말 날 도우려고 한 걸까요? 그냥 비웃은 것 같아요.

은미: 태수야……. 정민이랑 수지가 한 비판을 받아들일 거니? 나는 정민이와 수지의 말이 맞는 부분도 있지만 잘못된 부분도 있는 것 같아.

태수: 무슨 뜻이에요?

**내레이션: 다음 질문에 대해 모둠 친구들과 함께 토의해 주세요.**

① 태수가 정민이와 수지의 비판을 받아들여야 할까요?

② 태수가 이러한 비판에 어떻게 대처해야 할까요?

# 부록 5-4 토론 참고 자료: 정말 도움이 될까요

태수는 말썽꾸러기 학생입니다. 수업 시간에 집중하지 않아 성적도 매우 낮습니다. 선생님께도 예의 바르지 않고 버릇없이 굽니다. 이런 이유로 인해 태수는 친한 친구가 없어서 쉬는 시간과 점심 시간에는 보통 혼자 있습니다.

게다가 태수는 운동도 잘하지 못합니다. 체육 시간에는 혼자 달리기가 느린 것이 두려워 구기 종목에는 거의 참여하지 않습니다. 하지만 반 친구들이 경기에 지면 가차없이 비난합니다.

**1. 드라마 내용 요약**

어느 날 태수의 반 친구인 정민과 수지가 태수를 비난했습니다.

A. "이번 시험은 엄청 쉬웠는데도 넌 역시나 망쳤네! 넌 돌멩이보다 더 멍청한 것 같아. 수업 시간에 집중하라고 말했는데도 그대로더니 결국에 이 꼴이 됐네."

B. "너는 늘 화를 내. 넌 모두에게 상처만 주니까 아무도 너와 친구가 되고 싶어 하지 않는 거야. 애들도 다 너 피하는 거 알지?"

C. "넌 진짜 게을러. 매일 빈둥대고 운동도 안 하잖아. 도대체 왜 그래?"

D. "선생님들도 널 싫어해. 넌 버릇없이 굴고 항상 거짓말하니까. 넌 글렀어."

**2. 토론 질문**

① 태수는 정민과 수지의 비판을 받아들여야 할까요?

② 태수가 이러한 비판에 어떻게 대처해야 할까요?

# 부록 5-5 교수자용 참고 자료: 사고력 질문과 예시 답변

1. 정민과 수지가 잘한 점과 잘못한 점은 각각 무엇인가요?

- 잘했어요: 그들은 태수가 노력을 통해 개선할 필요가 있다고 알려 줬습니다.
- 잘못했어요: 그들은 파괴적인 비판을 했습니다. 정민과 수지는 진심으로 태수를 위하는 태도가 아니었고 태수의 감정을 고려하지 않았습니다. 그들은 태수를 비웃을 뿐, 태수가 본인의 약점을 개선할 방법을 제안하지 않았습니다(세부 지도 사항 2 참조).

2. 태수는 기분이 어땠을까요? 정민과 수지의 비판을 받아들여야 할까요?

- 파괴적인 비판을 받은 후 태수는 부정적인 감정을 느낄 것입니다. 그는 반 친구들에게 불만과 분노를 느끼고 그들의 비판을 받아들이지 않을 것입니다. 그러나 자신의 행동이 개선될 필요가 있기 때문에 이런 비판의 말들을 받아들일 수 있어야 합니다.
- 파괴적인 비판에 직면했을 때는 먼저 감정을 조절하고 침착하게 다른 사람의 말을 들어야 합니다. 그런 다음 자기 성찰을 통해 비판이 옳은지 분석할 수 있습니다.

3. 정민과 수지가 정말 태수에게 도움을 줬나요?

- 아니요, 정민과 수지는 태수를 도운 것이 아닙니다. 그들은 태수에게 개선이 필요하다고 지적했지만 구체적인 개선 방법은 제안하지 않았습니다.

4. 건설적이고 도움이 되는 비판을 하기 위한 적절한 방법과 태도는 무엇인가요?

- 방법: 직접적이고 정중하게 상대방의 약점이 무엇이고 어떻게 개선할 수 있는지 알려 주어야 합니다. 인신공격을 해서는 안 됩니다.
- 태도: 우리는 다른 사람의 감정을 고려하고 예의를 지켜야 합니다. 인신공격을 하거나 상대방을 비웃으면 안 됩니다.

# 부록 5-6 토론 참고 자료: 당신을 도와줄게요

여러분이 태수의 친구라면 어떻게 태수를 도울 수 있을까요? 태수에게 건설적인 비판을 해 주세요. 학업 습관, 학습 태도, 대인 관계, 운동에 대해 몇 가지 조언을 할 수 있습니다.

모둠원과 이야기하세요.

- 모둠 1: 태수의 학업 습관과 학업 태도에 대한 비판과 개선 방안을 제안해 주세요.
- 모둠 2: 태수의 대인 관계에 대한 비판과 개선 방안을 제안해 주세요.
- 모둠 3: 태수에게 운동에 대한 비판과 개선 방안을 제안해 주세요.
- 모둠 4: 선생님을 대하는 태수의 태도에 대해 비판과 개선 방안을 제안해 주세요.

# 부록 5-7 성장 확인 질문

이름: ____________ 반: ____________ 날짜: ____________

## 1. 수업 과제

1) 다음의 태도들이 가져올 수 있는 결과나 문제를 예상해 보세요.
   - 다른 사람들에게 공격적으로 말하는 것
   - 상대방의 잘못만 지적하는 것

2) 여러분이 다른 사람을 비판하는 경우 어떻게 비판해야 하나요? 비판에 필요한 두 가지 특징을 적으세요.

3) 여러분이 비판을 받는 경우 어떻게 행동해야 할까요?

## 2. 숙제

1) 준서의 친한 친구가 무언가 잘못을 저질렀습니다. 그러나 준서는 오랜 절친에게 잘못을 지적하는 것이 꺼려집니다. 준서는 어떻게 하면 좋을지 고민에 빠졌습니다. 여러분은 준서에게 어떤 조언을 하겠습니까?

2) 다음은 고객과 고객 상담원의 전화 상담을 녹음한 것입니다. 만약 여러분이 회사의 사장이라면 고객의 비판을 받아들이겠습니까? 그 이유는 무엇입니까? 고객이 진심으로 서비스가 개선되길 원한다면 어떻게 비판해야 할까요?

고객: 회사 서비스에 대해 건의 사항이 있습니다.

고객 상담원: 네, 말씀하세요. 어떻게 도와드릴까요?

고객: 상점의 판매자가 너무 게을러서 보기가 안 좋을 정도예요. 이것 때문에 쇼핑할 때 얼마나 불쾌했는지 몰라요.

소단원 2

# 어떻게 말할까요

## 1. 소단원 목적

학생들이 다른 사람에게 잘못했을 때 사과하는 습관을 기를 수 있도록 돕는다.

## 2. 학습 목표

① 언어적, 비언어적으로 사과하는 방법을 배운다.

② 사회적 상호작용에서 잘못을 저지른 후 사과하는 것의 중요성을 이해한다.

## 3. 수업 내용

| 활동 | 절차 |
|---|---|
| 1. 준비 활동(3분) | 1. 다음 질문으로 수업을 시작한다.<br>• 대중교통을 이용하다가 넘어지거나 발을 밟힌 적이 있나요? 그 사람이 미안하다는 말을 하지 않았을 때 기분이 어땠나요?<br>• 다른 사람을 넘어뜨리거나 발을 밟았을 때 사과하나요? 그 이유는 무엇인가요?<br>• 다른 사람의 발을 밟아서 신발도 망가뜨렸다면 어떻게 할 건가요?<br>2. 학생의 반응에 따라 피드백을 제공한다. 잘못을 했을 때는 사과해야 하고 필요한 경우, 상대방에게 보상해야 한다는 것을 이해하도록 지도한다.<br>3. 마지막으로, 학생들에게 "죄송합니다."라는 말이 적절한 사과인지 생각해 보도록 유도한다. |

| | |
|---|---|
| **2. 역할 놀이 및 학급 토론:** 누가 잘했나요 **(10분)**<br><br>▷ **교수자료**<br>- [부록 5-8] 토론 참고 자료: 누가 잘했나요 | **목표: 잘못을 저지른 후 사과하는 방법을 배운다.**<br>1. 네 명의 학생이 두 가지 상황을 역할극 형태로 연기한다([부록 5-8]). 두 학생은 상황 1을, 나머지 두 학생은 상황 2를 담당한다.<br>2. 역할극이 끝나면 다음 질문에 대해 학급 토론을 진행한다.<br>• 어떤 상황이 더 낫다고 생각하나요?<br>• 두 상황의 차이점은 무엇인가요? (사과 후 표정, 태도, 보상 여부)<br>3. 칠판에 학생들의 의견을 적고 사과할 때의 적절한 태도에 대한 결론을 내린다.<br>4. 잘못한 일에 대해 사과할 때는 언어적 표현과 비언어적 표현을 모두 사용해야 한다는 결론을 내린다. 상대방이 사과의 진심을 느낄 수 있도록 정중하고 진지한 태도로 사과해야 한다는 것을 강조한다.<br>5. 마지막으로 학생들에게 "만약 역할극 속 인물이 여러분에게 사과하지 않는다면 어떻게 하겠습니까? 어떤 감정을 느낄 것 같나요?"라는 질문을 던지고 학생들이 자신의 감정을 공유하도록 한다.<br>6. 공유된 내용을 바탕으로 사과의 중요성을 강조한다. |
| **3. 모둠 창작 활동:** 창의적인 사과**(10분)**<br><br>▷ **교수자료**<br>- [부록 5-9] 토론 참고 자료: 창의력 뽐내기<br>- [부록 5-10] 활동지: 창의력 뽐내기 | **목표: 사과의 중요성을 이해한다.**<br>1. 학생들을 여러 개의 작은 모둠으로 나눈다. 토론용 자료([부록 5-9])와 활동지([부록 5-10])를 나누어 주고 활동 내용을 설명한다.<br>2. 토론이 끝난 후, 학생들에게 토론 내용을 정리하고 사과와 보상 방법을 역할극으로 보여 주도록 한다.<br>3. 학생의 활동지를 취합해 결과를 요약하고 창의적인 사과를 칭찬한다.<br>4. 요약<br>• 잘못을 저지른 후에는 사과해야 합니다.<br>• 잘못으로 인해 다른 사람에게 피해를 주었을 때는 보상해야 합니다. 예를 들어, 다른 사람의 컵을 깨뜨렸다면 새 컵을 사서 돌려주어야 합니다.<br>• 보상이란 돈과 같은 금전적인 것만을 의미하지 않습니다. 물질적 보상 외에도 비물질적 보상이 필요할 수 있습니다. 상대방이 사과의 진심을 느낄 수 있도록 하는 것이 중요합니다. |
| **4. 결론(2분)** | 1. 다른 사람에게 잘못을 저질렀을 때는 반드시 사과해야 한다.<br>2. "죄송합니다."라고 말하는 것만이 유일한 사과 방법이 아니며, 어떤 방법이든 사과에 진심과 정중함이 담겨야 한다는 점을 기억한다.<br>3. 필요한 경우, 보상을 해야 한다. |
| **5. 마무리 활동(5분)**<br><br>▷ **교수자료**<br>- [부록 5-11] 성장 확인 질문 | 1. 성장 확인 질문을 나누어 주고 학생들이 수업 내용과 스스로를 돌아볼 수 있도록 지도한다.<br>2. 수업 중 학생들의 참여도를 칭찬한다. |

## 4. 세부 지도 사항

### 1) 준비 활동

- 교수자는 자신이 사과했던 경험을 공유할 수 있다.
- 학생들도 자신의 사과 경험을 공유하도록 진행한다.

### 2) 누가 잘했나요

- 교수자는 역할극을 연기하는 학생들을 칭찬하고 선물을 줄 수 있다.
- 교수자는 학생들이 토론 질문에 대한 의견을 적극적으로 공유하도록 독려하여 더 많은 학생의 참여를 이끌어 낼 수 있다.
- 교수자는 칠판에 학생들의 의견을 적고 사과하는 방법을 반복해서 보여 줌으로써 학생들의 이해도를 높일 수 있다.
- 학생이 잘못을 저지른 사람에게 복수해야 한다고 제안하는 경우, 교수자는 이를 제지해야 한다.

### 3) 창의적인 사과

- 교수자는 학생들이 실질적인 보상 방법을 생각하도록 상기시킨다.
- 학생들에게 보상은 선물 구입과 같은 물질적인 것일 수도 있고, 그 사람을 위로하는 것과 같은 비물질적인 것일 수도 있음을 알려 준다. 학생들에게 비물질적인 보상의 방법을 더 많이 상상해 보라고 유도한다.
- 수업 시간이 부족한 경우, 교수자는 학생에게 활동지를 작성하는 대신 토론 내용을 발표하도록 요청할 수 있다.
- 교수자는 학생들이 참고할 수 있도록 완성된 활동지를 교실 내에 게시할 수 있다. 교수자는 활동지([부록 5-10])에 제시된 '도둑질' 또는 '동생 괴롭히기'와 같은 일부 상황을 법, 도덕 및 윤리 문제와 관련하여 논의함으로써 토론을 풍부하게 만들 수 있다. 학생들이 사회적 상호작용에 대해 다양하게 이해하도록 지도한다.

### 4) 결론

• 결론을 내릴 때, 이 수업은 사과할 때 필요한 태도에 관한 것임을 재차 강조한다. 중학교 2학년과 3학년 교육과정에서 다른 사람의 사과를 받아들이는 방법 등 사과에 대해 추가적으로 다룰 것이다.

## 5. 보충 활동(선택 사항)

| 활동 | 내용 | 권장 사항 |
|---|---|---|
| 사과의 선물 | **목표: 다양하게 사과하는 방법을 알아본다.**<br>학생들을 모둠으로 나누고 사과를 위한 선물에 대해 알아보도록 한다. 학생들은 모둠별로 물건의 기능, 가격 및 구매처를 알아내어 수업 시간에 발표한다. | 학생들은 해당 물건을 구매할 필요가 없다. 물건은 사과를 위한 용도로 사용되어야 한다는 점을 강조한다. |
| 역사 되돌아보기 | **목표: 과거 사건을 통해 사과의 중요성을 이해한다.**<br>학생들을 모둠으로 나눈다. 역사상 자신의 잘못을 용감하게 마주하고 사과한 사람들을 조사하도록 한다. | 여러 국가 간의 역사적 갈등에 주목한다. 예를 들어, '일제 강점기' 등을 사용할 수 있다. 교수자는 이와 같은 민감한 역사적 상황에 대해 균형 잡힌 역사적 설명을 제공한다. |

# 부록 5–8 토론 참고 자료: 누가 잘했나요

**다음 상황을 역할극으로 만들어 적절한 말, 행동, 표정으로 사과를 시도해 보세요.**

어느 날 화영은 시험 공부를 하러 지은의 집에 갔습니다. 저녁 식사 시간이 되자 서둘러 집으로 돌아가려던 화영은 집을 나서면서 지은이 아끼던 꽃병을 깨뜨렸습니다. 그 순간 화영은 "미안해"라는 말만 하고 재빨리 자리를 떴습니다.

이렇게 해 보세요.

- 화영의 역할 - 지은에게 진심으로 사과하지 않는다는 것을 보여 주세요. 남의 물건을 망가뜨리는 것이 별로 중요한 문제가 아니라고 생각하고 연기해 보세요.
- 지은의 역할 - 좋아하는 꽃병이 깨져서 얼마나 슬프고 속상한지 표현해 보세요.
- 화영의 태도에 대해 얼마나 불쾌했는지 보여 줍니다.

수영은 기태의 휴대전화를 빌렸지만 어느 날 실수로 휴대전화를 잃어버렸습니다. 수영은 곧바로 사과하고 기태가 화내지 않기를 바랐습니다. 그리고 기태에게 휴대전화를 잃어버려서 미안하다는 편지를 쓰고 기태에게 돈을 모아서 새 휴대전화를 사 주겠다고 말했습니다.

이렇게 해 보세요.

- 수영의 역할 - 사과할 때 진심으로 미안한 마음을 보이도록 노력하세요.
- 기태의 역할 - 수영을 기꺼이 용서할 마음이 있음을 보여 줍니다.

## 부록 5-9 토론 참고 자료: 창의력 뽐내기-모둠별 문제

모둠별로 다음과 같은 일이 발생했을 때 어떻게 사과하고 보상할지 생각해 보세요.

| 모둠 | 잘못 1 | 잘못 2 |
|---|---|---|
| 1 | 친구의 꽃병을 깨뜨림  | 부모님께 화냄  |
| 2 | 친구의 휴대전화를 잃어버림  | 동생의 전자 기기를 허락 없이 사용함  |
| 3 | 어머니 돈을 몰래 꺼내서 사용함  | 미술 수업 때 친구 옷을 더럽힘  |
| 4 | 학교에 지각함  | 동생과 싸우거나 동생에게 소리를 지름  |

# 부록 5-10 활동지: 창의력 뽐내기

**모둠 1**

- 각 잘못의 심각도를 등급으로 매겨 주세요. 세 가지 등급이 있습니다. 1등급은 심각하지 않은, 가장 낮은 수준, 3등급은 매우 심각하고 용서할 수 없는, 가장 높은 수준입니다.

- 사과와 보상을 위한 창의적인 방법을 생각해 보세요.

**잘못 1**: 친구의 꽃병을 깨뜨림

**잘못 2**: 부모님께 화냄

**모듬 2**

- 각 잘못의 심각도를 등급으로 매겨 주세요. 세 가지 등급이 있습니다. 1등급은 심각하지 않은, 가장 낮은 수준, 3등급은 매우 심각하고 용서할 수 없는, 가장 높은 수준입니다.
- 사과와 보상을 위한 창의적인 방법을 생각해 보세요.

**잘못 1**: 친구의 휴대전화를 잃어버림

**잘못 2**: 동생의 전자기기를 허락 없이 사용함

**모둠 3**

- 각 잘못의 심각도를 등급으로 매겨 주세요. 세 가지 등급이 있습니다. 1등급은 심각하지 않은, 가장 낮은 수준, 3등급은 매우 심각하고 용서할 수 없는, 가장 높은 수준입니다.

- 사과와 보상을 위한 창의적인 방법을 생각해 보세요.

**잘못 1**: 어머니 돈을 몰래 꺼내서 사용함

**잘못 2**: 미술 수업 때 친구 옷을 더럽힘

**모둠 4**

- 각 잘못의 심각도를 등급으로 매겨 주세요. 세 가지 등급이 있습니다. 1등급은 심각하지 않은, 가장 낮은 수준, 3등급은 매우 심각하고 용서할 수 없는, 가장 높은 수준입니다.

- 사과와 보상을 위한 창의적인 방법을 생각해 보세요.

**잘못 1**: 학교에 지각함

**잘못 2**: 동생과 싸우거나 동생에게 소리를 지름

# 부록 5-11 성장 확인 질문

이름: ____________________ 반: ____________________ 날짜: ____________________

## 1. 수업 과제

1) 여러분이 다른 사람에게 잘못을 저질렀을 때 어떻게 하겠습니까?

2) 만약 여러분이 다른 사람에게 잘못을 저질러서 손실까지 입혔다면 어떻게 하겠습니까?

## 2. 숙제

1) 부모님이 여러분을 오해하는 것과 같은 잘못을 했을 때 부모님이 여러분께 사과를 해야 한다고 생각하나요? 그렇게 생각한 이유는 무엇인가요?

2) 친한 친구가 여러분의 돈을 훔친다면 사과를 받는 것 외에도 그 친구를 신고하겠습니까? 그렇게 생각한 이유는 무엇인가요?

대단원 6

# 도덕적 역량

**소단원 1** 누가 먼저 탑승해야 할까요

**소단원 2** 같은 버스에서

## 들어가며

도덕적 역량이란 이타적인 행동을 하려는 성향과 도덕과 관련된 문제를 논리적이고 일관성 있게 판단할 수 있는 능력을 말한다. 도덕적 역량을 증진한다는 것은 청소년의 정의감과 이타적 행동의 발달을 촉진하는 것을 의미한다. 도덕적 역량에는 이타주의와 도덕적 판단력 발달이라는 두 가지 핵심 개념이 있다. 이타적 행동이란 보상에 대한 기대 없이 다른 사람을 위해 자발적으로 하는 행동을 말한다. 도덕적 판단은 규칙과 법, 개인의 자율성, 도덕적 양심, 사회 계약, 기본권 및 보편적 정의와 관련된 판단을 의미한다. 아동의 이타적 행동과 도덕적 판단은 연령이 증가함에 따라 발달한다.

많은 서양의 심리학자와 교육자들은 높은 수준의 도덕적 판단이 가능하기 위해서는 개인의 자율성이 필수적이라고 주장한다. 한 연구자는 무질서, 타율성, 사회성, 자율성으로 구성된 4단계 도덕 판단 이론을 제안하기도 하였다. 따라서 개인의 자율성을 본 강의의 주요 목표로 설정했다.

도덕적 지향성과 도덕적 판단 능력이 높을수록 청소년의 친사회적 행동은 많아지고 비행 행동은 적어진다. 이러한 연구 결과는 청소년에게 도덕적 판단과 이타적 행동을 가르치는 것이 중요하다는 것을 시사한다. 도덕적 역량은 아이들이 많은 사람과 조화를 이루며 행복하게 살아가는데 가장 중요하고 필수적인 능력 중 하나이다.

도덕적 역량 단원은 학생들의 이타적이고 친사회적인 성향과 높은 수준의 도덕성에 기반한 판단 능력을 발달시키는 것을 목표로 한다. Level 1 도덕적 역량 교육과정은 두 개의 소단원으로 구성되었다. 소단원 1은 학생들이 공정성의 의미를 이해하도록 설계되었다. 학생들이 중요한 도덕적 가치(예: 공정성)의 의미를 배우고, 우리 사회에서 이러한 도덕적 가치를 유지하는 방법을 이해하도록 가르치는 것이다. 소단원 2는 학생들이 공공장소에서의 올바른 행동을 인식하고 공공장소에서 친사회적 행동을 실천하도록 지도하는 것이 목표이다.

## 개관

| 소단원 | 소단원 목적 | 학습 목표 |
| --- | --- | --- |
| **누가 먼저 탑승해야 할까요 (30분)** | 학생들이 공정성의 의미를 이해하고 일상생활에서 공정성을 유지하도록 장려한다. | 1. 공정성을 유지하는 데 필요한 협력의 중요성을 이해한다.<br>2. 우리 사회에서 공정성을 유지할 때 발생하는 도덕적 문제를 이해한다. |
| **같은 버스에서 (30분)** | 학생들이 사회적 양심의 중요성을 이해하고 공공장소에서 예의 바르고 사려 깊게 행동하도록 지도한다. | 1. 적절한 행동과 부적절한 행동을 구분한다.<br>2. 공공장소에서 자제력과 배려의 중요성을 이해한다. |

이 대단원에 포함된 모든 활동지 및 파워포인트 슬라이드와 영상 자료 등은 학지사 홈페이지(www.hakjisa.co.kr)에서 내려받을 수 있습니다.

소단원 1

# 누가 먼저 탑승해야 할까요

## 1. 소단원 목적

학생들이 공정성의 의미를 이해하고 일상생활에서 공정성을 유지하도록 장려한다.

## 2. 학습 목표

① 공정성을 유지하는 데 필요한 협력의 중요성을 이해한다.

② 우리 사회에서 공정성을 유지할 때 발생하는 도덕적 문제를 이해한다.

## 3. 수업 내용

| 활동 | 절차 |
|---|---|
| 1. **준비 활동(3분)** | 1. 학생들에게 다음의 질문들을 한다.<br>• 언제 줄을 서야 하나요? 왜 줄을 서야 하나요?<br>• 줄을 서는 것이 공정하게 순서를 정하는 방법이라고 생각하나요?<br>• 줄을 서는 동안 불공평한 일을 당한 적이 있나요?<br>• 줄을 서서 기다리는데 누군가 내 앞으로 새치기한 적이 있나요? 있다면 기분이 어땠나요?<br>2. 학생들이 자신의 경험을 공유하도록 격려한다.<br>3. 학생들에게 다른 사람의 새치기를 받아들일 수 있는 상황에 대해 생각해 보도록 안내한다. |
| 2. **학급 토론:** 누가 먼저 탑승해야 할까요**(20분)**<br><br>▷ **교수자료**<br>- [부록 6-1] 교수자용 참고 자료: 누가 먼저 탑승해야 할까요.<br>- [부록 6-2] 음성 자료: 누가 먼저 탑승해야 할까요 | **목표: 일상생활에서 공정성을 유지하는 방법을 이해한다.**<br>1. 학생들을 여러 개의 작은 모둠으로 나누고 각 모둠에 토론용 참고 자료([부록 6-3])를 나누어 준다.<br>2. 학생들에게 시나리오에 대해 간단히 설명한 다음, 각 모둠마다 다른 시나리오 캐릭터를 배정하여 해당 캐릭터를 표현하도록 한다.<br>• 영지를 표현할 모둠을 지정한다.<br>• 김씨 아저씨를 표현할 모둠을 지정한다.<br>• 다른 승객을 표현할 모둠을 지정한다.<br>• 버스 기사를 표현할 모둠을 지정한다. 해당 학생들은 영지, 김씨 아저씨 및 다른 승객들의 이야기를 듣고 해결책과 예방 조치 및 이유를 찾아야 한다. |

| | |
|---|---|
| - [부록 6-3] 토론 참고 자료: 누가 먼저 탑승해야 할까요<br>- [부록 6-4] 교수자용 참고 자료: 토론 가이드라인 | 3. 음성 자료([부록 6-2])를 재생한 다음, 학생들에게 5분간 모둠 토론할 시간을 준다.<br>4. 5분 후, 학급 토론 절차에 대해 간략히 안내한다.<br>• 영지를 맡은 모둠은 영지가 먼저 버스에 타야 하는 이유와 김씨 아저씨의 새치기가 영지에게 불공정한 이유를 설명한다.<br>• 김씨 아저씨를 맡은 모둠은 아저씨가 버스에 먼저 타야 하는 이유와 영지가 먼저 타는 것이 아저씨에게 불공정한 이유를 설명한다.<br>• 다른 승객을 맡은 모둠은 이 사건에 대한 자신의 견해를 밝힌다.<br>• 버스 기사를 맡은 모둠은 모든 당사자의 입장을 경청하고, 질문을 제기하고, 관련 당사자에게 답변을 요청한다. 마지막으로, 누가 먼저 버스에 탑승할지 결정하고 그 이유를 설명한다.<br>5. 토론이 끝나면 학생들은 개별적으로 손을 들어 자신의 입장을 말할 수 있다.<br>6. 학생들에게 질문을 던져 사고를 심화시킬 수 있다. "만약 김씨 아저씨가 매우 아파 보인다면 아저씨가 먼저 탑승하도록 양보할 건가요?" 동의하는 학생은 손을 들게 한다.<br>7. 마지막으로, 학생들에게 다음 질문에 대해 생각해 보도록 유도한다.<br>• 공정성이 모든 사람이 비슷하게 가지는 것을 의미한다고 생각하나요?<br>• 공정성을 유지하기 위해 사람들의 개인적인 필요를 따로 고려해야 할까요?<br>• 공정성과 개인의 필요 사이 균형을 어떻게 맞출 수 있을까요? |
| **3. 결론(2분)** | 1. 사람들은 모든 상황이 공정하기를 원하지만 사람마다 필요로 하는 것이 다르기 때문에 공정성을 유지하는 동시에 모든 사람의 요구를 충족시키는 것은 어렵다.<br>2. 우리는 공정성을 유지할 책임이 있기 때문에 불공정한 상황에 직면했을 때 침묵하지 않고 당사자와 이야기해야 한다.<br>3. 공정성을 유지하기 위해 이성적이고 객관적인 요소와 감정적이고 주관적인 요소, 그리고 개별적인 필요 사이에서 균형을 맞춰야 한다. 상황을 면밀히 분석하여 적절한 결정을 내리고, 때로는 다른 사람에게 조언을 구하는 것이 필요하다. |
| **4. 마무리 활동(5분)**<br><br>▷ **교수자료**<br>- [부록 6-5] 성장 확인 질문 | 1. 성장 확인 질문을 나누어 주고 학생들이 수업 내용과 스스로를 돌아볼 수 있도록 지도한다.<br>2. 수업 중 학생들의 참여도를 칭찬한다. |

## 4. 세부 지도 사항

### 1) 누가 먼저 탑승해야 할까요

- 토론을 시작하기 전에 학생들에게 전체 활동의 개요를 소개한다. 학생들이 역할 놀이처럼 상황 속 캐릭터에 감정이입하도록 지도한다.
- 교수자는 토론에서 우수한 모습을 보인 학생을 칭찬하고 '최고의 반론' '최고의 연설' 등과 같은 상을 줄 수 있다.
- 일부 절차는 높은 참여도가 요구되므로 교수자는 필요한 경우 모둠별 발표 시간을 제한하는 등 시간 배분에 주의를 기울여야 한다.
- 학생 수가 많아서 각 캐릭터당 두 개 이상의 모둠이 배정되는 경우 한 모둠이 캐릭터에 대한 모든 요점을 발표하는 것을 방지하기 위해 번갈아 가며 발표하도록 한다.
- 참여도가 낮은 모둠의 경우, 교수자는 몇 가지 유도 질문을 할 수 있다. 예를 들어, 각 모둠에게 어떤 캐릭터가 먼저 탑승해야 하는지 이유를 말하게 한 다음 각 상황의 결과를 예상하도록 물어볼 수 있다. 교수자는 모둠이 요점을 정리하는 것을 도울 수 있다.
- 교수자는 각 모둠이 발표하는 내용을 칠판에 메모하여 결론을 내리는 데 도움을 준다.
- 일부 모둠은 '버스 기사'를 맡은 모둠의 최종 결정에 불만을 품고 논쟁을 벌일 수 있다. 교수자는 학급 분위기를 주의 깊게 살피고 학습 목표에 집중해야 한다.
- 교수자는 공정성에 관한 몇 가지 예시를 준비하여 학생들의 관심을 불러일으킬 수 있다.

### 2) 결론

- 교수자는 학생들이 수업의 요점을 이해할 수 있도록 지도한다. 예를 들어, "일상생활에서 공정성이 없다면 어떤 일이 일어날까요?" "어떻게 공정성을 유지할 수 있을까요?" "혼자서 공정성을 유지하는 것이 가능할까요?" "'공정성'과 '타인의 필요' 사이의 균형을 어떻게 맞출 수 있을까요?" "여러분의 제안은 무엇인가요?" 등의 질문을 던질 수 있다.
- 수업을 효율적으로 진행하기 위해 교수자는 학교 상황에 대해서 토론할 수 있다. 예를 들어, "여러분이 전교회장이고 매점에서 일어나는 상황을 관리해야 한다고 상상해 보세요. 어느 날 몸이 아픈 반 친구가 빨리 약을 먹어야 하는데 빈속에 약을 먹을 수 없어서 줄을 서지 않고 음식을 사고 싶어 합니다. 만약 이 친구가 먼저 음식을 산다면 다른

학생들이 기다려야 합니다. 이런 상황에서는 어떻게 대처해야 할까요?"

## 5. 보충 활동(선택 사항)

| 활동 | 내용 | 권장 사항 |
|---|---|---|
| 관찰하기 | **목표: 불공정한 상황에 대처하는 방법을 배운다.**<br>학생들에게 자신이 경험하거나 공공장소에서 목격한 불공정한 상황을 관찰하도록 한다. 이후 그 상황과 그에 대한 느낌, 해결책을 말하게 한다. | 학생들은 그림을 그리거나 보고서를 작성할 수 있다. |
| 공정성 기록하기 | **목표: 학생들이 일상생활에서 공정성을 유지하도록 장려한다.**<br>학생들이 스스로 공정성을 유지하기 위한 몇 가지 실천 가능한 지침을 세우도록 한다. 한 달 동안 표를 만들어 학생들이 본인이 만든 지침을 준수했는지 기록하게 한다. 학생들은 학교생활에서의 지침을 설정할 수 있다. | 학생들이 참조할 수 있는 예시를 제공한다. 지침을 잘 지킨 학생들을 칭찬하고 잘 지키지 않은 학생들에게는 격려와 조언을 건넨다. |

# 부록 6-1 교수자용 참고 자료: 누가 먼저 탑승해야 할까요 대본

내레이션: 누가 먼저 탑승해야 할까요?

내레이션: 6월 29일, 하늘은 맑고 기온은 32℃까지 오른 더운 날이었습니다. 병원을 다녀온 김씨 아저씨는 집으로 가는 버스를 타기 위해 정류장으로 갔습니다. 줄을 기다리며 잠시 서 있던 아저씨는 몸이 좋지 않아서 그늘에 쉬어야겠다고 생각했습니다. 김씨 아저씨는 뒤에 서 있던 아주머니에게 물었습니다.

김씨 아저씨: 너무 덥네요. 아주머니, 제가 방금 병원에 다녀왔는데 몸이 안 좋아요. 그늘에서 조금 쉬고 싶은데 제 자리를 대신 맡아 주시겠어요? 버스가 도착하면 다시 올게요.

아주머니: 괜찮아요 그렇게 하세요. 너무 덥네요. 저쪽으로 가서 좀 쉬세요.

김씨 아저씨: 고맙습니다.

내레이션: 한편, 점심을 먹은 영지는 학교에 돌아가기 위해 버스를 기다렸습니다.

영지: 우와! 버스를 기다리는 사람이 정말 많네. 그런데 날씨가 너무 덥다. 버스를 타려면 꽤 기다려야겠는걸?

내레이션: 15분 후 버스가 도착했습니다.

영지: 드디어 왔네! 내가 탈 수 있는지 볼까? 한 명, 두 명, 세 명……. 좋아! 내가 딱 마지막으로 탈 수 있겠는걸! 버스 요금이나 미리 준비해야겠다.

김씨 아저씨: 이제 다시 줄을 서야겠구만…….

영지: 어머! 저게 뭐야? 저 아저씨가 갑자기 새치기를 하고 있잖아? 저 아저씨가 타면 나는 못 타고 늦고 말 거야. 가서 말을 해야겠어……. 저기요! 아저씨!

김씨 아저씨: 왜 그러시나요?

영지: 아저씨, 줄 끝에 서 주세요! 새치기하면 안 돼요!

내레이션: 하지만 김씨 아저씨는 영지의 말을 무시하고 줄을 서서 버스에 탔습니다.

영지: 오……. 이건 참을 수 없지. 버스 기사님! 저 아저씨가 새치기로 버스에 탔어요! 이건 막아 주셔야죠!

아주머니: 기사님, 아니에요. 아저씨가 몸이 안 좋아서 저기서 잠시 쉬고 있겠다고 했어요. 젊은 아가씨, 그 분은 아파요. 양보 좀 해 주세요.

영지: 아주머니 그건 안 되죠. 정말 불공평한 일이에요. 저도 이 버스를 타지 않으면 학교에 지각하고 말 거예요. 그럼 아주머니가 대신 자리를 양보하시고 뒤에 줄을 서 주세요. 저는 지금 버스를 타야 해요!

김씨 아저씨: 아가씨……. 제가 잠시 자리를 맡아 달라 아주머니께 이미 부탁을 했었어요. 나는 몸도 안 좋고 나이도 많이 들었어요. 해가 쨍쨍한 곳에 오래 서서 기다릴 힘이 없습니다. 새치기하려던 건 아니었어요. 제가 먼저 탈 수 있게 양보 좀 부탁드립니다.

영지: 아저씨. 저는 줄을 섰고 자리를 지키고 있었어요. 중간에 어디 가시는 건 옳지 않아요. 줄을 섰다면 계속 그 자리를 지키는 게 맞아요. 그러니 제가 먼저 타겠습니다.

이방인: 아저씨. 아저씨가 잘못하신 것 같네요. 다음 버스를 기다리세요.

아주머니: 그분은 지금 몸이 아파요. 그럼 당신이 자리를 양보하는 건 어떤가요?

영지: 그건 아니죠. 기사님 뭐라고 말 좀 해 주세요!

이방인: 시간 없어요. 빨리 해결하세요.

내레이션: 여러분, 이 상황에서 누가 부당한 대우를 받았다고 생각하나요? 여러분이 저 상황에서 버스를 기다리고 있는 승객 중 한 명이라면, 누가 먼저 버스에 타야 한다고 생각하나요?

내레이션: 여러분이 문제를 해결해야 할 책임이 있는 버스 기사라면 어떻게 하겠나요? 모둠 친구들과 함께 토론해 보세요.

## 부록 6-3 토론 참고 자료: 누가 먼저 탑승해야 할까요

6월 29일, 하늘은 맑고 기온은 32℃까지 오른 더운 날이었습니다. 점심 식사 후, 영지는 버스를 타고 학교에 가려고 했습니다. 하지만 버스 정류장에는 긴 줄이 있었고, 그녀는 뜨거운 태양 아래에서 버스를 기다려야 했습니다.

김씨 아저씨는 영지 앞에 서 있었습니다. 그는 몸이 아프고 몹시 피곤해서 방금 병원을 다녀오는 길이었습니다. 그는 햇볕 아래서 한참을 기다리다가 몸 상태가 좋지 않아서 그늘에서 쉬고 싶었습니다. 그래서 그는 줄을 선 사람들에게 버스가 오면 돌아오겠다고 얘기했습니다.

15분 후, 버스가 도착했습니다. 영지는 앞에 있는 사람들의 수를 세어 보았고, 겨우 탈 수 있을 것 같다고 생각했습니다. 사람들이 서서히 버스에 오르고 영지는 조바심을 내며 버스에 탈 준비를 했습니다. 그때 갑자기 김씨 아저씨가 그늘에서 나와 줄을 향해 걸어왔습니다.

영지는 김씨 아저씨가 버스를 타려 한다는 것을 깨닫고 김씨 아저씨가 줄 앞에 선다면 학교에 늦을 것이라고 생각했습니다. 심지어 뜨거운 햇볕 아래서 다시 다음 버스를 기다릴 엄두가 나지 않았습니다. 그래서 그녀는 김씨 아저씨를 향해 정중하게 말했습니다. "아저씨, 줄 끝에 서 주세요! 새치기하면 안 됩니다." 하지만 김씨 아저씨는 영지의 말을 무시하고 줄을 서서 버스에 탔습니다. 영지는 매우 화가 나서 버스 기사에게 항의했습니다.

줄에 서 있던 한 승객이 "아까 여기 줄 서던 분이 몸이 안 좋으셔서 그늘에서 쉬고 싶다고 하셨어요. 그분께 자리를 양보해 주시면 안 될까요?"라고 말했습니다.

영지는 즉시 "안돼요, 그건 불공평해요. 저는 지금 학교에 가야 해요. 제가 먼저 타게 해 주세요."라고 대답했습니다.

김씨 아저씨는 말했습니다. "몸이 아파서 잠시 쉬고 싶다고 말했어요. 저는 늙어서 뜨거운 날을 견딜 수 없답니다. 제가 먼저 타게 해 주세요."

그러자 영지는 "아저씨, 저는 한 발짝도 안 움직이고 줄을 섰어요. 그런데도 제가 아저씨께 양보해야 하는 건 불공평해요."라고 대답했습니다.

이 모습을 본 일부 승객들은 김씨 아저씨에게 다음 버스를 기다려 달라고 부탁했고, 어떤 승객들은 영지가 아저씨에게 양보해야 한다고 생각했습니다. 영지는 자신이 부당한 대우를 받았다고 생각하여 버스 기사에게 문제를 해결해 달라고 요청했습니다.

① 이 사건에서 누가 부당한 대우를 받았다고 생각하나요? 이유를 말해 보세요.
② 만약 당신이 영지라면 어떤 이유로 버스에 먼저 타는 것을 주장하겠습니까?
③ 만약 당신이 김씨 아저씨라면 어떤 이유로 버스에 먼저 타는 것을 주장하겠습니까?
④ 만약 여러분이 줄을 서 있는 승객 중 한 명이라면 누가 먼저 타야 한다고 생각하시나요? 그 이유는 무엇입니까?
⑤ 만약 여러분이 이 사건을 해결해야 할 책임이 있는 버스 기사라면 어떻게 하겠습니까?

# 부록 6-4 교수자용 참고 자료: 토론 가이드라인

## 1. 모둠별 역할 지정

① 학생들을 여러 개의 작은 모둠으로 나눕니다.
② 영지를 표현할 모둠을 지정합니다.
③ 김씨 아저씨를 표현할 모둠을 지정합니다.
④ 다른 승객들을 표현할 모둠을 지정합니다.
⑤ 버스 기사를 표현할 모둠을 지정합니다. 해당 모둠 학생들은 영지, 김씨 아저씨 및 다른 승객들의 이야기를 듣고 해결책, 예방 조치 및 이유를 찾아야 합니다.

## 2. 토론 절차

① 영지를 맡은 모둠은 영지가 먼저 버스에 타야 하는 이유와 김씨 아저씨가 줄에 끼어든 상황이 영지에게 불공정한 이유를 설명합니다.
② 김씨 아저씨를 맡은 모둠은 왜 아저씨가 먼저 버스에 타야 하는지, 영지가 먼저 타는 것이 왜 아저씨에게 불공정한지 설명합니다.
③ 다른 승객들을 맡은 모둠은 이 사건에 대한 자신의 견해를 밝힙니다.
④ 버스 기사 모둠은 모든 당사자의 입장을 경청하고, 질문을 제기하고, 답변을 요청합니다. 최종적으로, 누가 먼저 버스에 탑승할지 결정하고 결정의 이유를 설명해야 합니다.

## 3. 참고 사항

① 토론에는 정답이 없습니다. 학생이 영지가 불공정한 대우를 받았으므로 먼저 버스를 타야 한다는 데 동의하는 경우, 교수자는 영지가 줄을 서서 버스를 기다렸으므로 공정성의 원칙을 이해했다고 칭찬할 수 있습니다. 교수자는 "다른 사람의 필요를 희생해서라도 공정성을 유지할 가치가 있을까요?"와 같은 질문을 던져 학생들이 깊이 있는 사고를 하도록 유도할 수 있습니다.
② 학생들이 김씨 아저씨가 부당한 대우를 받았으니 먼저 버스에 타야 한다고 생각하는 경우, 교수자는 이성적 요소와 감정적 요소를 모두 고려해야 한다는 점을 전달하는 동시에 학생들이 줄을 서는 것의 필요성 및 중요성을 간과하지 않도록 강조해야 합니다.
③ 교수자는 학생에게 상황을 주의 깊게 분석하도록 상기시켜야 합니다. 학생들에게 다른 사람의 사소한 필요를 위해 공정성을 쉽게 포기하지 않도록 가르칩니다. 이때 한 쌍의 부부가 정류장에서 줄을 서다가 남편이 줄을 서 있는 동안 아내는 물건을 사러 갔다가 돌아와 줄에 끼어드는 상황을 예로 들 수 있습니다.
④ 이 수업은 공정성과 합리성 사이의 균형을 강조합니다. 학생들은 공정하거나 관대해야 할 순간을 판단하기 어렵다는 것을 배우지만 교수자는 이런 상황에서 주변의 조언을 구하도록 격려해야 합니다.

# 부록 6-5 성장 확인 질문

이름: ______________________ 반: ______________________ 날짜: ______________________

## 1. 수업 과제

1) 혼자서 공정성을 유지할 수 있다고 생각하나요?

2) 1번 질문에서 그렇게 생각한 이유는 무엇입니까?

3) 공정성을 유지하고자 할 때 무엇을 고려해야 할까요?

## 2. 숙제

1) 공정성과 다른 사람의 필요 사이를 고려할 때 어떻게 결정을 내리겠습니까?

2) 여러분이 매점의 질서를 책임지는 역할이라고 상상하세요. 만약 한 학생이 약을 복용하기 위해 당장 음식을 구매해야 하는데 매점의 줄이 매우 긴 상황이라면 어떻게 대처하겠습니까?

소단원 2

# 같은 버스에서

## 1. 소단원 목적

학생들이 사회적 양심의 중요성을 이해하고 공공장소에서 예의 바르고 사려 깊게 행동하도록 지도한다.

## 2. 학습 목표

① 적절한 행동과 부적절한 행동을 구분한다.

② 공공장소에서 자제력과 배려의 중요성을 이해한다.

## 3. 수업 내용

| 활동 | 절차 |
|---|---|
| **1. 준비 활동(3분)** | 1. 학생들에게 질문을 던지며 활동을 시작한다. "대중교통을 이용할 때 어떤 행동이 불쾌하게 느껴지나요? 예를 들어 새치기하는 것, 다른 사람을 밀치는 것, 큰 소리로 말하는 것 등이 있습니다."<br>2. 그런 다음, "어떤 행동이 불법이며 처벌받나요?"라고 질문하여 학생들이 자유롭게 의견을 표현하도록 한다.<br>3. 학생들이 주제에 집중할 수 있도록 다음 질문에 대해 생각해 보도록 안내한다.<br>• 어떤 행동이 부적절하거나 무례하거나 불쾌감을 주는 이유는 무엇인가요?<br>• 법이나 벌금으로 이런 부적절한 행동을 완전히 근절할 수 있을까요? |

| | |
|---|---|
| **2. 역할 놀이 및 학급 토론:** 같은 버스에서 **(12분)**<br><br>▷ **교수자료**<br>- [부록 6-6] 역할 놀이 정보: 같은 버스에서<br>- [부록 6-7] 활동지: 부적절한 행동<br>- 역할 놀이용 소품 | **목표: 역할 놀이를 통해 부적절한 행동을 시연함으로써 부적절한 행동이 미치는 영향을 이해한다.**<br>1. 전체 학급을 여러 개의 작은 모둠으로 나눈다.<br>2. 학생들에게 활동지([부록 6-7])를 나누어 준다.<br>3. 학생에게 역할 놀이에 등장한 부적절한 행동 옆에 체크 표시하도록 요청한다.<br>4. 활동지에 나열된 15가지 행동을 세 가지 등급으로 분류한다. 가장 심각하고 용납할 수 없는 행동은 '***', 덜 심각한 행동은 '**', 약간 불쾌감을 주는 행동은 '*'로 표시한다.<br>5. 모둠을 최소 네 개로 구성하여 학생들에게 각각 역할 놀이([부록 6-6])의 한 장면을 표현하도록 배정하고 4분간 준비 시간을 준다.<br>6. 각 역할 놀이가 끝난 후, 학생들에게 각 장면에서 부적절한 행동과 그 영향에 대해 토론하도록 지도한다. 학생들은 부적절한 행동 등급을 어떻게 매겼는지 공유한다.<br>7. 모범 답안은 없으므로 학생들이 자유롭게 행동의 등급을 매기도록 한다.<br>8. 이 과제의 주요 목적은 학생들이 종류와 상관없이 부적절한 행동은 용납될 수 없음을 명확히 이해하는 것이다.<br>9. 학생들에게 역할 놀이 속 승객의 입장이 되어 어떻게 할지를 물어볼 수 있다. |
| **3. 모둠 토론:** 쾌적한 환경 조성**(8분)**<br><br>▷ **교수자료**<br>- [부록 6-8] 모둠 활동지: 쾌적한 환경 만들기<br>- [부록 6-9] 교수자용 참고 자료: 국내 운송 약관 | **목표: 사회적 양심을 기르고 유지하기 위해서는 자제력과 배려가 필요하다는 것을 이해한다.**<br>1. 네 가지 역할 놀이를 수행한 후 학생들은 모둠별로 토론한다.<br>2. 각 모둠에 '쾌적한 환경 만들기' 활동지([부록 6-8])를 나누어 주고, 학생들이 역할극에 나타난 부적절한 행동 중 하나의 개선 방안을 제안하도록 한다. 또한 자신이 그 상황에 처했다면 어떻게 대처할 것인지도 논의하게 한다.<br>3. 토론이 끝난 후, 모둠 수가 많아서 역할 놀이를 시연하지 않은 모둠이 있는 경우, 토론 내용을 발표하게 한다.<br>4. 학생들의 제안을 칭찬하고 필요한 경우 추가 조언을 한다.<br>5. "우리는 대중교통을 이용할 때 일부 부적절한 행동을 무례하다고 인식하고 불쾌감을 느낍니다. 대중교통을 이용할 때 배려하는 법을 배우고 실천에 옮겨야 합니다."라는 결론을 내릴 수 있다. |
| **4. 결론(2분)** | 1. 우리는 대중교통 이외의 공공장소에서도 타인을 존중하고 배려할 의무가 있다. 모두가 쾌적한 생활을 하기 위해 사회적 양심에 따라 생활해야 한다.<br>2. 우리는 다른 사람 입장에서 생각하고 배려하는 법을 배우고 자신의 행동이 다른 사람의 감정에 미치는 영향을 고려해야 한다.<br>3. 학생들이 어떤 부적절한 행동도 하지 않도록 당부한다. |
| **5. 마무리 활동(5분)**<br><br>▷ **교수자료**<br>- [부록 6-10] 성장 확인 질문 | 1. 성장 질문을 나누어 주고 학생들이 수업 내용과 스스로를 돌아볼 수 있도록 지도한다.<br>2. 수업 중 학생들의 참여도를 칭찬한다. |

# 4. 세부 지도 사항

## 1) 같은 버스에서

- 내성적이고 소극적인 학생이 역할 놀이를 하는 것을 부끄러워하는 경우, 교수자는 작은 선물을 나눠 주며 격려하거나 시범을 보여 준다.
- 지시를 잘 따르지 않는 학생이 있는 경우, 교수자는 역할 놀이를 수행하는 학생에게 더 많은 지침과 안내를 제공한다.
- 교수자는 특정 장면에 대해 토론하는 동안 학생들이 깊이 있는 성찰을 하도록 지도한다.

## 2) 쾌적한 환경 만들기

- 모둠 토론 중에 교수자는 학생들의 주의를 끌기 위해 토론 내용을 프로젝터로 공유하는 등 적절하게 시청각 도구를 사용할 수 있다.
- 학생들이 개선 방안을 발표할 때 부적절한 발언을 하는 경우, 교수자는 즉시 바로잡아야 한다.
- 모든 모둠이 의견을 공유할 시간이 충분하지 않은 경우, 교수자는 교실에 제안 사항을 게시할 수 있다.
- 각 모둠은 특정한 한 가지 행동에 대한 개선 방안을 제안해야 한다. 학생이 언급하지 않은 행동이 있는 경우, 교수자는 학생이 해당 행동에 대해 개선 방안을 제안하도록 유도할 수 있다.

## 3) 결론

- 역할 놀이나 활동지에 나오는 부적절한 행동은 모두 나름의 이유로 인해 부적절한 것으로 간주되며, 교수자가 이에 대해 자세히 설명할 수 있다. 예를 들어, 대중교통 이용 중에 큰 소리로 전화 통화를 하는 것은 불법은 아니지만, 작은 목소리로 말하여 환경을 조용히 유지해야 할 필요가 있고, 도움이 필요한 사람에게 자리를 양보하지 않는 것은 이기적인 행동이며, 버스에서 아무 때나 벨을 누르는 것은 운전자를 방해하고 도로 안전에 영향을 준다는 점 등이 있다.

- 교수자는 학생들의 부적절한 행동이 다른 사람의 감정에 미치는 영향을 고려하고 사회적 양심에 따라 행동하는 것이 상대를 배려하는 방법임을 이해하도록 지도한다.
- 학생들이 수업의 요점을 이해한다면 다른 사람의 입장에 더 많이 공감하고 사회적 양심을 형성할 것이다. 이는 학생들에게 어떤 행동이 용납할 수 없는 행동인지 직접 알려주는 것보다 효과적이다.
- 결론을 내릴 때, 교수자는 학생들과 함께 대화하며 수업에서 배운 핵심 사항을 요약할 수 있다. 이는 학생들의 기억력 강화에도 유용한 방법이다.
- 공공장소 외에 교실 환경도 이 수업의 주제가 될 수 있으며, 교수자는 학급 전체가 더 나은 학습 환경을 만들도록 격려할 수 있다.

## 5. 보충 활동(선택 사항)

| 활동 | 내용 | 권장 사항 |
|---|---|---|
| 신문 스크랩 | **목표: 뉴스 기사를 통해 사회적 양심을 가지고 행동하는 것의 중요성을 이해한다.**<br>학생들은 사회적 양심과 관련된 다양한 신문 기사를 찾아보고 자신의 생각을 정리한다. | 선택한 신문 스크랩을 학급 게시판에 게시하여 다른 학생들에게 교훈을 줄 수 있다. |
| 사회적 양심의 날/주간 | **목표: 교내 활동을 통해 사회적 양심에 따라 행동하는 법을 배운다.**<br>학급/학교 전체가 참여할 수 있는 활동으로 기획한다. 전교 회장 혹은 고학년 학생은 '사회적 양심 홍보대사'의 역할을 부여받아 학생들의 행동을 감독한다. 부적절한 행동이 포착되면 해당 학생은 '부정 행위자' 이름표를 받는다. 반면에 친절하게 행동하는 모습을 보인 학생에게는 '예의 바른 학생' 이름표가 주어진다. | 교수자도 활동에 참여할 수 있다. 학생이 수업 업무를 도와준 경우, 학급 일기에 고마운 마음을 담은 칭찬을 추가한다. |

# 부록 6-6 역할 놀이 정보: 같은 버스에서

**1. 장면: 정의중학교 앞 버스 정류장**

인물: 정의중학교 학생 5명(A, B, C, D, E) 및 승객 3~4명

학교 종이 울리자 정의중학교 학생들이 집으로 가는 버스를 타기 위해 서둘러 달려갑니다. 같은 반 학생 A, B, C, D, E 다섯 명이 버스 정류장에서 36번 버스를 기다리고 있습니다. 이 다섯 명의 학생들은 줄을 서서 기다리면서 계속 큰 소리로 떠들고 있습니다. 심지어 줄을 서고 있는 사람 중 한 명과 부딪히기도 합니다. 다른 사람들은 모두 불쾌한 표정으로 그들을 바라봅니다. 마침내 36번 버스가 도착합니다.

**2. 장면 1: 버스 탑승하기**

- 학생 A가 가장 먼저 버스에 탔습니다. 교통 카드를 찾지 못해 급하게 책가방에서 동전을 꺼내느라 다른 승객들까지 계속 기다려야 했습니다. 하지만 미안한 기색을 보이는 대신 뒤에 있는 친구들과 계속 떠들고 장난쳤습니다.
- 학생 A는 버스에 타자마자 휴대폰을 꺼내 큰 소리로 통화를 합니다. 통화가 끝난 후 학생 A는 기분이 나쁜 듯 볼펜으로 버스 벽에 낙서를 하며 화풀이를 합니다.

(예시 대본)

| | |
|---|---|
| 학생 A | 아! 또 교통 카드 깜빡했다. (학생 B에게) 너 때문이야. 방금 전에 네가 장난칠 때 잃어버렸나 봐. (학생 B에게 주먹질) 동전이 하나도 안 보여. (뒤에 있는 학생 C에게) 야, 너 동전 있어? 좀 도와줘. |
| 학생 B | 너 미쳤어? 그만 좀 때려! 도대체 뭐 하는 거야? (뒤에 있는 학생들에게) 밀지 마! |
| 학생 C | (재미있다는 표정으로) 오늘따라 동전이 안 보이네. 야 얼른 얼른! 버스에 타라고! 너무 덥다. |
| 학생 D와 E | (두 사람 모두 피식거리며 앞 사람을 밀고 있습니다. 뒤에서 줄을 서던 승객들이 그들을 쳐다봅니다.) |

**3. 장면 2: 버스 안**

- 학생 A가 재빨리 두 자리에 앉더니 큰 소리로 말합니다. "얼른 타! 내가 좋은 자리 맡아 놨거든. 게임 계속 하자!"라고 말합니다.
- 그 사이 버스에 탄 한 할머니가 "옆자리 비었나요?"라고 묻습니다. 학생 A는 학생 B에게 빨리 앉으라고 눈치를 줍니다.
- 학생 B가 순식간에 앞으로 달려가 자리에 앉습니다. 가는 길에 승객과 부딪혔으나 사과하지 않습니다. 학생 B가 "자리 주인 있습니다."라고 할머니께 말합니다. 그 다음 학생 A와 함께 큰 소리로 휴대폰 게임을 시작합니다.

(예시 대본)

| 학생 A | 재빨리 두 자리에 앉아 큰 소리로 "얼른 타! 내가 좋은 자리 맡아 놨거든. 게임 계속 하자!" |
|---|---|
| 할머니가 학생 A에게 묻습니다 | "옆자리 비었나요?"라고 묻자 학생 A는 학생 B에게 빨리 앉으라고 눈치를 줍니다. |
| 학생 B | "가고 있어. 내 자리 뺏기면 안 돼!" 학생 B는 본인과 부딪힌 승객에게 사과하지 않고 그냥 지나칩니다. |
| 승객 | "방금 학생 나랑 부딪혔잖아요. 버스에서 뛰지 마세요!" |
| 학생 A 및 B | [큰 소리로 함께 휴대폰 게임을 하면서] "네가 진 거 맞잖아!" 등 |

### 4. 장면 3: 버스 안

- 학생 A가 버스에 탄 후 맞은편 좌석에 발을 올려놓습니다. 학생 B와 함께 버스 안에서 음료를 마시고, 사방에 쓰레기를 버리고, 다른 학생들과 음식을 나눠 먹습니다.
- 학생 B가 껌을 좌석에 붙입니다.
- 학생 C가 바닥에 침을 뱉습니다.
- 학생 D가 좌석에 다리를 올려놓고 낮잠을 잡니다.
- 다른 승객들은 학생들의 이러한 행동이 불쾌합니다.

(예시 대본)

| 학생 A | "나 너무 피곤해서 다리를 좀 뻗어야겠다. (학생 E에게) 간식 꺼내 봐. 나 배고파. 너네도 먹을래?" |
|---|---|
| 학생 B | "좋아! 나도 줘. 수업시간에 너무 배고프더라. (껌을 좌석에 붙이며) 너 진짜 편해 보인다. 나도 다리 뻗을래. 앞 사람 없으니까 괜찮겠지?" |
| 학생 C | "심심해(침을 바닥에 뱉으며)!" |
| 학생 D | "누워서 사진 좀 찍어야지. 진짜 편하겠다!" |

### 5. 장면 4: 버스에서 내리기

버스가 버스 정류장에 도착합니다. 다섯 명의 학생이 버스에서 내리려고 허둥지둥합니다. 다른 승객들은 학생들의 행동에 짜증을 냅니다.

(예시 대본)

| 학생 A | "지금 내려야 돼. 빨리! 집 가서 컴퓨터 게임 해야지!" |
|---|---|
| 학생 B & C | "알았어. 내리는 사람이 왜 이렇게 많지? 앞쪽으로 뛰자." |
| 학생 D & E | "빨리 가라고……. 안 그러면 내가 밀어 버릴 거야." |
| 이 다섯 명의 학생들은 버스에서 내리면서도 계속 큰 소리로 떠들고 있습니다. | |

## 부록 6-7 활동지: 부적절한 행동

• 역할극에 등장한 부적절한 행동 빈칸에 '✓'를 표시하세요.

• 가장 심각하고 용납할 수 없는 행동은 ***, 덜 심각한 행동은 **, 약간 불쾌감을 주는 행동은 *를 표시하여 부적절한 수준에 따라 각 행동의 순위를 매겨 주세요.

| | 행동 | ✓ | 심각도 |
|---|---|---|---|
| 1 | 버스에 타기 전에 준비(예: 요금)를 하지 않아 다른 승객을 방해하는 행위 | | |
| 2 | 큰 소리로 말하거나 통화하여 다른 승객을 방해하는 행위 | | |
| 3 | 버스 좌석 망가뜨리기 | | |
| 4 | 버스 바닥에 껌 뱉기 | | |
| 5 | 버스에서 음식 먹기 | | |
| 6 | 버스에 낙서하기 | | |
| 7 | 버스에 붙은 광고 포스터 뜯어내기 | | |
| 8 | 친구 자리 대신 맡아 두기 | | |
| 9 | 쓰레기 투기 | | |
| 10 | 도움이 필요한 사람에게 좌석을 양보하지 않는 것 | | |
| 11 | 버스에서 큰 소리로 떠들고, 뛰어다니면서 장난치기 | | |
| 12 | 좌석에 발을 올려놓기 | | |
| 13 | 무작위로 벨 누르기 | | |
| 14 | 난간에 몸을 눕히는 행위 | | |
| 15 | 버스에 타거나 내릴 때 허둥대는 것 | | |

## 부록 6-8 모둠 활동지: 쾌적한 환경 만들기

역할 놀이에 등장한 부적절한 행동 중 하나를 골라 개선 방안을 제안하고 해당 상황이 발생했을 때 어떻게 대처할 것인지 적어 보세요.

부적절한 행동 (번호): (　　　　　　)　　　　심각도 : (　　　　　　)

제 제안은…….

위의 부적절한 행동을 목격하면…….

# 부록 6-9 교수자용 참고 자료: 국내 운송약관

〈세종교통공사 시내버스 운송약관 발췌〉

- 여객은 버스 이용 시 관할관청에 신고 수리된 운임을 지불하여야 한다.
- 버스를 이용하는 여객은 다음 각 호의 물품 등을 차내에 가지고 들어가서는 아니 된다.
  - 폭발성 물질, 부식성 물질, 인화성 물질 등 위험물로서 여객에게 위해를 끼칠 염려가 있는 물품
  - 불결, 악취 등으로 여객에게 피해를 끼칠 염려가 있는 물품
  - 밀폐되지 않은 용기에 담겨 있거나, 버스 내에서 섭취를 목적으로 하는 음식물
  - 기타 여객에게 위해를 주거나 차량을 훼손할 염려가 있는 물품

- 여객은 버스 내에서 다음 각 호의 행위를 하여서는 아니 된다.
  - 정당한 이유 없이 물품을 차량 밖으로 버리는 행위
  - 운행 중에 출입문을 열거나 닫는 행위
  - 다른 여객에 대하여 기부요구, 물품의 판매 또는 배부, 권유, 연설 등을 하는 행위 및 불쾌감을 주는 제반 행위
  - 차량 내 흡연 및 쓰레기를 버리는 행위
  - 정해진 승강장이 아닌 지역에서 승하차를 요구하는 행위
  - 운수종사자의 직무를 위한 요구를 따르지 않거나 폭행 및 협박으로 직무집행을 방해하는 행위

출처: https://www.sejong.go.kr/shrUrl/wHjPDP2sz3C8Uhmt86UZ.do

# 부록 6-10 성장 확인 질문

이름: ____________ 반: ____________ 날짜: ____________

**1. 수업 과제**

1) 사회적 양심에 어긋나는 행동 세 가지를 적으세요.

2) 다른 사람이 사회적 양심에 어긋나게 행동하는 것을 본다면 어떻게 하겠습니까?

3) 사회적 양심에 어긋나는 행동이란 무엇인가요?

**2. 숙제**

1) 사회적 양심에 어긋나는 부적절한 행동을 마주치고 그 상황이 여러분에게 위험한 경우에는 어떻게 하겠습니까?

2) 만약 여러분의 부모님이 열차 내에서 사회적 양심에 어긋나는 행동을 한다면 어떻게 하겠습니까? 부모님께 말씀드릴 건가요? 혹은 침묵할 건가요?

3) 왜 공공장소에서 규율을 지켜야 할까요?

## 대단원 7

# 자기효능감

## 들어가며

자기효능감은 개인이 느끼고, 생각하고, 스스로 동기부여하고, 행동하는 방식에 영향을 미친다. 자기효능감이 높은 사람은 주어진 과제를 성공적으로 완수하는 데 필요한 일련의 행동을 성공적으로 계획하고 실행할 수 있는 자신의 능력을 신뢰한다. 자기효능감은 다음의 요인을 포함한 개인적인 또는 대인적인 요소들의 영향을 받는다.

1. 자신의 성공 또는 실패 경험
2. 비슷한 상황에서 타인의 성공 또는 실패를 관찰하는 경험
3. 성공 또는 실패하는 상황을 상상하는 경험
4. 다른 사람으로부터 지지나 독려, 또는 부정적 평가를 받는 경험
5. 개인의 신체가 건강하고 긍정 정서를 느끼는 상황, 또는 개인이 신체적으로 불안정하고 부정 정서를 느끼는 상황

Bandura는 자기효능감은 인지 요인, 동기 요인, 감정 요인, 선택 요인 등을 포함한 여러 심리적 과정을 통해 실제 성과에 영향을 미친다고 밝혔다. 구체적인 내용은 다음과 같다.

1. 인지 요인: 자기효능감은 개인이 자신의 능력을 어떻게 평가하는지에 영향을 미치며, 특정 상황에서 대처하는 방식에 영향을 미친다.
2. 동기 요인: 자기효능감은 개인이 얼마나 진취적인 동기를 가지며 얼마나 적극적으로 노력하는지에 영향을 미친다.
3. 감정 요인: 자기효능감은 개인이 특정 상황에서 긍정적 또는 부정적 정서를 느끼는 데 영향을 미친다. 긍정적인 감정은 적극적 행동을 촉진할 수 있는 반면, 부정적 감정은 행동을 억제하거나 상황을 회피하도록 만들 수 있다.
4. 선택 요인: 자기효능감이 높은 개인은 도전적인 과제나 적극적인 대처 방식을 선택할 수 있는 반면, 자기효능감이 낮은 개인은 쉬운 과제나 회피적인 대처 방식을 선택할 수 있다.

자기효능감은 개인의 심리적 · 생리적 · 사회적 · 도덕적 기능에 상당한 영향을 미친다. 자기효능감이 높은 사람일수록 과제를 완수하려는 인내심, 내적 동기, 어려움을 발전의 기회로 여기는 태도, 어려운 목표도 달성해 내려는 열망 등 더 긍정적인

자질을 가진다. 이런 사람들은 실패에도 빠르게 회복하며, 실패의 원인을 자신의 본질적인 자질이나 재능의 부족으로 탓하기보다는 노력을 통해 획득할 수 있는 기술이나 지식의 부족 등으로 돌린다. 사회인지이론에 근거하면, 자기효능감은 영유아기부터 형성되기 시작하며, 다양한 영역에서 어떤 경험을 하고, 어떤 능력을 계발하며, 어떤 상황적 과제를 마주하는지에 따라 전생애를 걸쳐 변화하고 발달한다. 따라서 학생들이 다양한 영역에서 높은 자기효능감을 형성하도록 돕는 것은 매우 중요하다.

Level 1 과정에서 대단원 '자기효능감'은 학생들이 자신의 잠재력을 발견하고 자신의 성공 경험을 되새김으로써 자기효능감을 높일 수 있도록 고안되었다. 소단원 1을 통해 학생들은 자기효능감이 영역 특수적임을 배우고, 자신의 자기효능감이 영역별로 어떻게 존재하는지 알아본다. 소단원 2에서 학생들은 적극적 성취 경험을 통해 높은 자기효능감을 경험한다. 소단원 3을 통해 학생들은 부모의 부정적 피드백에 긍정적으로 대처함으로써 스스로에 대한 긍정적 확신을 강화한다. 소단원 4를 통해 학생들은 목표를 설정하는 능력을 기르고, 목표 성취 과정에서 자기효능감을 고양한다.

## 개관

| 소단원 | 소단원 목적 | 학습 목표 |
|---|---|---|
| 나의 능력과 자기효능감 (30분) | 여러 영역(분야)에 대해 자신의 자기효능감이 어떤 양상으로 나타나는지 확인한다. | 학업, 사회성, 외모, 생활 습관 등의 주제에서 자신의 자기효능감을 파악한다. |
| 그래, 나는 할 수 있어 (30분) | 적극적 성취를 통해 높은 자기효능감을 경험한다. | 1. 성공 상황을 경험한다.<br>2. 과거의 성공 경험을 떠올린다. |
| 나를 위한 박수갈채 (30분) | 부모님의 부정적인 피드백 뒤에 숨은 감정과 의도를 이해함으로써 자기효능감을 높인다. | 1. 부모님의 기대를 이해하고 부모-자녀 간의 관계를 강화한다.<br>2. 자신을 긍정함으로써 자기효능감을 높인다. |
| 목표를 달성하는 SMART한 방법 (30분) | 목표 성취를 통해 높은 자기효능감을 경험한다. | 1. 실행 가능한 목표를 세운다.<br>2. 자신의 능력에 따라 목표를 조정할 필요성을 이해한다. |

이 대단원에 포함된 모든 활동지 및 파워포인트 슬라이드와 영상 자료 등은 학지사 홈페이지(www.hakjisa.co.kr)에서 내려받을 수 있습니다.

소단원 1

# 나의 능력과 자기효능감

## 1. 소단원 목적

여러 영역(분야)에 대해 자신의 자기효능감이 어떤 양상으로 나타나는지 확인한다.

## 2. 학습 목표

학업, 사회성, 외모, 생활 습관 등의 주제에서 자신의 자기효능감을 파악한다.

## 3. 수업 내용

| 활동 | 절차 |
|---|---|
| **1. 준비 활동**: "할 수 있다"고 믿어요**(5분)**<br><br>▷ **교수자료**<br>- [부록 7-1] 파워포인트 슬라이드: "할 수 있다"고 믿어요 | 1. 작곡가 루트비히 판 베토벤, 미국의 전 대통령 프랭클린 루스벨트, 그리고 물리학자 스티븐 호킹 교수에 대한 파워포인트 슬라이드를 학생들에게 보여 준다.<br>2. 파워포인트 슬라이드를 보여 준 후, 학생들에게 "이 사람들이 어떤 능력을 가졌다고 생각하나요?"라고 질문한다. 두 명이나 세 명의 학생을 지목해 질문에 대한 자신의 생각을 간단히 공유하도록 한다.<br>3. 이후, 학생들에게 "그렇다면 여러분은 어떤 능력을 가지고 있다고 생각하나요?"라고 질문한다. 학생들의 답변을 들은 이후 "실제로, 우리 모두는 다른 능력과 한계를 가지고 있습니다. 만약 우리 스스로가 특정 과제를 완수할 수 있는 능력이 있다고 믿는다면, 이것은 우리가 이 영역에 대해 자기효능감이 높다는 것을 의미합니다."라고 설명한다. |

| | |
|---|---|
| **2. 개인별 창작 활동:** 명예의 전당**(10분)**<br><br>▷ **교수자료**<br>- [부록 7-2] 활동지: 명예의 전당<br>- [부록 7-3] 학생용 참고 자료: 명예의 전당 보충 정보<br>- [부록 7-4] 파워포인트 슬라이드: 명예의 전당 예시 | **목표: 영역에 따라 자기효능감이 다르게 나타날 수 있음을 배운다.**<br>1. 각 학생에게 한 장씩 활동지([부록 7-2])를 나누어 준다. 활동지 뒷면에는 학생용 참고자료([부록 7-3])를 인쇄하는 것을 추천한다.<br>2. 학생들에게 활동지에 그려진 10개의 손가락에 자신이 완수할 수 있을 것 같은 10가지 과제를 적어 보도록 지시한다. 각 손가락은 다른 수준의 능력을 나타낸다. 엄지손가락에는 자신이 정말 잘할 것 같은 과제를 적는 반면, 새끼손가락에는 자신이 상대적으로 간신히 할 정도의 능력을 가졌다고 생각하는 과제를 적는다.<br>3. 왼손의 손가락에는 자신이 가진 학업적 또는 사회적 능력과 관련된 내용을 적는다. 반면 오른손의 손가락에는 자신의 외모나 생활 습관과 관련된 내용을 적는다.<br>4. 학생들이 신중하게 고민하여 활동지를 작성하도록 독려하는 동시에, 평소에 '능력'이라고 여기지 않았던 잘 달리거나, 잘 걷거나, 사람들과 잘 대화할 수 있는 것도 모두 '능력'이 될 수 있으며, 따라서 관련된 내용도 손가락에 적을 수 있음을 언급한다.<br>5. 파워포인트 슬라이드([부록 7-4])를 예시로 사용해, 활동지를 작성하는 방법을 설명할 수 있다. |
| **3. 모둠 토론:** 명예의 전당-기자 회견**(7분)** | **목표: 여러 영역에 대한 자신의 자기효능감을 탐구한다.**<br>1. 학생들을 여러 개의 작은 모둠으로 나눈다.<br>2. 학생들에게 활동지에 적은 자신의 능력을 마치 기자 회견을 하듯 한 사람씩 발표하도록 지시한다.<br>3. 토론 이후, 주제마다 다른 수준의 자기효능감을 가지는 것은 자연스러운 현상임을 강조한다. 특정 주제에서의 낮은 자기효능감은 절대 한 사람이 실패했다는 것을 의미하지 않음을 설명하며, 가능하다면 개인적인 경험을 사례로 공유한다. |
| **4. 결론(3분)** | 1. 사람마다 다른 능력을 가지고 있음을 강조한다. 어떤 사람은 어떤 면에서는 뛰어날 수 있지만, 다른 면에서는 부족할 수 있다.<br>2. 학생들이 자신의 능력을 적극적으로 파악하고 활용하며, 한계를 극복함으로써, 한 사람으로서 지속적으로 성장할 수 있도록 독려한다. |
| **5. 마무리 활동(5분)**<br><br>▷ **교수자료**<br>- [부록 7-5] 성장 확인 질문 | 1. 성장 확인 질문을 공유하고 학생들이 소단원 활동을 돌아볼 수 있도록 유도한다.<br>2. 소단원 활동에 대한 학생들의 참여를 칭찬한다. |

## 4. 세부 지도 사항

### 1) 준비 활동

• 학생들이 자기효능감의 개념에 익숙하지 않다면, 교수자는 자기효능감, 자신감, 자존감의 차이에 대해 논의할 수 있다.

• 자기효능감(self-efficacy): 특정한 과제나 행동을 수행할 수 있는 자신의 능력이나 역량에 대한 판단을 말한다. 예를 들어, 자기효능감이 높은 사람은 "나는 이 수학 문제를 풀 수 있어"라고 말할 수 있다.

• 자신감(self-confidence): 보다 일반적이고 넓은 분야에 있어서의 자기 평가를 말한다. 예를 들어, 자신감이 높은 사람은 "나는 중학교에서 공부를 잘할 자신이 있어"라고 말할 수 있다.

• 자존감(self-esteem): 자신의 일반적인 가치에 대한 평가적인 판단을 말한다. 예를 들어, 자존감이 높은 사람은 "나는 나 스스로 가치 있는 사람이라고 생각해."라고 말할 수 있다.

• 성적이 우수한 학생이 반드시 다른 학생보다 자기효능감이 높은 것은 아니다. 오히려 몇몇 학생들은 더 낮은 자기효능감을 가질 수 있다. 연구에 따르면, 성적이 높지만 자기효능감이 낮은 학생들은 자녀의 성적에 대한 비현실적인 기대를 가지고 있거나 자녀의 성적을 다른 학생의 뛰어난 성적과 비교하는 부모의 영향을 받았을 수 있다.

### 2) 명예의 전당

• 교수자는 학생들이 활동지를 잘 마무리하도록 돕기 위해 '명예의 전당 예시([부록 7-4])'를 활용할 수 있다. 만약 학생들이 활동지를 작성하기 어려워하는 경우, '학생용 참고 자료([부록 7-3])'를 배부할 수 있다. 이 경우, 교수자는 참고 자료의 예시가 모든 학생에게 적합하지는 않을 수 있음을 강조하며, 학생들이 자기 자신의 상황에 대해 고민해 보도록 독려한다.

• 활동지에서 두 개의 새끼손가락 부분을 약점을 적는 부분으로도 활용할 수 있다. 이때 교수자는 자신의 약점을 발견하고 받아들이는 것이 더 나은 사람이 되는 첫 단계이며, 자신의 약점을 잘 아는 것은 자신의 가치를 부정하는 것과 다르다는 것을 강조해야 한다.

- 몇몇 학생들은 스스로를 비하하고, 자신의 능력을 과소평가하거나 부정할 수 있다. 몇몇 학생들은 '명예의 전당–기자 회견' 동안 다른 학생들의 놀림을 받을 수 있다. 교수자는 모든 사람이 나름대로의 약점을 가지고 있음을 강조해야 한다. 또한 자신의 약점에 기꺼이 맞서는 학생들은 칭찬받아 마땅하며, 자신과 타인을 과도하게 비교할 필요는 없음을 언급한다.

## 5. 보충 활동(선택 사항)

| 활동 | 내용 | 권장 사항 |
|---|---|---|
| 교내 스타 관찰일지 | **목표: 다른 학생들의 성공 경험을 관찰함으로써 자신의 성공을 위해 필요한 역량이 무엇일지 고민한다.**<br>학교에서 자신감 있게 행동하는 다른 학생을 관찰하고, 관찰 일지에 기록한다. | 예를 들어, 관찰 대상은 발표를 잘하거나, 구기 종목을 잘하거나, 토론 대회에서 우승하거나, 악기 연주를 잘하는 학생이 될 수 있다. |
| 나의 패션쇼 무대 | **목표: 사회적 자신감과 단체 활동 역량을 높인다.**<br>단체로 작품을 제작하거나 공연을 준비하는 등 집단 활동을 통해 성공의 느낌을 체험하고 자신의 재능을 탐구한다.<br>예를 들어, 점심시간에 패션쇼를 개최한다. 각 반에서 학급 대표를 선정하고, 학급 대표는 환경 보호 콘셉트를 반영한 의상을 고안해 패션쇼에 출품한다. | 최종 점수는 교수자와 학급 대표로 구성된 심사위원단의 평가와 관객 투표를 통해 결정한다. 평가 기준은 창의성, 환경 보호 콘셉트의 적용, 모델의 퍼포먼스를 포함한다. 학생들의 참가를 기념하기 위해 다양한 종류의 상을 수여한다. |

부록 7-2

# 활동지: 명예의 전당

이름: ____________________

각 손가락마다 자신이 잘 할 수 있다고 믿는 과제에 대해 완성된 문장으로 적어, 총 10개의 문장을 적어 주세요.

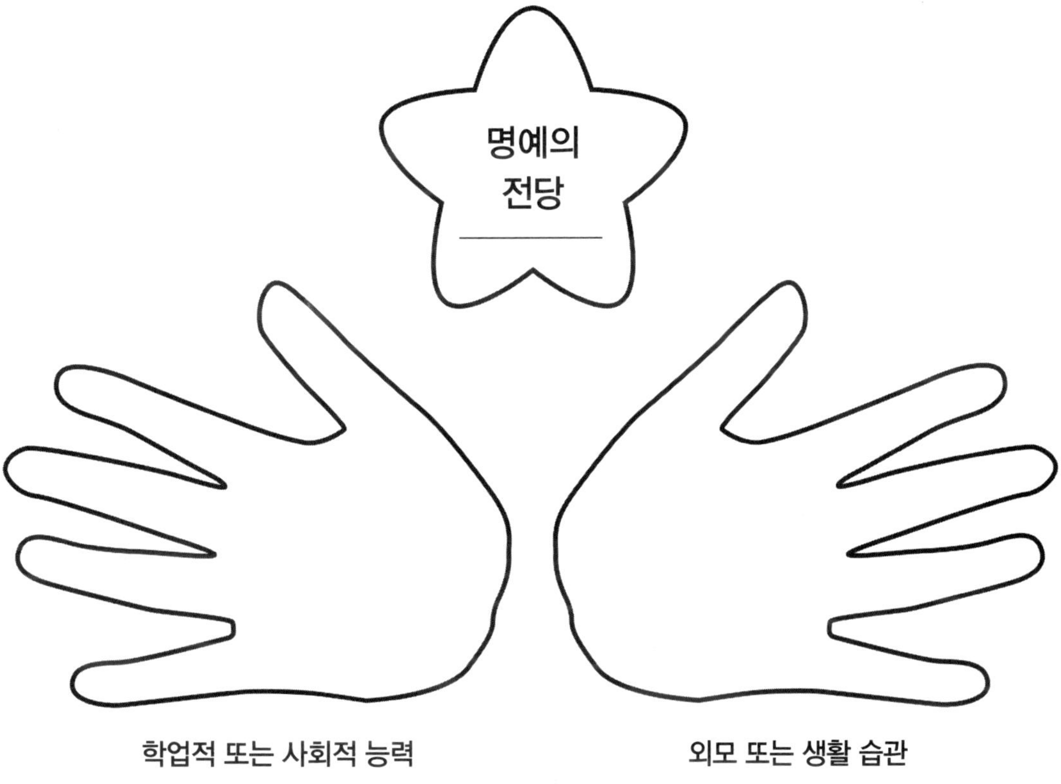

# 부록 7-3 학생용 참고 자료: 명예의 전당 보충 정보

## 1. 학업적 능력

★ 숙제를 제 시간에 제출한다.
★ 수업 시간에 선생님의 질문에 잘 대답한다.
★ 좋은 공부 습관을 가지고 있다.
★ 어려운 내용이 있으면 이해하기 위해 더 노력한다.
★ 외국어로 유창하게 말하며 대화할 수 있다.
★ 암산을 잘한다.
★ 기본적인 컴퓨터 활용 능력을 가지고 있다.
★ 인터넷 검색을 통해 원하는 정보를 능숙하고 효율적으로 찾는다.

## 2. 사회적 능력

★ 명확한 언어를 통해 효과적으로 의사소통을 한다.
★ 예의 바르게 행동한다.
★ 다른 사람의 말을 경청한다.
★ 선생님이나 급우들의 말에 주의를 기울이고 적절한 반응을 한다.
★ 다른 사람을 배려한다.
★ 자원봉사 활동에 참여한다.

## 3. 외모

★ 외관을 깔끔하고 청결하게 관리한다.
★ 단정한 의복을 차려 입는다.
★ 위생 상태를 청결하게 유지한다.

## 4. 생활 습관

★ 시간 관리를 잘한다.
★ 일정을 잘 관리하며 중요한 일에 우선순위를 둔다.
★ 계획적으로 소비하며 충동 소비를 자제한다.
★ 좋은 저축 습관을 실천한다.
★ 인터넷 서핑이나 다른 활동에 중독되지 않도록 주의한다.
★ 주기적으로 운동한다.

# 부록 7-5 성장 확인 질문

이름: ______________________ 반: ______________________ 날짜: ______________________

**1. 수업 과제**

1) 자기효능감은 무엇인가요?

2) 자기효능감의 특징에는 어떤 것들이 있나요?

3) 자기효능감에 영향을 미치는 요인들은 무엇인가요?

**2. 숙제**

1) 다양한 분야에 대한 자신의 자기효능감을 어떻게 파악할 수 있을까요?

2) 자기효능감이 높은 특정 분야에서 어떻게 하면 잠재력을 최대한 발휘할 수 있을까요?

3) 삶에서 중요한 분야에 대해 자기효능감이 낮다면 무엇을 해야 할까요?

소단원 2

# 그래, 나는 할 수 있어

## 1. 소단원 목적

적극적 성취를 통해 높은 자기효능감을 경험한다.

## 2. 학습 목표

① 성공 상황을 경험한다.
② 과거의 성공 경험을 떠올린다.

## 3. 수업 내용

| 활동 | 절차 |
| --- | --- |
| **1. 준비 활동(2분)** | 1. 칠판에 "어떻게 하면 깃털을 10초 동안 공중에 띄울 수 있을까요?"라는 질문을 적는다.<br>2. 자리가 가까운 학생들끼리 질문에 대한 답을 논의하도록 지시하고, 한두 명의 학생을 지목해 의견을 공유하도록 한다. |
| **2. 모둠 게임:** 깃털은 가벼워**(10분)**<br><br>▷ **교수자료**<br>- 깃털 여러 개<br>- 타이머 1개 | **목표: 성공의 느낌을 경험한다.**<br>1. 학생들을 여러 개의 작은 모둠으로 나눈다. 모둠별로 서서 원 모양을 만들도록 지시한다. 각 모둠에게 깃털을 하나씩 준다.<br>2. 5분 동안 각 모둠마다 깃털을 최소 10초 동안 공중에 띄우는 방법에 대해 토론하고 연습하도록 지시한다.<br>3. 연습 시간이 끝나면, 게임을 시작한다. 가장 긴 시간 동안 깃털을 공중에 띄운 모둠이 우승한다.<br>4. 모둠이 띄운 깃털이 어딘가 부딪히거나 땅에 떨어진다면, 해당 모둠은 게임 참여를 중단하고 여전히 게임을 하고 있는 다른 모둠을 응원하거나 그들이 사용하는 방법을 관찰한다.<br>5. 게임 이후, 우승 모둠이 성공 비결을 전체 학생에게 공유하며, 다른 학생들은 게임을 통해 자신이 배운 점이 무엇인지 공유한다. |

| | |
|---|---|
| **3. 모둠 경험 공유: 행복했던 날(10분)**<br><br>▷ **교수자료**<br>- [부록 7-6] 활동지: 행복했던 날 | **목표: 과거의 성공 경험을 떠올린다.**<br>1. 학생들을 여러 개의 작은 모둠으로 나누고 학생마다 한 장의 활동지를 나누어 준다.<br>2. 학생들로 하여금 자신의 과거 성공 경험과 당시에 느꼈던 점에 대해 활동지에 쓰거나 그려 보도록 지시한다.<br>3. 활동지를 마무리한 후, 학생들은 활동지의 내용을 모둠 구성원들과 나눈다.<br>4. 각 학생이 성공 경험을 공유할 때마다, 모둠의 구성원들은 박수갈채를 보냄으로써 해당 학생의 노력에 대한 존중을 표현하도록 지도한다. |
| **4. 결론(3분)** | 학생들이 다음과 같은 결론을 내릴 수 있도록 유도한다.<br>• 사람들은 일상의 작은 성취에서도 성공의 기쁨을 누릴 수 있습니다. 성공의 개념은 주관적이기 때문에, 모든 사람은 성공에 대한 자신만의 정의를 가지고 있으며, 이를 다른 사람과 비교할 필요는 없습니다. 그럼에도 사람들은 다른 사람의 성공으로부터 영감을 얻을 수 있습니다.<br>• 모든 사람은 성공을 경험했던 적이 있습니다. 성공 경험을 통해 자신을 긍정하는 것은 스스로를 동기부여하는 중요한 수단입니다. |
| **5. 마무리 활동(5분)**<br><br>▷ **교수자료**<br>- [부록 7-7] 성장 확인 질문 | 1. 성장 확인 질문을 나누어 주고 학생들에게 지난 활동을 돌아볼 수 있는 시간을 준다.<br>2. 수업 시간 동안 학생들의 참여에 대해 칭찬한다. |

## 4. 세부 지도 사항

### 1) 깃털은 가벼워

- 책상과 의자를 교실 뒤편으로 옮겨 게임을 위한 공간을 확보할 수 있다.
- 만약 충분한 공간이 있다면, 모둠당 구성원 수를 늘려서 게임을 더 어렵게 만들 수 있다. 그러나, 이 경우 더 많은 시간이 소요될 수 있음을 염두에 두어야 한다.
- 게임을 진행하는 동안 다른 모둠으로부터 배울 점을 찾도록 학생들을 독려한다.
- 충분한 시간이 있다면, 두 번째 게임을 진행하거나 더 어려운 버전의 게임을 진행할 수도 있다. 예를 들어, 깃털을 공중에 띄우는 동안 학생들이 계속 똑바로 서 있도록 요구할 수 있다.
- 깃털은 쉽게 망가질 수 있으므로 여분의 깃털을 준비해 둔다.
- 깃털을 나눠 준 후 즉시 게임을 시작한다면 학생들이 깃털을 망가뜨릴 여지를 줄일 수

있다.

- 연습 시간 동안 몇몇 모둠이 깃털을 공중에 띄우기 어려워한다면, 교수자는 수업이 끝나기 전에 해당 모둠에게 시간을 더 주고 과제를 마무리할 수 있도록 함으로써 좌절감이나 실패감의 경험을 예방할 수 있다.

### 2) 행복했던 날

- 성공의 정의는 학생마다 다를 것이다. 교수자는 몇 가지 예시를 통해 '성공'이 반드시 '승리'를 의미하지는 않음을 설명한다. 예를 들어, 어떤 사람은 이전에 하지 못했던 것을 할 수 있게 됨으로써 '성공'할 수 있다.
- 교수자는 학생들의 이해를 돕기 위해 새로운 기술을 배우거나, 처음으로 가족을 위해 아침 식사를 준비하거나, 성적을 올리는 등 일상생활에서 경험할 만한 성공의 예시를 제시할 수 있다.
- 몇몇 학생들은 자신의 성공 경험을 기억하지 못하거나 공유하지 않고 싶어 할 수 있다. 교수자는 이런 학생들로 하여금 앞서서 한 게임을 되돌아보고 게임을 하는 동안 어려움을 극복하면서 느낀 감정을 표현하도록 독려할 수 있다. 교수자는 또한 이런 학생들이 미래의 목표와 예상되는 성공에 대해 적어 보고, 잠재적인 미래의 성공 상황에서 느낄 만한 감정을 상상해 보도록 지도할 수 있다.
- 교수자는 학생들의 사고를 자극하기 위해, 책 한 권을 다 읽거나 대회에서 상을 탔던 것과 같은 자신의 성공 경험을 공유할 수 있다.
- 교수자는 '모든 학생은 성공할 수 있다'는 태도를 가져야 하며, 학생들이 한 분야에서의 성공 경험을 다른 분야로 확장해서 생각해 볼 수 있도록 독려한다. 예를 들어, 학생들은 스포츠 활동에서의 성공 경험을 대인 관계로 확장해서 생각해 보거나, 컴퓨터 활용에서의 성공 경험을 학업 성취로 확장해 볼 수 있다.
- 학생들이 완성한 활동지를 교실 뒤편에 게시하거나 집 안 눈에 띄는 곳에 배치하도록 함으로써, 학생들이 지속적으로 자신의 성공 경험을 상기하고 자기효능감을 고양할 수 있도록 한다.

## 5. 보충 활동(선택 사항)

| 활동 | 내용 | 권장 사항 |
|---|---|---|
| 성공을 위한 상부상조 | **목표: 우수한 학업 역량을 위해 노력하고 자기효능감을 높인다.**<br>학생들과 교수자는 복습법, 필기법, 작문 기술, 시험 대비 전략 등 학업 성취를 위한 비결을 작은 카드에 적는다. 이후 이 카드를 교실 내 게시판에 부착하고 학생들이 자신의 생각을 공유하도록 지시한다. | |
| 성공 이야기 찾아보기 | **목표: 다른 사람의 성공 경험을 통해 교훈을 얻는다.**<br>학생들이 유명인들의 성공 경험을 찾아보도록 독려한다. 방송 프로그램, 유튜브 영상, 영화, 만화, 신문 기사와 같은 미디어 자료를 참고할 수 있다. | 교수자는 학생들과 함께 성공 경험을 분석하고, 성공은 한 번의 시도나 단기간의 노력을 통해 이뤄지는 것이 아니지만, 절대 이룰 수 없는 무언가는 아님을 이해할 수 있도록 돕는다. 결론으로서 누구나 성공할 수 있음을 강조한다. |

# 부록 7-6 활동지: 행복했던 날

이름: ____________________

간단한 그림이나 단어를 사용해 자랑스러운 성공 경험을 묘사하고 당시 느꼈던 감정(예: 신났다, 감동적이었다 등)을 표현해 보세요.

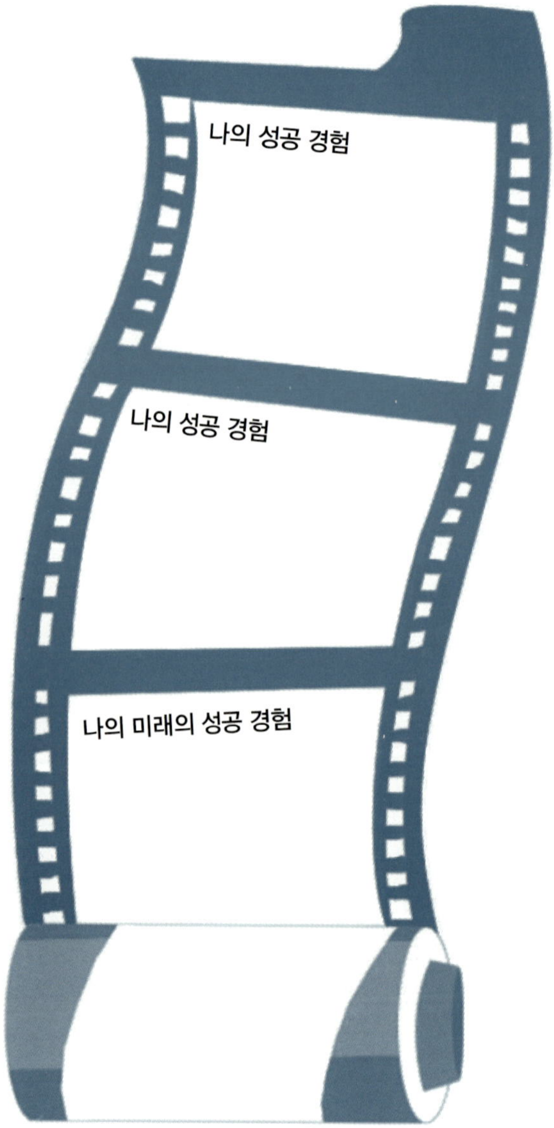


내가 느꼈던 감정은…….

내가 느꼈던 감정은…….

내가 미래에 느낄 감정은…….

# 부록 7-7 성장 확인 질문

이름: ____________ 반: ____________ 날짜: ____________

**1. 수업 과제**

1) 10년 후에 여러분 자신을 성공적인 사람이라고 평가하려면 무엇을 성취해야 한다고 생각하나요?

2) 이 수업을 통해 성공의 비결을 배웠나요? 성공할 수 있는 몇 가지 방법을 제안하세요.

3) 최근 성공한 경험 3가지를 공유해 주세요.

**2. 숙제**

1) 여러분은 자신이 성공할 수 있는 사람이라고 생각하나요? 그렇게 생각하는 이유는 무엇인가요?

2) 여러분이 성공하는 데 무엇이 도움이 될 수 있을까요?

3) 성공의 롤 모델로 삼을 만한 사람의 이름을 적어 주세요. 그 사람으로부터 무엇을 배우고 싶은가요?

4) 학업, 건강, 대인 관계 등 다양한 분야에서 성공하는 데 동기를 부여하는 문장이나 구절을 떠올려 적어 보세요.

소단원 3

# 나를 위한 박수갈채

## 1. 소단원 목적

부모님의 부정적 피드백 뒤에 숨은 감정과 의도를 이해함으로써 자기효능감을 높인다.

## 2. 학습 목표

① 부모님의 기대를 이해하고, 부모-자녀 간의 관계를 강화한다.
② 자신을 긍정함으로써 자기효능감을 높인다.

## 3. 수업 내용

| 활동 | 절차 |
|---|---|
| **1. 준비 활동(5분)**<br><br>▷ **교수자료**<br>- [부록 7-8] 파워포인트 슬라이드: 부모님께서 화를 내실 때 | 1. 학생들에게 "이번 달에 여러분의 성취에 대해 부모님으로부터 칭찬받은 경험이 있나요?"라고 질문하며, 해당 경험이 있는 학생들은 손을 들도록 지시한다.<br>2. 부모가 자녀를 다그칠 때 자주 사용하는 부정적인 표현이 담긴 파워포인트 슬라이드를 제시하고, 학생들에게 "이런 말들을 들었던 적이 있나요?"라고 묻는다.<br>3. 학생들로부터 "여러분의 부모님께서 이런 표현을 사용하신 적이 있나요?"라는 질문에 대한 답변을 듣는다.<br>4. 이후 학생들에게 "가정에서 자주 듣는, 여러분을 낙담시키는 말에는 무엇이 있을까요?"를 질문하고, 학생들이 욕설을 제외한 단어나 문장을 칠판에 적도록 한다. |

| | |
|---|---|
| **2. 모둠 게임:** 부모님의 의도**(8분)**<br><br>▷ **교수자료**<br>- 탁구공 | **목표: 부모님의 질책 뒤에 숨은 의도와 감정을 이해한다.**<br>1. 학생들을 여러 개의 작은 모둠으로 나눈다.<br>2. 각 모둠별로 대표자를 선정하도록 지시하고, 모둠별 대표자를 칠판에서 1~2미터 떨어진 곳에 세운다. 각 대표자는 책을 탁구채처럼 사용해서 칠판에 적힌 질책의 표현(단어 또는 문장) 중 하나를 향해 공을 치고, 공으로 맞힌 문장에 대해 전체 학급을 향해 다음의 내용을 설명한다.<br>• 단어나 문장의 의미<br>• 부모님의 해당 표현을 사용한다면, 그 이유<br>• 부모님이 해당 표현을 사용한다면, 표현 뒤 숨은 메시지(예: 부모님이 실제로 학생에게 원하는 행동)<br>3. 모둠의 대표가 한 번씩 돌아가며 앞 활동을 진행한다. 모든 대표자의 발표가 끝나면 학급 전체가 손을 들어 가장 좋은 발표를 한 모둠에 투표한다.<br>4. 부모님은 자녀의 약점을 가장 주의 깊게 관찰하는 사람이기 때문에 때때로 자녀에게 부정적이거나 꾸짖는 말을 하게 된다는 점을 학생들이 이해할 수 있도록 유도한다. 이는 부모님이 자신의 의도를 표현하거나 자녀를 칭찬하는 데 적절한 단어를 찾지 못했기 때문에 발생하는 현상일 수 있음을 설명한다. 따라서 학생들에게 부모님의 칭찬을 기다리기보다는, 올바른 행동을 하고 적극적으로 능력을 계발하는 자신의 모습을 부모님께 보여 드리는 것이 좋은 대처가 될 수 있다고 말한다. |
| **3. 모둠 경험 공유:** 나를 위한 박수갈채**(7분)**<br><br>▷ **교수자료**<br>- A6 색지<br>- A3 대자보용 색지<br>- 접착 테이프 | **목표: 스스로 부모의 칭찬과 인정을 받을 자격이 있다는 것을 확인한다.**<br>1. 각 학생에게 A6 색지를 한 장씩 나누어 주고, 대자보 용지를 칠판에 붙인다.<br>2. 학생들로 하여금 색지에 부모님으로부터 칭찬받을 만한 내용을 한 가지에서 세 가지 적도록 지시한다. 학생들이 아이디어를 잘 떠올릴 수 있도록 몇 가지 예시를 제안해 줄 수 있다.<br>3. 과제를 마치면, 학생들이 자신의 종이를 대자보 용지 위에 부착하도록 지시한다. |
| **4. 결론(5분)** | 1. 대자보 용지에 붙은 종이를 살펴보고, 학생들이 적은 부모로부터 칭찬받을 만한 내용들을 요약한다. 이 과정에서 공통된 주제나 패턴이 나타나는지 관찰하고, 추가할 만한 내용이 있는지 토론한다.<br>2. 학생들이 스스로를 가치 있게 여길 수 있도록 독려한다. 부모님이 학생들의 좋은 성품과 능력에 대해 모두 다 알지 못하거나 종종 부정적인 말을 할지라도, 학생들은 스스로의 가치를 확산하고 자신의 능력을 부모에게 행동으로 증명할 수 있다. |
| **5. 마무리 활동(5분)**<br><br>▷ **교수자료**<br>- [부록 7-9] 성장 확인 질문 | 1. 성장 확인 질문을 공유하고 학생들이 소단원 활동을 돌아볼 수 있도록 유도한다.<br>2. 소단원 활동에 대한 학생들의 참여를 칭찬한다. |

## 4. 세부 지도 사항

### 1) 준비 활동

- 비속어가 공개적으로 쓰이는 것이 우려된다면 교수자는 학생들에게 답변을 종이에 적어 상자에 넣으라고 요청한다. 이 경우, 교수자는 몇 가지 예시를 무작위로 골라 칠판을 채울 수 있다.

### 2) 부모님의 의도

- 탁구공이 분실될 상황을 대비해, 여분의 탁구공을 준비한다.
- 교수자는 콩주머니와 같은 다른 도구를 사용할 수 있다.
- 학생들의 발표에 정해진 답변은 없다. 합리적이고 수업에 도움이 된다면 학생들의 답변을 모두 수용한다.

### 3) 나를 위한 박수갈채

- 교수자는 학생들이 부모님의 칭찬을 받을 만한 내용을 적도록 지시할 때 다양한 모양이나 색상의 종이를 사용할 수 있다.
- 교수자는 대자보 용지에 몇 가지 패턴을 그림으로써 활동에 밝은 분위기를 불어넣을 수 있다. 활동 후 대자보 용지를 교실 뒤쪽의 게시판에 부착할 수 있다.
- 부모의 칭찬을 받을 만한 영역의 예시는 다음과 같다.
  - 활동적이고 친절한 성격
  - 열심히 하는 태도
  - 좋은 교우관계
  - 부모님과 소통하려는 태도
  - 집안일을 기꺼이 도움
- 시간이 부족하다면, 교수자는 한두 명의 학생들에게 자신이 적은 내용을 공유하도록 함으로써 활동을 마무리할 수 있다.

## 5. 보충 활동(선택 사항)

| 활동 | 내용 | 권장 사항 |
|---|---|---|
| 사랑을 말해요 | **목표: 부모-자녀 간 관계를 강화한다.**<br>• 학생들이 부모님께 자신의 사랑을 표현하는 방법(예: "아빠, 사랑해요."라고 말하기)을 고민해 보도록 독려한다. 만약 학생이 활동에 참여하기 부끄러워한다면, 간접적인 표현(예: "엄마, 저녁 준비해 주셔서 감사합니다.")도 좋은 선택지가 될 수 있음을 제안한다.<br>• 부모님에 대한 애정을 말로 표현하는 데 익숙한 학생의 경우, 부모님과 함께 요리, 스포츠, 야외 활동 등 다양한 활동을 함께하며 시간을 보내도록 독려한다. | • 가부장적이거나 권위적인 집안에서 성장한 학생들은 가족에게 말로 애정을 표현하는 것이 유독 어색할 수 있다. 이 경우, 학생들은 분위기를 풀어 줄 돌파구를 탐색해 보거나, 집안일을 돕거나, 작은 선물을 준비하는 등 다른 방법을 사용해 애정을 표현할 수 있다.<br>• 청소년기는 강한 독립성을 추구하는 시기이므로 청소년들은 부모와 거리를 두고 싶어 할 수 있다. 따라서 학생들로 하여금 부모와 함께 특정한 활동을 해 보도록 하는 것은 직접적인 표현을 강요하는 것보다 청소년기 부모-자녀 관계를 강화하는 좋은 방안이 될 수 있다. |

# 부록 7-9 성장 확인 질문

이름: ____________________ 반: ____________________ 날짜: ____________________

**1. 수업 과제**

1) 부모님이나 가족들에게 감사한 점이 있나요?

2) 부모님이나 가족들에게 감사를 표현한 적 있습니까? 어떻게 표현했나요? 그때 가족들의 반응과 여러분의 기분은 어땠나요?

3) 부모님이나 가족들로부터 더 많은 칭찬을 받으려면 어떻게 해야 할까요? 학교에서 더 좋은 성적을 받거나 집안일을 하거나 약속을 지키면 될까요? 예시를 들어 설명하세요.

**2. 숙제**

1) 부모님께서 주로 무슨 일, 어떤 이유로 여러분을 혼내나요?

2) 왜 부모님이 여러분을 혼내거나 꾸짖는 말을 하실까요?

3) 앞으로 이러한 부정적인 표현에 어떻게 대처하겠습니까?

소단원 4

# 목표를 달성하는 SMART한 방법

## 1. 소단원 목적

목표 성취를 통해 높은 자기효능감을 경험한다.

## 2. 학습 목표

① 실행 가능한 목표를 세운다.

② 자신의 능력에 따라 목표를 조정할 필요성을 이해한다.

## 3. 수업 내용

| 활동 | 절차 |
|---|---|
| **1. 준비 활동:** 맞혀 봐 **(3분)**<br><br>▷ **교수자료**<br>- [부록 7-10] 단어 찾기 게임 | 1. 단어 찾기 게임([부록 7-10])을 하면서 학생들이 "SMART"라는 약어의 의미를 배우고 이해할 수 있도록 지도한다.<br>2. 학생들이 단어의 의미를 배우고 집중해서 찾으면서 SMART의 의미를 알게 한다. |
| **2. 모둠 토론:** SMART 수표**(7분)**<br><br>▷ **교수자료**<br>- [부록 7-11] 토론 자료: SMART 수표<br>- [부록 7-12] 모둠 활동지: 목표 수표 | **목표: 목표 설정을 위한 가이드라인으로서 "SMART"를 적용한다.**<br>1. 학생들에게 "SMART"의 의미를 소개한다.<br>• S: Specific → 목표는 구체적이어야 합니다.<br>• M: Measurable → 목표는 달성 여부를 측정 가능해야 합니다.<br>• A: Achievable → 목표는 현재 자원과 능력을 고려해 달성 가능해야 합니다.<br>• R: Realistic → 목표는 장기적인 목표 또는 현재의 우선순위를 고려해 현실적이어야 합니다.<br>• T: Timely → 목표는 달성하고자 하는 기한이 명확해야 합니다. |

| | |
|---|---|
| | 2. 학생들에게 SMART의 본질은 자신의 능력에 따라 목표를 조정해야 한다는 것임을 강조한다. 현실적인 목표를 세우고 실천하기 위해서, 학생들은 SMART의 다섯 가지 요소를 고려해 자신의 목표를 조정할 수 있어야 함을 언급한다.<br>3. 학생들을 여러 개의 작은 모둠으로 나눈다.<br>4. 학생들이 SMART의 의미에 대해 잘 이해하도록 지도한 이후, 각 모둠마다 토론 주제를 하나씩 할당하고([부록 7-11]) 하나의 모둠 활동지를 나누어 준다([부록 7-12]).<br>5. 학생들에게 사례 속의 주인공이 직면한 문제와 어려움에 대해 논의하도록 지시한다. 이후, SMART 원칙에 따라 주인공이 실현 가능한 목표를 세우도록 돕고 '목표 수표'를 완성하도록 지시한다.<br>6. 학생들은 각 모둠별로 대표자를 지정해 토론의 결과와 목표 설정에 대해 발표한다. |
| **3. 모둠 경험 공유:** 나도 할 수 있어**(12분)**<br><br>▷ **교수자료**<br>- [부록 7-13] 개인용 활동지: 목표 수표<br>- [부록 7-14] 교수자용 참고 자료: '목표 수표' 작성 예시 | **목표: 한 달 단위 단기 목표를 설정한다.**<br>1. 각 학생마다 '목표 수표' 활동지([부록 7-13])를 나눠 준다.<br>2. '목표 수표'의 예시([부록 7-14])를 사용해 활동지를 어떻게 채워야 하는지 설명할 수 있다.<br>3. 학생들에게 SMART 원칙과 자신의 능력을 고려해 한 달 단위 목표를 설정하도록 지시한다.<br>4. 이후 학생들은 서로 지지를 보내는 의미로 급우의 '목표 수표'에 증인으로서 서명한다. |
| **4. 결론(3분)** | 1. 학생들이 '목표 수표'에 적은 목표를 실천할 수 있도록 독려한다.<br>2. 목표는 자신의 능력에 맞게 설정해야 한다는 점을 강조한다. 모든 사람이 다른 목표를 가지는 것은 자연스러운 현상이며, 다른 사람과 비교할 필요는 없다는 점을 상기시킨다. |
| **5. 마무리 활동(5분)**<br><br>▷ **교수자료**<br>- [부록 7-15] 성장 확인 질문 | 1. 성장 확인 질문을 나누어 주고 학생들에게 지난 활동을 돌아볼 수 있는 시간을 준다.<br>2. 수업 시간 동안 학생들의 참여에 대해 칭찬한다. |

## 4. 세부 지도 사항

### 1) 준비 활동

- 교수자는 수업 전 단어 찾기 게임 방법을 숙지해야 한다.

• 찾아야 할 단어는 가로, 세로, 대각선으로 연결되어 있다. 찾은 단어에는 동그라미를 친다.

### 2) SMART 수표

• 교수자는 '목표 수표'를 설명하기에 적절한 예시들을 준비해야 한다.

### 3) 나도 할 수 있어

• '목표 수표'에 대한 증인을 찾을 때 학생들이 교실을 돌아다니도록 지시한다.
• '목표 수표'에 증인을 두는 이유는 학생들이 목표를 실천하도록 독려하고 상호 지지적인 환경을 마련하기 위함이다.
• 만약 학생들이 자신만의 목표를 가지고 있지 않다면, 교수자는 학생들이 시간을 잘 지키거나, 자기관리를 하는 등 자신의 생활 습관을 발전시키기 위한 목표를 설정하도록 지도할 수 있다.

## 5. 보충 활동(선택 사항)

| 활동 | 내용 | 권장 사항 |
|---|---|---|
| 더 나은 내가 되기 | **목표: SMART를 활용해 자기 발전을 위한 목표를 설정한다.**<br>학생들이 SMART 원칙을 적용하여 일정 기간 동안 자기 발전을 위한 목표(예: 시간 맞춰 등교하기)를 설정하고 실천하는 데 적용할 수 있도록 독려한다. | 학생들이 목표를 달성하려고 노력하는 동안, 교수자는 학생들의 진행 상황에 대해 질문하고 관심과 지지를 표현할 수 있다. |

## 부록 7-10 단어 찾기 게임

SMART 원칙의 의미는 무엇인가요?

SMART의 각 알파벳이 의미하는 단어를 찾아 가로, 세로, 혹은 대각선으로 연결하여 동그라미 치세요.

### SMART

| | | | | | | | | | |
|---|---|---|---|---|---|---|---|---|---|
| M | R | X | E | E | A | I | E | Z | S |
| Q | E | R | I | F | W | O | T | J | P |
| G | A | A | Q | L | S | V | I | K | E |
| J | L | N | S | M | I | J | M | Y | C |
| M | I | T | E | U | C | L | E | Y | I |
| V | S | A | D | H | R | Q | L | M | F |
| O | T | C | I | B | N | A | Y | J | I |
| N | I | F | U | H | D | W | B | K | C |
| A | C | H | I | E | V | A | B | L | E |
| O | B | A | Y | F | Q | O | F | A | E |

**Specific**
(구체적인)

**Measurable**
(측정 가능한)

**Achievable**
(달성 가능한)

**Realistic**
(현실적인)

**Timely**
(기한이 명확한)

# 부록 7-11 토론 자료: SMART 수표

1. 사회적 영역

"반 친구들이 나를 재미없다고 생각할까 봐 친구들과 대화하기 무서워요."

서준이의 상황: 서준이는 중학교에 입학한 지 한 달이 지난 후, 선생님들의 권유로 인해 특별 수업 대상자가 되었습니다. 서준이는 반 친구들과 잘 대화하지 않습니다.

**목표: 사회적 효능감 높이기**

2. 외모

"저는 거울을 보는 게 싫어요. 얼굴에 난 여드름이 너무 혐오스러워요."

하린이의 상황: 하린이는 세수를 꾸준히 하지 않으며, 튀긴 음식을 좋아합니다.

**목표: 자기 관리 능력과 외모에 대한 자기효능감 높이기**

3. 학업적 능력

"나는 멍청해! 나는 수학을 너무 못해!"

나은이의 상황: 나은이는 성적이 좋은 편이지만, 스스로에게 매우 엄격한 편입니다.

**목표: 수학 성적을 향상시킬 수 있다고 믿음으로써 학업적 효능감 높이기**

4. 학업적 능력

"국어 수업에 집중이 잘 안 돼요."

도윤이의 상황: 도윤이는 국어 성적이 좋지 않지만, 어떻게 국어 성적을 높여야 하는지 잘 모르고 있습니다.

**목표: 수업에 더 집중하고 국어 성적을 높일 수 있다고 믿음으로써 학업적 효능감 높이기**

## 부록 7-12 모둠 활동지: 목표 수표

**SMART한 목표로 성공을 시작하자!** **PATHS 은행**

실행 기간: ________ 부터 ________ 까지
년/월/일 년/월/일

이름 ____________________

목표 ____________________

실행 방법 ____________________

____________________

____________________

과제 난이도 ☆☆☆☆☆

SMART 원칙
S 구체적인
M 측정 가능한
A 달성 가능한
R 현실적인
T 기한이 명확한

너를 응원해:
❑ 성공이 눈 앞이야! ❑ 넌 해낼거야! ❑ 너를 믿어!

________ 증인

共創成長路 P.A.T.H.S to Adulthood

# 부록 7-13 개인용 활동지: 목표 수표

SMART한 목표로 성공을 시작하자! PATHS 은행

실행 기간: ______ 부터 ______ 까지
년/월/일 년/월/일

이름 ______

목표 ______

실행 방법 ______

과제 난이도 ☆☆☆☆☆

SMART 원칙
S 구체적인
M 측정 가능한
A 달성 가능한
R 현실적인
T 기한이 명확한

너를 응원해:
❑성공이 눈 앞이야! ❑넌 해낼거야! ❑너를 믿어!

증인 ______

共創成長路 P.A.T.H.S to Adulthood

SMART한 목표로 성공을 시작하자! PATHS 은행

실행 기간: ______ 부터 ______ 까지
년/월/일 년/월/일

이름 ______

목표 ______

실행 방법 ______

과제 난이도 ☆☆☆☆☆

SMART 원칙
S 구체적인
M 측정 가능한
A 달성 가능한
R 현실적인
T 기한이 명확한

너를 응원해:
❑성공이 눈 앞이야! ❑넌 해낼거야! ❑너를 믿어!

증인 ______

共創成長路 P.A.T.H.S to Adulthood

SMART한 목표로 성공을 시작하자! PATHS 은행

실행 기간: ______ 부터 ______ 까지
년/월/일 년/월/일

이름 ______

목표 ______

실행 방법 ______

과제 난이도 ☆☆☆☆☆

SMART 원칙
S 구체적인
M 측정 가능한
A 달성 가능한
R 현실적인
T 기한이 명확한

너를 응원해:
❑성공이 눈 앞이야! ❑넌 해낼거야! ❑너를 믿어!

증인 ______

共創成長路 P.A.T.H.S to Adulthood

# 부록 7-14 교수자용 참고 자료: '목표 수표' 작성 예시

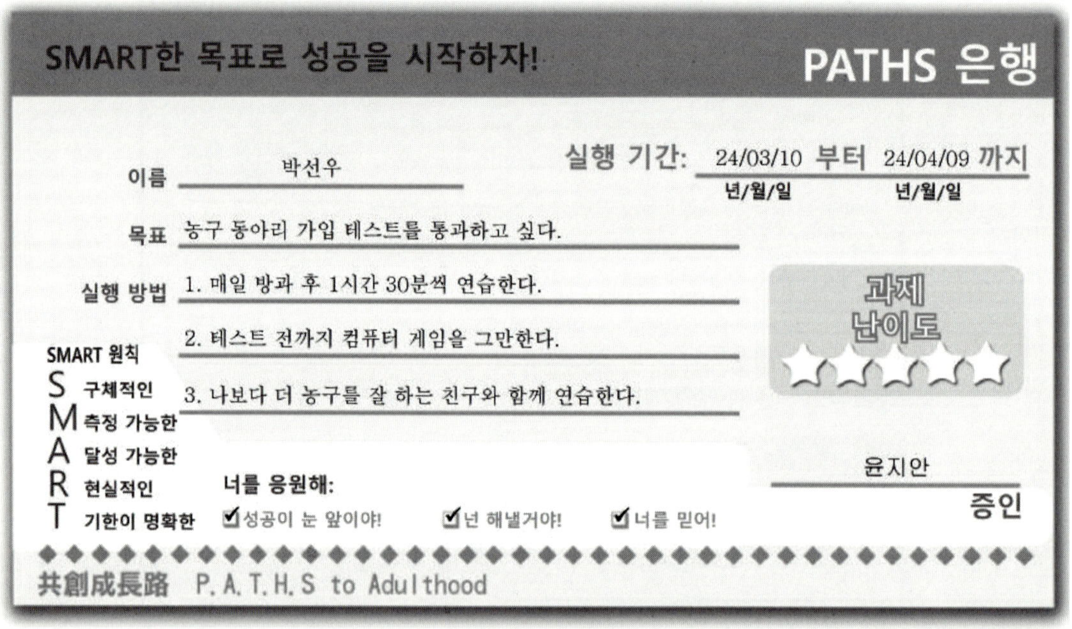
SMART한 목표로 성공을 시작하자!

PATHS 은행

이름 박선우

실행 기간: 24/03/10 부터 24/04/09 까지
(년/월/일) (년/월/일)

목표 농구 동아리 가입 테스트를 통과하고 싶다.

실행 방법
1. 매일 방과 후 1시간 30분씩 연습한다.
2. 테스트 전까지 컴퓨터 게임을 그만한다.
3. 나보다 더 농구를 잘 하는 친구와 함께 연습한다.

과제 난이도 ☆☆☆☆☆

SMART 원칙
S 구체적인
M 측정 가능한
A 달성 가능한
R 현실적인
T 기한이 명확한

너를 응원해:
☑성공이 눈 앞이야! ☑넌 해낼거야! ☑너를 믿어!

윤지안
증인

共創成長路 P.A.T.H.S to Adulthood

# 부록 7-15 성장 확인 질문

이름: ____________________ 반: ____________________ 날짜: ____________________

**1. 수업 과제**

1) "SMART"는 무엇을 의미하나요?

2) "SMART" 목표 원칙을 설명하세요.

3) 목표를 더 효과적이고 효율적으로 성취하는 데 어떤 것들이 도움될 수 있을까요?

**2. 숙제**

1) "SMART"를 배우는 것이 어떤 점에서 도움이 될까요?

2) "SMART" 원칙에 따라 목표를 세우고 실천할 때 어떤 문제를 겪었나요?

3) 이러한 문제들을 해결하는 데 무엇이 도움이 될까요?

## 대단원 8

# 친사회적 규범

**소단원 1** 규칙을 규정하다

**소단원 2** 로마에 가면 로마법을 따르라

## 들어가며

친사회적 규범(prosocial norms)은 공동체의 친사회적 행동을 규정하고 촉진하는 명확하고, 긍정적이며, 건전하고, 윤리적인 기준을 말한다. 친사회적 규범의 예시로는 '이타주의'가 있으며, 그 외에도 협동, 나눔, 배려, 도움 행동, 타인에 대한 책임감이 친사회적 규범에 포함된다. 다른 친사회적 규범과 마찬가지로, 이타주의는 화목한 가정이나 따뜻한 친구 사이처럼 상대적으로 응집력이 높은 집단에서 잘 발달한다. 나아가 청소년들은 도덕 규칙, 상호 관계에서의 규범이나 배려 등 문화적 관습에 대한 논의를 통해 친사회적 규범을 학습할 수 있다.

사춘기에 접어들면서 청소년들은 타인의 관점을 이해하는 능력이 빠르게 발달하고, 동시에 점차 쾌락주의적 도덕 추론 대신 친사회적 관점을 반영한 고등 수준의 추론을 사용하기 시작한다. 이런 변화는 친사회적 행동과 사회적 책임감의 발달과 관련된다. 도덕 추론과 친사회적 행동에는 밀접한 연관성이 있다.

Level 1 과정에서 대단원 '친사회적 규범'은 학생들이 친사회적 규범을 잘 이해할 수 있도록 '지역 관습'의 개념을 사용한다. 규범이란 법과 도덕은 아니지만, 특정 문화권이나 집단, 지역에서 사람들이 자연스럽게 따르는 행동양식을 의미한다. 이 대단원은 학생들이 이타주의와 친사회적 규범의 정의를 이해하고 이타주의를 실천하는 것의 중요성을 인식하도록 설계되었다. 이 대단원 활동은 두 개의 소단원 활동으로 구성된다. 소단원 1을 통해 학생들은 사회적 규범을 정의하고, 법을 준수하는 것을 넘어 일상생활에서 사회적 규범에 주의를 기울이고 이를 고려해야 한다는 점을 배운다. 소단원 2를 통해 학생들은 친사회적 규범이 무엇인지 정의하고, 다른 사회의 전통적 관습에 대해 이해하며, 대인 관계에서 해도 되는 행동과 하지 말아야 할 행동이 무엇인지 고민한다.

## 개관

| 소단원 | 소단원 목적 | 학습 목표 |
|---|---|---|
| **규칙을 규정하다 (30분)** | 사회적 규범을 정의하고, 일상생활(가정이나 학교)에서의 행동 규범을 파악하며, 대인 관계에서의 도덕 규칙을 이해한다. | 1. 사회적 규범에 대한 이해를 높이고, 사회적 규범의 중요성과 그에 순응해야 하는 이유를 파악한다.<br>2. 법을 준수하는 것을 넘어 일상생활에서 특정 행동 규범에 주의를 기울이고 그 규범을 따라야 한다는 것을 인식한다. |
| **로마에 가면 로마법을 따르라 (30분)** | 친사회적 행동이 무엇인지 정의하고, 사회마다 다른 관습과 전통을 파악하며, 대인 관계에서 해야 할 행동과 하지 말아야 할 행동을 구분한다. | 특정 사회적 맥락에서 지역 관습을 위반했을 때 나타날 수 있는 결과를 이해한다. |

이 대단원에 포함된 모든 활동지 및 파워포인트 슬라이드와 영상 자료 등은 학지사 홈페이지(www.hakjisa.co.kr)에서 내려받을 수 있습니다.

소단원 1

# 규칙을 규정하다

## 1. 소단원 목적

사회적 규범을 정의하고, 일상생활(가정이나 학교)에서의 행동 규범을 파악하며, 대인 관계에서의 도덕 규칙을 이해한다.

## 2. 학습 목표

① 사회적 규범에 대한 이해를 높이고, 사회적 규범의 중요성과 그에 순응해야 하는 이유를 파악한다.

② 법을 준수하는 것을 넘어 일상생활에서 특정 행동 규범에 주의를 기울이고 그 규범을 따라야 한다는 것을 인식한다.

## 3. 수업 내용

| 활동 | 절차 |
|---|---|
| **1. 역할 놀이:** 사전 활동<br><br>▷ **교수자료**<br>- [부록 8-1] 역할 놀이 참고 자료: 모든 가정에는 나름의 규칙이 있다 | 1. 다섯 명의 학생들에게 [부록 8-1]의 사례 1에 등장하는 각 인물의 역할을 할당하고, 그 역할을 연기할 준비를 하도록 지시한다.<br>2. 학생들에게 3분 동안 자신의 역할과 관련된 간단한 대본을 생각해 보도록 지시한다.<br>3. 역할 놀이 준비가 완료되면 수업 활동을 시작한다. 역할 놀이를 할 다섯 명을 제외한 나머지 학생들과 함께 준비 활동을 진행한다. |
| **2. 준비 활동(5분)** | 1. "각 지역, 가정, 문화에는 항상 나름의 규칙이 존재합니다."라고 말하며 활동을 시작한다.<br>2. 다음의 시나리오를 설명한다. "한 구조대원이 쉬는 날이었습니다. 그는 부둣가를 지나던 중 한 사람이 물에 빠진 것을 목격했습니다. 그 순간 부둣가에는 그 구조대원을 제외하고 다른 사람은 없었지만, 그는 물에 빠진 사람을 구하지 않고 지나쳤습니다. 여러분들은 이 구조대원이 법을 어겼다고 생각하십니까?"<br>3. 학생들의 답변을 요약한 후, "그 구조대원은 법을 어기지는 않았지만, 그의 행동은 무책임했습니다."라고 말한다. |

| | |
|---|---|
| 3. **역할 놀이:** 모든 가정에는 나름의 규칙이 있다**(5분)** | **목표: 대인 관계에서 사회적 규범의 중요성을 이해한다.**<br>1. 학생들에게 역할 놀이를 할 수 있는 5분의 시간을 준다.<br>2. 역할 놀이를 시작하기 전, 학생들에게 사례를 간단히 소개함으로써 학생들이 상황을 더 잘 이해할 수 있도록 돕는다. |
| 4. **학급 토론:** 모든 가정에는 나름의 규칙이 있다**(10분)** | **목표: 사회적 규범의 준수가 사회를 운영하는 중요한 요소 중 하나임을 이해한다.**<br>1. 역할 놀이를 마친 후, 전체 학생들이 토론에 참여하도록 지시한다.<br>2. 다음의 문제에 대해 학생들이 토론할 수 있도록 지도한다. "학생들이 집에 놀러와서 함께 숙제를 하고 떠난 후, 어머니는 아들에게 다시는 반 친구들을 집에 데려오지 말라고 말했습니다. 어머니는 왜 그런 말씀을 하셨을까요?"<br>3. 학생들에게 몇 가지 힌트를 제공한다.<br>• 이 경우 학생들의 어떤 행동이 문제가 되었을까요? 왜 그 행동이 문제가 되었을까요?<br>• 이 경우 학생들이 취해야 했던 적절한 행동은 무엇이었을까요? |
| 5. **결론(5분)** | 1. 학생들에게 "사례 속의 인물이 법을 위반하지 않았음에도, 왜 우리는 그들처럼 행동하면 안 될까요?"라고 질문한다.<br>2. 학생들로 하여금 어떤 행동이 합법적인지 여부와 관계없이, 그 행동이 사회적 규범에 부합하는지 주의하고 사회적 규범을 준수하려고 노력해야 한다는 점을 이해할 수 있도록 지도한다.<br>3. 다음의 내용을 강조한다.<br>• 때때로 우리는 사회에 있는 규범에 근거해 무언가를 받아들이거나 거부합니다. 사회의 규범은 비록 법에 저촉되지는 않더라도 자연스레 따르는 행동양식을 말합니다. 규범은 우리가 해도 되거나 하면 안 되는 것들에 대한 지침으로 기능하며, 사람들의 관점, 반응, 행동에 영향을 미칩니다.<br>• 친사회적 규범은 개인과 사회의 긍정적인 관계를 수립하는 데 중요한 요소입니다.<br>• 우리는 우리가 사는 환경을 고려해 규범의 의미와 기능, 중요성을 이해해야 하며, 규범을 존중하고 준수하도록 노력해야 합니다. |
| **6. 마무리 활동(5분)**<br><br>▷ **교수자료**<br>- [부록 8-3] 성장 확인 질문 | 1. 성장 확인 질문을 공유하고 학생들이 소단원 활동을 돌아볼 수 있도록 유도한다.<br>2. 소단원 활동에 대한 학생들의 참여에 대해 칭찬한다. |

## 4. 세부 지도 사항

### 1) 준비 활동

• 학생들에게 구조대원의 행동에 관해 이야기 나누는 과정에서, 학생들이 법을 준수하는

것과 마찬가지로 사회적 규범을 파악하고 사회의 기대에 부응해야 한다는 점을 이해하도록 지도한다. 또한 학생들이 동일한 원리를 구조대원의 사례에 적용할 수 있도록 유도한다.

### 2) 모든 가정에는 나름의 규칙이 있다

- 시간 여유가 있는 경우, 교수자는 수업 하루 전, 또는 수업 직전의 쉬는 시간이나 점심시간 등 본수업을 시작하기 이전에 학생들에게 따로 역할 놀이를 연습하는 시간을 줄 수 있다.
- 상황에 따라 교수자는 사례의 배경을 학생의 상황에 적합하게 바꿈으로써 잠재적으로 발생할 수 있는 불편함이나 어색함을 예방할 수 있다. 예를 들어, 부모님과 함께 살지 않는 학생이 포함된 모둠이 있다면, 사례 1의 '엄마' 역할을 가정 내의 다른 보호자로 바꿔 설명할 수 있다.
- 학생들에게 사례 1을 소개하기를 권장하지만 상황에 따라 사례 2로 대체할 수 있다.
- 교수자는 학생들이 스스로 생각하고, 상상하고, 표현할 기회를 가능한 한 많이 제공한다.

## 5. 보충 활동(선택 사항)

| 활동 | 내용 | 권장 사항 |
|---|---|---|
| 일상 속의 사례들 | **목표: 일상생활에서 사회적 규범의 역할을 이해한다.**<br>학생들이 신문기사에서 읽을 수 있는 일상 속의 사건 사고에 주의를 기울이도록 지시한다. 학생들로 하여금 자신이 읽은 사례에서 사건 속의 인물이 불법적인 행동을 했는지, 또는 불법은 아니지만 사회적으로 받아들이기 어려운 행동을 했는지 분석해 보고, '일상 속의 사례들([부록 8-2])'의 사례에 대한 자신의 관점을 적어 보도록 지시한다. | 학생들이 활동지 작성을 마친 후, 부모님과 이에 대해 토론해 보도록 권장함으로써, 학생과 부모님이 서로에 대해 보다 잘 이해할 수 있도록 돕는다. |

# 부록 8-1 역할 놀이 참고 자료: 모든 가정에는 나름의 규칙이 있다

**사례 1: 중학생 A, B, C는 숙제를 같이 하기 위해 같은 반 학생인 D의 집으로 갔습니다.**

1) 세 명의 학생이 D의 집에 갔을 때, D는 겉옷을 먼저 옷걸이에 걸어 주기를 요청했습니다. A와 B는 집에 들어가자 마자 겉옷을 정리했지만, C는 겉옷을 바닥에 던져 두었습니다.
2) 학생들은 D의 집에서 D의 어머니를 만났습니다. B와 C는 D의 어머니를 뵙자마자 바로 인사 드렸지만, A는 인사를 드리지 않고 바로 D의 방으로 들어갔습니다.
3) 어머니와 인사를 나눈 후, C는 D와 함께 D의 방으로 들어간 반면, B는 부엌으로 가 간식을 찾아 먹은 후 D의 방으로 들어갔습니다.
4) A, B, C는 D의 방에서 D의 허락 없이 간식을 먹었습니다.
5) D는 친구들에게 방에서 간식을 먹지 말고 거실에서 간식을 먹자고 말했습니다. 그러나 A, B, C는 D에게 짜증을 냈습니다. 결국 D는 A, B, C를 방에서 내보내 식탁에서 공부하게 했습니다.

**토론: A, B, C가 숙제를 마치고 떠난 뒤, D의 어머니는 D에게 다시는 반 친구들을 집에 데리고 오지 말라고 말했습니다. 그 이유는 무엇일까요? 각 번호마다 하나씩 이유를 찾아 총 다섯 가지 문제 행동을 논의해 주세요.**

---

**사례 2: 어느 날 D는 친구인 A, B, C와 함께 쇼핑을 가기 위해 만났습니다. 이 때 다른 친구인 E가 약속 장소에 나타났습니다.**

1) D는 E에게도 쇼핑을 같이 가자고 말했지만, A, B, C는 이 사실을 몰랐기 때문에 매우 짜증이 났습니다.
2) D가 A, B, C에게 E를 소개하자, A와 B는 E에게 인사했지만 C는 인사하지 않고 E를 무시했습니다.
3) 백화점을 구경하던 중 D는 맘에 드는 옷을 발견했고, 멈춰서 그 옷을 살펴보기 시작했습니다. 이때 B가 D의 취향이 별로라고 큰 소리로 비꼬았고, D는 화가 났습니다.
4) 잠시 후, B, C, D, E는 A가 사라졌다는 것을 알아챘습니다. 따라서 모두는 백화점을 돌아다니며 A를 찾았고, 수차례 A에게 전화를 걸었습니다. 마침내 모두는 A를 발견했고, A는 너무 배가 고파 먹을 것이 있는지 돌아보러 갔었다고 말했습니다. 결국 모두는 흩어져 각자의 집으로 가기로 결정했습니다.

**토론: A, B, C, D, E는 모두 화가 난 채로 헤어졌습니다. 그 이유는 무엇일까요? 각 번호마다 하나씩 이유를 찾아 총 네 가지 문제 행동을 논의해 주세요.**

# 부록 8-2 보충 활동: 일상 속의 사례들

이름: ______________________

주변에서 일어났거나 신문에서 읽은 사건/사고를 활동지에 기록해 보세요. 그리고 다음의 기준으로 해당 사건/사고를 분석해 보세요.

1) 그 사건/사고는 합법적/불법적이다.
2) 그 사건/사고는 사회에서 수용 가능/수용 불가능하다.
3) 그 사건/사고에 대한 주관적인 판단에 대해 적어 주세요. 예를 들어, 귀하는 그 사건/사고를 받아들일 수 있나요? 판단의 이유에 대해서도 적어 주세요.

**사건/사고 1)**

| □ 합법적이다<br>□ 불법적이다 | 사회에서<br>□ 수용 가능하다.<br>□ 수용 불가능하다. | 주관적인 판단: | 이유: |
|---|---|---|---|

**사건/사고 2)**

| □ 합법적이다<br>□ 불법적이다 | 사회에서<br>□ 수용 가능하다.<br>□ 수용 불가능하다. | 주관적인 판단: | 이유: |
|---|---|---|---|

**사건/사고 3)**

| □ 합법적이다<br>□ 불법적이다 | 사회에서<br>□ 수용 가능하다.<br>□ 수용 불가능하다. | 주관적인 판단: | 이유: |
|---|---|---|---|

**사건/사고 4)**

| □ 합법적이다<br>□ 불법적이다 | 사회에서<br>□ 수용 가능하다.<br>□ 수용 불가능하다. | 주관적인 판단: | 이유: |
|---|---|---|---|

# 부록 8-3 성장 확인 질문

이름: ________________ 반: ________________ 날짜: ________________

## 1. 수업 과제

1) "모든 나라는 저마다의 법이 있고, 모든 가정은 나름의 규칙이 있다."라는 말의 의미는 무엇일까요?

2) 빈칸을 채우세요.

| 학교 규칙 | 가정 규칙 |
|---|---|
| 예시: 교복 치마는 무릎을 덮어야 한다. | 예시: 밤 10시 전에 귀가해야 한다. |
| | |
| | |

3) 앞에 적은 학교와 가정의 규칙을 흔쾌히 따르겠습니까? 그 이유는 무엇인가요?

## 2. 숙제

1) 학생의 관점에서 학교 규칙의 기능은 무엇이라고 생각하나요?

2) 사회의 법과 규칙을 따르지 않는 많은 사람이 있습니다. 그럼에도 불구하고 우리는 왜 여전히 규범을 지키고 선한 행동을 해야 할까요?

3) 다양한 유형의 행동에 대한 여러분의 생각을 적어 주세요.

| 행동 | 하는 이유 | 하면 안 되는 이유 | 내 생각은……. |
|---|---|---|---|
| 가족들과 다투지 않고 사이좋게 지내기 | | | |
| 친구들과 함께 누군가를 괴롭히거나 흡연하기 | | | |
| 학교 규칙 준수하기 | | | |
| 무단횡단하기 | | | |
| 지하철에서 음식 먹기 | | | |
| 새치기 | | | |

소단원 2

# 로마에 가면 로마법을 따르라

## 1. 소단원 목적

친사회적 행동이 무엇인지 정의하고, 사회마다 다른 관습과 전통을 파악하며, 대인 관계에서 해야 할 행동과 하지 말아야 할 행동을 구분한다.

## 2. 학습 목표

특정 사회적 맥락에서 지역 관습을 위반했을 때 나타날 수 있는 결과를 이해한다.

## 3. 수업 내용

| 활동 | 절차 |
|---|---|
| **1. 준비 활동(4분)**<br><br>▷ **교수자료**<br>- [부록 8-4] 파워포인트 슬라이드: 사례에 대해 생각해 보기 | 1. 지역 관습을 위반한 세 가지 상황을 제시한다.<br>2. 학생들에게 사례 속 사람들이 해당 상황에 대해 어떻게 생각할지를 추측하도록 지시한다.<br>3. 학생들의 답변을 정리하고, 사례 속 사람들이 그렇게 생각한 이유가 지역 관습의 위반 때문이라는 점을 간단히 설명한다. |
| **2. 모둠 토론:** 성벽 마을로 떠나는 당일치기 여행 **(16분)**<br><br>▷ **교수자료**<br>- [부록 8-5] 파워포인트 슬라이드: 성벽 마을로 떠나는 당일치기 여행<br>- [부록 8-6] 모둠 활동지: 성벽 마을로 떠나는 당일치기 여행 | **목표: 문화마다 다른 관습을 가지고 있다는 점을 이해한다.**<br>1. 학생들을 여러 개의 작은 모둠으로 나눈다. 각 모둠에게 '성벽 마을로 떠나는 당일치기 여행' 활동지([부록 8-6])를 나누어 준다.<br>2. 학생들에게 이야기의 배경에 대해 간략히 설명한다. 배경은 다음과 같다. 교내 한 학급에 쌍둥이 남매가 전학을 왔다. 두 달 후 어느 주말, 두 명의 전학생들은 그들이 사는 성벽 마을에 열리는 큰 행사에 반 친구들을 초대했다. 반 학생들은 매우 신난 마음으로 초대를 수락했다. 그리고 축제 당일, 예상치 못한 사건이 벌어졌다.<br>3. 학생들은 각 상황의 잠재적인 원인에 대해 논의한다.<br>4. 각 모둠은 돌아가면서 모둠의 토론 내용을 발표한다. 파워포인트 슬라이드([부록 8-5])를 보여 주면서 각기 다른 상황에 대한 논의를 지도할 수 있다. |

| | |
|---|---|
| - [부록 8-7] 교수자용 참고 자료: 성벽 마을로 떠나는 당일치기 여행 예시 답안 | 5. 학생들에게 지역 관습을 잘 파악하고 준수해야 하는 이유와 지역 관습을 위반할 경우 나타날 수 있는 결과에 대해 논의하도록 지시한다. 또한 학생들이 지역 관습에 대한 자신의 관점을 공유하도록 지도한다. |
| **3. 결론(5분)** | 1. 지역마다 고유한 전통과 규칙이 존재한다. 하지만 이는 법이 아닌 규범에 해당한다.<br>2. 학생들에게 일상생활 속에서도 유사한 상황을 마주할 수 있음을 강조한다. 사람들은 법을 준수해야 할 뿐 아니라 각 사회의 규범 또는 다른 집단마다 존재하는 고유한 문화와 전통을 존중하고 따라야 한다는 점을 설명한다. |
| **4. 마무리 활동(5분)**<br><br>▷ **교수자료**<br>- [부록 8-9] 성장 확인 질문 | 1. 성장 확인 질문을 나누어 주고 학생들에게 지난 활동을 돌아볼 수 있는 시간을 준다.<br>2. 수업 시간 동안 학생들의 참여에 대해 칭찬한다. |

## 4. 세부 지도 사항

### 1) 성벽 마을로 떠나는 당일치기 여행

- 교수자는 성벽 마을 사람들이 법이 아님에도 불구하고 자신들의 규범을 준수하며 살아가는 이유를 생각해 보도록 지도한다.
- 교수자는 학생들이 예상치 못한 사건들이 발생한 이유에 대해 토론해 보도록 지도한다.
- 마을의 규칙은 사회에 성숙한 법 체계가 마련되기 이전에 존재했던 사회적 행동의 지침이었으며 사회의 질서를 유지하는 주요한 수단이었다는 점을 언급한다.

### 2) 결론

- 지역 규범의 차이는 문화의 차이와 관련 있다. 다음의 예시를 이용해 이를 설명할 수 있다.
  - 일본인들은 국수를 먹을 때 요리의 맛에 대한 칭찬과 요리사의 노고에 대한 감사를 표현하기 위해 "슈"라는 소리를 낸다. 이 소리가 클수록 칭찬과 감사를 더 많이 표현한다고 여긴다. 그러나 음식을 먹을 때 이와 같은 소리를 내는 것은 중국에서는 무례

한 행동으로 여겨진다.

– 많은 서구 국가에서 흰색은 신성함과 순결함을 의미하기 때문에, 결혼식에 흰색을 많이 사용한다. 그러나 중국에서 흰색은 장례식의 이미지를 연상시키기 때문에, 중국 사람들은 결혼식에 행운과 행복을 상징하는 빨간색을 주로 사용한다.

## 5. 보충 활동(선택 사항)

| 활동 | 내용 | 권장 사항 |
|---|---|---|
| **경험 공유 프로젝트** | **목표: 문화의 차이와 사회적 규범의 관계에 대해 이해한다.**<br>학생들은 낯선 지역에서 살았거나 여행한 적 있는 학생들의 경험 이야기를 수집한다. 이후 이 이야기가 "로마에 가면 로마법을 따르라"의 메시지와 관련이 있는지, 이야기 속에 나타난 지역 관습의 의미와 의도가 무엇이었는지 고민해 본다. | 시간 여유가 있다면, 학생들은 자신이 들었던 이야기를 급우와 공유한다. |
| **매일매일, 어디서나** | **목표: 우리의 일상이 사회적 규범의 틀 안에서 이뤄진다는 점을 이해한다.**<br>학생들이 명시적으로 적혀 있지 않더라도 일상생활에서 부모님과의 관계, 친구관계, 학교에서 존재하는 사회적 규범이 있는지 생각해 보도록 지도한다. 자신이 파악했던 사회적 규범에 대해 '해도 되는 것과 하면 안 되는 것([부록 8-8])'에 기록한다. | 학생들은 완성된 활동지를 급우들과 공유함으로써 사회적 규범이 다양한 방식으로 우리의 일상에 영향을 미친다는 점을 인식한다. |

# 부록 8-6 모둠 활동지: 성벽 마을로 떠나는 당일치기 여행

두 달 전, 교내 한 학급에 쌍둥이 남매가 전학을 왔습니다. 그들은 다른 급우들과 매우 잘 어울렸습니다. 다가오는 토요일, 쌍둥이가 살고 있는 성벽 마을에서 큰 행사가 예정되어 있었습니다. 쌍둥이는 다른 급우들을 그 행사에 초대했고, 모두들 행사에 참여할 생각에 매우 들떠 있었습니다. 그리고 토요일이 되자, 학생들은 다 함께 성벽 마을로 갔습니다.

1) 학생들은 다양한 공연과 전통 의식을 관람했습니다. 의식이 진행되는 동안, 마을 사람들이 모두 조용했던 반면, 초대받은 학생 몇몇이 큰 소리로 떠들고 웃었습니다. 마을 사람들은 이를 매우 불쾌하게 여겼습니다. 왜냐하면…….

2) 행사의 후반부에 '돼지고기 나눠 먹기' 행사가 진행되었습니다. 학생들은 쌍둥이 중 여학생에게도 함께 돼지고기를 먹자고 했지만, 여학생은 그럴 수 없다고 말했습니다. 왜냐하면…….

학생들은 여자는 돼지고기를 먹을 수 없다는 것이 이상하다고 생각했지만, 우선 성벽 마을의 규칙을 존중하기로 했습니다. 이때 두 명의 학생이 쌍둥이에게 성벽 마을을 구경시켜 달라고 요청했습니다.

3) 신사에 도착한 학생 중 한 명이 신사 안으로 들어가서 구경하고자 했습니다. 이때 신사의 관리인이 그 학생을 막았습니다. 왜냐하면…….

4) 마을 촌장이 지나가다가 우연히 이 장면을 발견하게 되었고, 특별히 학생들의 신사 입장을 허락했습니다. 그러나 학생들이 신사에 들어갔을 때 쌍둥이 중 여학생이 한 학생의 입장을 막았습니다. 왜냐하면…….

부록 8-7

# 교수자용 참고 자료: 성벽 마을로 떠나는 당일치기 여행-예시 답안

**두 달 전, 교내 한 학급에 쌍둥이 남매가 전학을 왔습니다. 그들은 다른 급우들과 매우 잘 어울렸습니다. 다가오는 토요일, 쌍둥이가 살고 있는 성벽 마을에서 큰 행사가 예정되어 있었습니다. 쌍둥이는 다른 급우들을 그 행사에 초대했고, 모두들 행사에 참여할 생각에 매우 들떠 있었습니다. 그리고 토요일이 되자, 학생들은 다 함께 성벽 마을로 갔습니다.**

1) 학생들은 다양한 공연과 전통 의식을 관람했습니다. 의식이 진행되는 동안, 마을 사람들이 모두 조용했던 반면, 초대받은 학생 몇몇이 큰 소리로 떠들고 웃었습니다. 마을 사람들은 이를 매우 불쾌하게 여겼습니다. 왜냐하면 <u>마을 사람들은 학생들이 의식을 존중하지 않고 성벽 마을의 전통을 경시한다고 느꼈기 때문입니다</u>.
2) 행사의 후반부에 '돼지고기 나눠 먹기' 행사가 진행되었습니다. 학생들은 쌍둥이 중 여학생에게도 함께 돼지고기를 먹자고 했지만, 여학생은 그럴 수 없다고 말했습니다. 왜냐하면 <u>그 마을에는 남자만이 구운 돼지고기를 나눠 먹을 수 있는 전통이 있었기 때문입니다</u>.

**학생들은 이에 대해 이야기하기 시작했지만, 우선 성벽 마을의 규칙을 존중하기로 했습니다. 이때 두 명의 학생이 쌍둥이에게 성벽 마을을 구경시켜 달라고 요청했습니다.**

3) 신사에 도착한 두 학생 중 한 명이 신사 안으로 들어가서 구경하고자 했습니다. 이 때 신사의 관리인이 그 학생을 막았습니다. 왜냐하면 <u>성벽 마을의 전통에 따라 외부인은 촌장의 허락 없이 신사에 들어갈 수 없기 때문입니다</u>.
4) 마을 촌장이 지나가다가 우연히 이 장면을 발견하게 되었고, 특별히 학생들의 신사 입장을 허락했습니다. 그러나 학생들이 신사에 들어갔을 때 쌍둥이 중 여학생이 한 학생의 입장을 막았습니다. 왜냐하면 <u>마을의 전통에 따르면 여자는 신사에 들어갈 수 없기 때문입니다</u>.

**결론**: 교수자는 지역마다 고유한 전통이나 규칙을 가질 수 있다는 점을 강조해야 한다. 성벽 마을의 전통은 여자에게 많은 제약을 가하는 규범을 가지고 있다. 그러나 이런 지역 규범은 법과는 다르다. 사람들은 유사한 상황을 일상에서 마주할 수 있다. 따라서 사람들은 법을 준수할 뿐 아니라, 사회의 규범 또는 사회에 존재하는 여러 집단의 문화와 전통을 존중해야 한다.

부록 8-8

# 보충활동(선택 사항): 해도 되는 것과 하면 안 되는 것

이름: ____________________

명시적으로 적혀 있지 않더라도 의복, 식사, 행동, 학업 등과 관련해 부모님과의 관계, 친구관계, 학교에서 존재하는 사회적 규범이 있는지 생각해 보세요. 어떤 규범들이 떠오르나요? 이 규범들이 합리적이라고 생각하나요? 이 규범들에 변화가 필요하다고 생각하나요?

| 규범 | 근거 | 이 규범이 합리적이라고 생각하나요? |
|---|---|---|
| | **나에 대한 친구들의 기대** | |
| 예시: 비밀을 지킨다. | 예: 친구 간의 친밀감을 유지하기 위해서이다. | |
| | | |
| | | |
| | **나의 행동에 대한 부모님의 기대** | |
| | | |
| | | |
| | | |
| | **학교의 복장 규범** | |
| | | |
| | | |
| | | |
| | **학업에 대한 부모님의 기대** | |
| | | |
| | | |
| | | |

# 부록 8-9 성장 확인 질문

이름: ______________ 반: ______________ 날짜: ______________

1. 수업 과제

1) "로마에 가면 로마법을 따르라."라는 말의 의미는 무엇일까요?

2) "성벽 마을로 떠나는 당일치기 여행"에서 소개된 성벽 마을의 규칙에 대해 어떻게 생각하나요? 여러분의 의견을 적어 주세요.

3) "일상에서 우리는 법과 규제뿐만 아니라 행동 규범도 준수해야 한다."라는 말의 의미는 무엇일까요?

2. 숙제

1) "일상에서 우리는 법과 규제뿐만 아니라 사회와 문화, 전통의 규범을 따라야 한다."라는 말의 의미는 무엇일까요?

2) 우리는 왜 사회의 법과 규제를 이해하고 따라야 할까요?

3) 다른 문화와 배경을 가진 사람을 만날 때 그들의 규칙과 규제가 비합리적이라고 생각할 수 있습니다. 이때 우리는 어떻게 해야 하나요?

대단원 9

# 회복탄력성

소단원 1 그런 때가 있었지

소단원 2 사라진 지갑

소단원 3 무림의 고수

소단원 4 교실 내 갈등

## 들어가며

회복탄력성은 스트레스를 유발하는 사건에 건강한 방식으로 적응할 수 있는 개인의 능력을 의미한다. 회복탄력성은 부정적인 사건을 경험한 이후 개인이 정상적인 상태로 돌아가거나 심지어 이전보다 더 나은 심리적 상태를 보일 수 있도록 한다. 회복탄력성은 역경을 겪은 후에 더 강화될 수 있다. 한국의 아동과 청소년은 변화하는 환경 속에서 다양한 어려움을 겪고 있다. 따라서 회복탄력성을 기르는 것은 청소년들이 문제를 해결하고 삶의 여러 역경에 직면하는 데 도움이 될 수 있다.

회복탄력성은 스트레스로부터 개인을 보호하는 내적, 외적 요인이다. 내적 보호 요인으로는 긍정적 정체성, 자기효능감, 낙관주의, 유머, 이타주의, 좋은 성품, 갈등 관리 기술이 있는 반면, 외적 보호 요인으로는 가족, 또래, 지역사회와 긍정적인 관계를 맺고 소속감을 갖는 것이 있다. 두 가지 요인 모두 청소년의 회복탄력성 향상에 기여한다.

Level 1 과정 회복탄력성 교육은 학생들의 외적 보호 요인(가족에 대한 소속감 확립)과 내적 보호 요인(문제 해결, 부정적인 감정에 대처하기, 갈등 관리)을 강화하는 데 중점을 두고 있으며, 4개의 소단원으로 구성되어 있다. 소단원 1에서는 학생들이 다양한 상황에서 여러 사람에게 도움을 요청할 수 있다는 사실을 배우고, 부모의 표현 방식에 대하여 긍정적인 태도를 형성할 수 있도록 돕는다. 소단원 2에서는 학생들이 다양한 관점에서 문제를 분석하고 여러 가지 해결책을 찾을 수 있도록 안내한다. 소단원 3에서는 학생들이 긍정적인 사고를 사용하여 부정적인 감정에 대처하도록 가르친다. 마지막으로 소단원 4에서는 다양한 전략을 활용하여 갈등의 원인을 찾고 그것을 침착하게 해결함으로써 회복탄력성을 기를 수 있도록 안내한다. 또한 갈등 상황의 주변에 있는 사람이 무엇을 해야 하는지 파악하는 법도 배우게 될 것이다.

## 개관

| 소단원 | 소단원 목적 | 학습 목표 |
|---|---|---|
| 그런 때가 있었지 (30분) | 1. 다양한 상황에서 여러 사람에게 도움을 요청하는 법을 배운다.<br>2. 부모의 의사소통 방식을 이해함으로써 부모에 대한 신뢰를 높이고 가족 내 소속감을 증진시킨다. | 1. 다양한 유형의 문제에 직면했을 때 여러 사람에게 도움을 요청하는 방법을 배운다.<br>2. 부모의 말과 행동 속에 잠재된 긍정적인 메시지들을 알아본다. |
| 사라진 지갑 (30분) | 회복탄력성을 기르기 위해 다양한 관점에서 문제를 분석해 보고 여러 가지 해결책을 모색한다. | 1. 창의적 사고를 통해 문제의 핵심을 보는 기술을 연습한다.<br>2. 다양한 문제 해결 전략을 탐구한다. |
| 무림의 고수 (30분) | 스트레스 상황에서 자신의 감정을 관리하고 부정적인 감정에 대처하기 위해 긍정적인 사고를 사용한다. | 1. 스트레스 상황에서 자신의 감정을 관리하는 다섯 가지 기술을 알아본다.<br>2. 부정적인 감정에 대처할 수 있는 긍정적 사고를 알아본다. |
| 교실 내 갈등 (30분) | 다양한 전략을 활용하여 갈등의 원인을 찾아내고 침착하게 해결하며, 회복탄력성과 더불어 갈등 상황의 주변에 있는 사람이 해야 하는 일을 파악하는 능력을 기른다. | 1. 갈등을 유발하거나 악화시킬 수 있는 요인을 세 가지 이상 찾아본다.<br>2. 갈등 상황에서 주변인이 중요한 역할을 수행한다는 사실을 이해한다.<br>3. 갈등을 다루는 다섯 가지 일반적인 접근 방식을 알아본다. |

이 대단원에 포함된 모든 활동지 및 파워포인트 슬라이드와 영상 자료 등은 학지사 홈페이지(www.hakjisa.co.kr)에서 내려받을 수 있습니다.

소단원 1

# 그런 때가 있었지

## 1. 소단원 목적

① 다양한 상황에서 여러 사람에게 도움을 요청하는 법을 배운다.

② 부모의 의사소통 방식을 이해함으로써 부모에 대한 신뢰를 높이고 가족 내 소속감을 증진시킨다.

## 2. 학습 목표

① 다양한 유형의 문제에 직면했을 때 여러 사람에게 도움을 요청하는 방법을 배운다.

② 부모의 말과 행동 속에 잠재된 긍정적인 메시지들을 알아본다.

## 3. 수업 내용

| 활동 | 절차 |
| --- | --- |
| **1. 준비 활동(2분)** | 학생들에게 질문을 던지며 시작한다.<br>• 이번 주(달)에 어떤 문제를 겪었나요?<br>• 곤경에 처했을 때 의지할 수 있는 사람이 있었나요? |
| **2. 모둠 토론:** 그런 때가 있었지**(15분)**<br><br>▷ **교수자료**<br>- [부록 9-1] 활동지: 그런 때가 있었지 | **목표: 다양한 유형의 문제에 직면했을 때 여러 사람에게 도움을 요청하는 방법을 배운다.**<br>1. 학생들을 여러 개의 작은 모둠으로 나누고 모둠 활동지([부록 9-1])를 나누어 준다.<br>2. 내용을 간략하게 소개한다. 5분 동안 토론할 시간을 준다.<br>3. 토론 질문: 다음과 같은 문제가 발생하면 누구에게 이야기하거나 도움을 요청하겠나요? 그 이유를 적어 보세요.<br>4. 학생들에게 답변을 보고하도록 요청한다.<br>5. 결론을 내리고 강조한다.<br>• 곤경에 처했을 때는 혼자서 대처하지 않고 도움을 구할 수 있다.<br>• 같은 문제에 대해서 여러 가지 선택지가 존재한다. 이는 사람마다 다르다. |

| | |
|---|---|
| | • 여러 선택지가 있지만, 학생들은 도움을 요청할 때 가장 긍정적인 도움을 줄 수 있는 사람을 신중하게 고려하고 결정해야 한다.<br>• 학생들은 행복할 때는 이를 다른 사람들과 공유하지만 힘들 때는 그렇지 않은 경향이 있다. 학생들에게 이러한 현상의 원인을 생각해 보기를 요청한다. |
| **3. 학급 토론:** 숨겨진 메시지**(5분)**<br><br>▷ **교수자료**<br>- [부록 9-2] 활동지: 숨겨진 메시지 | **목표: 부모의 표현 방식과 의사소통 방식을 이해해 본다.**<br>1. 활동지([부록 9-2])를 나누어 준다.<br>2. 만화에는 부모들이 흔히 하는 몇 가지 표현이 담겨 있다. 학생들에게 빈칸을 채워 보기를 요청함으로써 부모의 의도를 탐색해 보고 '진짜' 메시지를 깨달을 수 있도록 한다.<br>3. 이 활동의 목표는 학생들이 부모와 같은 권위 있는 사람에게 도움을 요청할 때 느끼는 망설임과 불안감을 없애고, 부모의 관심을 깨닫게 하는 것에 있다. 학생들에게 부모의 부족한 의사소통 기술과 일상생활에서 받는 압박감이 부모의 가혹해 보이는 태도의 원인이 될 수 있다는 사실을 알려 준다. 학생들에게 상대방의 입장에서 생각해 보도록 안내한다.<br>4. 학생들에게 자신의 경험을 간략히 공유해 보도록 지시한다. |
| **4. 결론(3분)** | 1. 곤경에 처했을 때 도움을 요청하도록 격려한다.<br>2. 학생들이 도움을 요청하는 것을 어렵게 생각하지 않을 수 있도록 지도한다.<br>3. 학생들이 어려움에 처했을 때 부모님 외에 누구에게 도움을 요청할 수 있을지 생각해 보도록 지도한다. |
| **5. 마무리 활동(5분)**<br><br>▷ **교수자료**<br>- [부록 9-3] 성장 확인 질문 | 1. 성장 확인 질문을 나누어 주고 학생들에게 지난 활동을 돌아볼 수 있는 시간을 준다.<br>2. 수업 시간 동안 학생들의 참여에 대해 칭찬한다. |

## 4. 세부 지도 사항

### 1) 그런 때가 있었지

- 학생들의 답변을 듣고 칠판에 적는다.
- 학생들의 선택이 매우 유사한 경우, 문제의 성격에 따라 다른 사람들에게 도움을 요청할 수 있다고 알려 준다(예: 돈과 관련된 문제인 경우 부모에게, 감정과 관련된 문제인 경우 상담 선생님에게 도움을 요청해 보기).
- 학생들이 도움을 요청하기로 선택한 대상들 간에 큰 차이가 나타난다면, 교수자는 이러한 결과가 학생들의 배경과 심리적 상태의 차이에 따라 충분히 나타날 수 있음을 알

려 준다.

- 항상 혼자서 문제를 해결하려고 하는 학생들에게 다른 사람들에게 도움을 요청해 보도록 격려한다.
- 학생이 글로 자신을 표현하지 못하는 경우 구두로 표현해 보도록 지도한다.
- 학생들이 예시로 든 이유들을 칠판에 적어 본다(예: '내가 이야기를 나누는 사람은 진실하다.' '그들은 배려심이 많고 사려 깊다.' '그들은 지식이 풍부하다.').
- 학생들이 충분히 성숙한 경우, 교수자는 활동지를 수정하여 도움을 요청하지 않을 특정 대상들을 표시하는 데 '×' 표시를 사용할 수 있다. 이는 '왜 선택하는지/왜 선택하지 않는지'에 대한 흥미로운 토론으로 이어질 수 있다.

## 2) 숨겨진 메시지

- 가정 배경이 복잡하거나 부모와의 관계가 좋지 않은 학생의 경우, 교수자는 학생의 정서적 반응에 특별한 주의를 기울여야 한다.
- 학생들이 부모의 입장에서 생각해 보도록 격려한다. 이러한 활동은 부모의 지시에 무조건 순응하라는 의미가 아니라 부모의 어려움을 이해해 보는 데 목적을 두고 있다. 또한 이는 학생들이 배려심을 기르고 부모에게 건설적이고 효과적인 방식으로 자신의 감정을 표현하도록 돕는다. 필요한 경우, 담임 선생님이나 상담 선생님과 대화하도록 장려한다.
- 정신적으로 더 성숙한 학생들은 역할극에 참여할 수 있도록 지도한다. 이 활동은 학생들의 참여도를 높일 뿐만 아니라 부모의 감정을 학생들이 느낄 수 있게 한다. 이 과정에서 교수자는 먼저 학생들에게 부모의 말 뒤에 숨은 의도에 대해 추론하게 한 다음, 딸과 아들로서 어떤 대답을 할 수 있을지 생각해 보게 한다. 학생들에게 자신이 한 대답이 더 나은 관계를 위해 건설적인지 아닌지를 고려해 보도록 지시한다.

## 5. 보충 활동(선택 사항)

| 활동 | 내용 | 권장 사항 |
|---|---|---|
| 사랑의 편지 | **목표: 부모와 좋은 관계를 맺고 가족에 대한 소속감을 높인다.**<br>수업이 끝난 후 학생들이 부모님께 편지를 쓰게 한다. 부모님에 대한 감사나 존경을 표현하도록 지도한다. | 학생들이 자신을 표현하는 데 어려움을 겪는 경우 교수자는 학생과 함께 이야기를 나눠 볼 수 있다. 이렇게 함으로써 교수자와 학생 간 관계가 개선될 수 있다. |

# 부록 9-1 활동지: 그런 때가 있었지

모둠: ________________

다음과 같은 문제가 있을 때 여러분은 누구에게 이야기하거나 도움을 요청하나요? 왜 그런가요?

**다음과 관련된 문제가 발생했을 때**

**누구에게 이야기하거나 도움을 요청할 것인가요? (둘 이상 선택 가능)**

**공부**
(예: 수업을 따라잡지 못하거나, 숙제할 때 많은 어려움을 겪을 때)

☐ 친구 ☐ 상담 선생님
☐ 담임 선생님 ☐ 부모님
☐ 나 자신 ☐ 다른 사람: ________
왜? ________________
________________

**감정**
(예: 불행함, 분노)

☐ 친구 ☐ 상담 선생님
☐ 담임 선생님 ☐ 부모님
☐ 나 자신 ☐ 다른 사람: ________
왜? ________________
________________

**돈**

☐ 친구 ☐ 상담 선생님
☐ 담임 선생님 ☐ 부모님
☐ 나 자신 ☐ 다른 사람: ________
왜? ________________
________________

**만족감과 행복함을 느낄 때**
(예: 좋은 점수를 받았을 때, 수상했을 때)

☐ 친구 ☐ 상담 선생님
☐ 담임 선생님 ☐ 부모님
☐ 나 자신 ☐ 다른 사람: ________
왜? ________________
________________

# 부록 9-2 활동지: 숨겨진 메시지

이름: ____________________

**다음 대화에서 부모님의 말씀 속에 숨겨진 의미가 무엇인지 생각해 보세요.**

## 대화 1

시험준비를 열심히 하고 있을 때…….

〈어머니 말씀의 진정한 의미〉

## 대화 2

내일 학교에 가지 않아도 돼서 부모님께 저녁에 친구들과 놀러 나가고 싶다고 말하고 싶을 때…….

〈어머니 말씀의 진정한 의미〉

### 대화 3

온라인 게임을 사고 싶지만 돈이 없을 때…….

〈아버지 말씀의 진정한 의미〉

### 대화 4

아버지가 매일 밤 11시쯤 귀가하실 때…….

〈아버지 말씀의 진정한 의미〉

# 부록 9-3 성장 확인 질문

이름: ______________________ 반: ______________________ 날짜: ______________________

## 1. 수업 활동

1) 어려움을 극복하기 위해 필요한 3가지 조건과 그 기능을 나열해 보세요.

2) 어려운 문제에 직면했을 때 누구에게 도움을 요청하고 싶나요? 왜 그런가요?

3) 부모님께서 문제를 해결하기 위해 도움을 주셨던 경험을 떠올려 보세요. 부모님께 배웠던 문제 해결 방법은 무엇인가요?

## 2. 숙제

1) 도움을 요청하지 못하게 막는 심리적 장벽(예: 부끄러움)이 있나요? 그 장벽을 허무는 데 도움이 되는 방법은 무엇인가요?

2) "도움을 요청하는 것은 약해졌다는 것을 의미한다."라는 말에 공감하나요? 왜 그런가요?

3) 어려움을 직면하고 문제를 해결하는 데 "희망을 품는 것"이 얼마나 중요하다고 생각하나요?

소단원 2

# 사라진 지갑

## 1. 소단원 목적

회복탄력성을 기르기 위해 다양한 관점에서 문제를 분석해 보고 여러 가지 해결책을 모색한다.

## 2. 학습 목표

① 창의적 사고를 통해 문제의 핵심을 보는 기술을 연습한다.
② 다양한 문제 해결 전략을 탐구한다.

## 3. 수업 내용

| 활동 | 절차 |
|---|---|
| **1. 준비 활동(3분)** | 1. 학생들에게 질문을 던지며 시작한다. "최근에 어떤 문제를 겪은 적이 있나요?"<br>2. 이 소단원의 주제가 문제 해결임을 언급한다. |
| **2. 모둠 토론:** 사라진 지갑 **(10분)**<br><br>▷ **교수자료**<br>- [부록 9-4] 파워포인트 슬라이드: 사라진 지갑<br>- [부록 9-5] 교수자용 참고 자료: 사라진 지갑 대본<br>- [부록 9-6(1)] 모둠 활동지: 사라진 지갑 | **목표: 창의적 사고를 통해 문제의 핵심을 보는 기술을 연습한다.**<br>1. 학생들을 여러 개의 작은 모둠으로 나누고 음성 자료가 포함된 파워포인트 슬라이드([부록 9-4])를 보여 주거나, [부록 9-5] 내용을 참고하여 글을 읽어 준다.<br>2. 모둠 활동지([부록 9-6(1)])를 배포하고 토론에 대해 간략히 소개한다. 학생들에게 다양한 인물의 관점에서 생각해 보기를 장려한다.<br>3. 학생들이 의견을 제시해 볼 수 있도록 안내한다.<br>4. 학생들의 의견을 요약하고 검토한다.<br>5. 문제에 대응하기 전에 다양한 인물의 관점에서 생각해 보고 그들의 감정을 고려해 보아야 한다는 점을 강조하고 결론을 내린다. |

| | |
|---|---|
| **3. 모둠 토론:** 사라진 지갑(계속) **(10분)**<br><br>▷ **교수자료**<br>- [부록 9-6(2)] 모둠 활동지: 사라진 지갑(계속) | **목표: 가능한 해결 방안들을 탐색해 본다.**<br>1. 모둠 활동지([부록 9-6(2)])를 나누어 준다. 토론을 진행하고 답변을 완성한다.<br>2. 학생들에게 제안된 여러 가지 해결책에 대해 점수를 매기고 그에 대해 설명하도록 지시한다.<br>3. 일부 학생들에게 그들의 답변을 공유하도록 요청한다.<br>4. 결론을 내리고 강조한다.<br>• 문제를 해결하려면 문제의 다양한 측면을 분석해야 한다. 이 과정은 매우 중요하며 다양한 방법으로 수행될 수 있다.<br>• 문제 해결 방법은 가지고 있는 정보와 자원에 따라 달라질 수 있다. |
| **4. 결론(2분)** | 1. 문제를 분석할 때는 다양한 관점을 사용한다.<br>2. 다양한 문제 해결책을 찾아보고, 각 해결책의 장점과 단점을 분석한다.<br>3. 하나의 문제에 대해서 하나 이상의 해결책이 있다는 점을 강조한다. |
| **5. 마무리 활동(5분)**<br><br>▷ **교수자료**<br>- [부록 9-9] 성장 확인 질문 | 1. 성장 확인 질문을 나누어 주고 학생들이 수업 내용을 되돌아볼 수 있도록 지도한다.<br>2. 수업에 열심히 참여한 학생들을 칭찬한다. |

## 4. 세부 지도 사항

### 1) 사라진 지갑

- 흥미로운 분위기를 조성하여 학생들이 더욱 적극적으로 참여할 수 있도록 돕는다(예: 학생들에게 자신이 추리 소설 속 등장인물이라고 상상해 보기를 요청).
- '이유'와 관련한 질문은 개방형 질문이다. 만일 학생이 이에 답변하기 어려워한다면 교수자는 칠판에 몇 가지 일반적인 해결 방안을 적은 뒤 학생들이 그중에서 선택할 수 있도록 안내한다(예: 내가 부주의했기 때문이다).
- 학생들에게 역할 놀이의 형태로 토론 내용을 보고하도록 지시한다.

### 2) 사라진 지갑(계속)

- "왜?"와 관련한 질문은 개방형 질문으로 일부 학생들이 답하는 데 어려움을 겪을 수 있다. 교수자는 답변을 유도하기 위해 어려움을 겪고 있는 모둠을 더 격려하고 더 많은 시

간을 할애해야 한다.

- 학생이 다른 해결 방안을 생각하지 못한 경우 힌트를 제공한다(예: 선생님이나 부모님께 도움을 요청하기).
- 학생들의 적극적인 참여를 유도하기 위해 '가장 창의적인' 혹은 '가장 실현 가능한 해결책'을 생각한 학생들에게 상을 주는 것도 고려해 볼 수 있다.
- 일부 학생들은 '자살' 혹은 '범인을 찾아서 폭력을 사용하기' 등의 답변을 해결책으로 제시할 수 있다. 교수자는 이런 부정적인 해결 방안은 신체적 부상이나 재산 피해와 같은 더 큰 문제와 손실을 초래할 가능성이 높다는 점을 학생들에게 명확하게 설명해야 한다.
- 만일 학생들이 충분히 성숙하다면, "만약 돈을 훔친 사람이 (1) 민수의 가장 친한 친구이거나 (2) 가장 싫어하는 친구라면 민수는 어떻게 행동할 것 같나요?"라는 질문을 던진다.
- 학생들이 준비 활동에서 언급된 문제에 관해 토론하고 분석해 볼 수 있도록 장려한다.

## 5. 보충 활동(선택 사항)

| 활동 | 내용 | 권장 사항 |
|---|---|---|
| **같은 크기의 케이크** | **목표: 다양한 관점에서 문제를 해결하는 법을 배워본다.**<br>네 명의 친구가 주최하는 파티에서 한 개의 케이크가 제공될 것이다([부록 9-7] 및 [부록 9-8]). 학생들에게 케이크를 4조각으로 자르는데 각 조각에 한 개의 딸기가 있게 하려면 어떻게 잘라야 할지 질문한다.<br>(교수자는 이 활동을 수업 전 또는 수업 후에 진행할 수 있다. 수업 전에 하는 경우, 교수자는 학생들에게 이 단원이 다양한 관점으로 문제를 분석하고 해결하는 데 중점을 두고 있다는 점을 상기시켜야 한다. 수업 후에 하는 경우, 교수자는 학생들에게 이 활동과 이 단원의 주제를 연관시켜 생각해 보도록 요청해야 한다.) | 교수자는 학생들의 참여를 장려하고 성취감을 주기 위해 "가장 창의적인" 혹은 "가장 실현 가능한 해결책"을 선정해 볼 수 있다. |
| **문제 해결 일기** | **목표: 일상생활에서 문제 해결 능력을 강화시킨다.**<br>한 주 동안 학생들에게 일상생활 속 직면하는 문제들을 일기에 적어 보도록 안내한다(예: 숙제를 하는 것에 어려움을 겪을 때, 귀가를 해야 하는데 돈이 부족할 때). 그리고 각 문제에 대한 세 가지 해결 방안과 함께 일어날 수 있는 결과들을 나열하도록 한다. | 교수자는 학생들의 일기를 모으고 긍정적인 코멘트를 남길 수 있다. |

# 부록 9-5 교수자용 참고 자료: 사라진 지갑 대본

민수는 정직하고 예의 바르며 따뜻한 마음을 가진 중학교 1학년 학생입니다. 학교 친구들에게 그는 모범적인 학생으로 여겨지고 있습니다. 올해 학급에서는 크리스마스와 신년 파티를 준비하는데 민수가 책임지고 참가비를 걷기로 했습니다. 참가비는 모두 합해서 100만 원입니다.

민수는 점심시간에 담임 선생님이나 반장에게 돈을 전달하려고 했습니다. 그런데 마침 점심시간 전에 체육 수업이 있었습니다. 안전하게 돈을 보관하기 위해 민수는 돈을 봉투에 넣어 봉하고, 책상 서랍에 있는 자신의 지갑 속에 넣었습니다. 그러고 나서 민수는 수업을 듣기 위해 교실을 떠났습니다. 당시 체육복을 미처 챙겨오지 못한 몇 명을 제외하고 모든 학생이 운동장으로 갔습니다.

체육 수업이 끝나고 교실로 돌아간 민수는 서랍에 있던 자신의 지갑이 사라진 것을 발견하게 되었습니다. 민수는 지갑을 찾으려고 노력했지만 모두 헛수고였습니다. 민수는 이 문제를 어떻게 해결하면 좋을지 생각하기 시작했습니다…….

부록 9-6(1)

# 모둠 활동지: 사라진 지갑

모둠: ______________________

'사라진 지갑' 이야기를 참고하여, 이야기 속 인물들이 어떤 감정을 느끼고 어떤 생각을 할지 생각해 보세요.

▶ 이들은 어떤 감정을 느낄까요? (복수 응답 가능)

• 민수

• 담임 선생님/반장

• 민수의 반 친구들

• 민수의 부모님

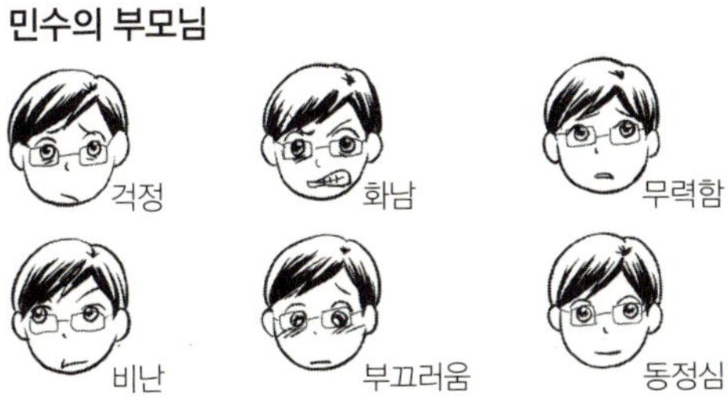


▶ 이들은 어떤 이유로 이 사건이 발생했다고 생각할까요?

• 민수

• 담임 선생님/반장

• 민수의 반 친구들

• 민수의 부모님

# 부록 9-6(2) 모둠 활동지: 사라진 지갑(계속)

모둠: ____________________

민수는 다음과 같은 해결책을 생각하고 있습니다. 다음 중 어떤 것이 가장 효과적인 해결책이라고 생각하나요? 친구들과 함께 토론해 보세요.

민수는…….  (점수를 매겨 보세요. 0점: 가장 덜 효과적, 10점: 가장 효과적)

| | | |
| --- | --- | --- |
| 경찰에 신고한다. | 점수: ______점 | 왜 그런가요?<br>________________<br>________________<br>________________ |
| 혼자 지갑을 훔친 사람을 찾는다. | 점수: ______점 | 왜 그런가요?<br>________________<br>________________<br>________________ |
| 사라진 금액만큼 자신이 저축한 돈으로 보상한다. | 점수: ______점 | 왜 그런가요?<br>________________<br>________________<br>________________ |
| 다른 해결책:<br>________________<br>________________ | 점수: ______점 | 왜 그런가요?<br>________________<br>________________<br>________________ |
| 다른 해결책:<br>________________<br>________________ | 점수: ______점 | 왜 그런가요?<br>________________<br>________________<br>________________ |
| 다른 해결책:<br>________________<br>________________ | 점수: ______점 | 왜 그런가요?<br>________________<br>________________<br>________________ |

부록 9-7

# 보충 활동(선택 사항): 케이크 나누기

이름: ____________________

네 명의 친구가 파티에 왔습니다. 친구들은 케이크를 네 조각으로 똑같이 자르는데, 각 조각 위에 딸기가 한 개씩 있게 하고 싶습니다. 이 친구들은 몇 가지 방법으로 케이크를 자를 수 있을까요?

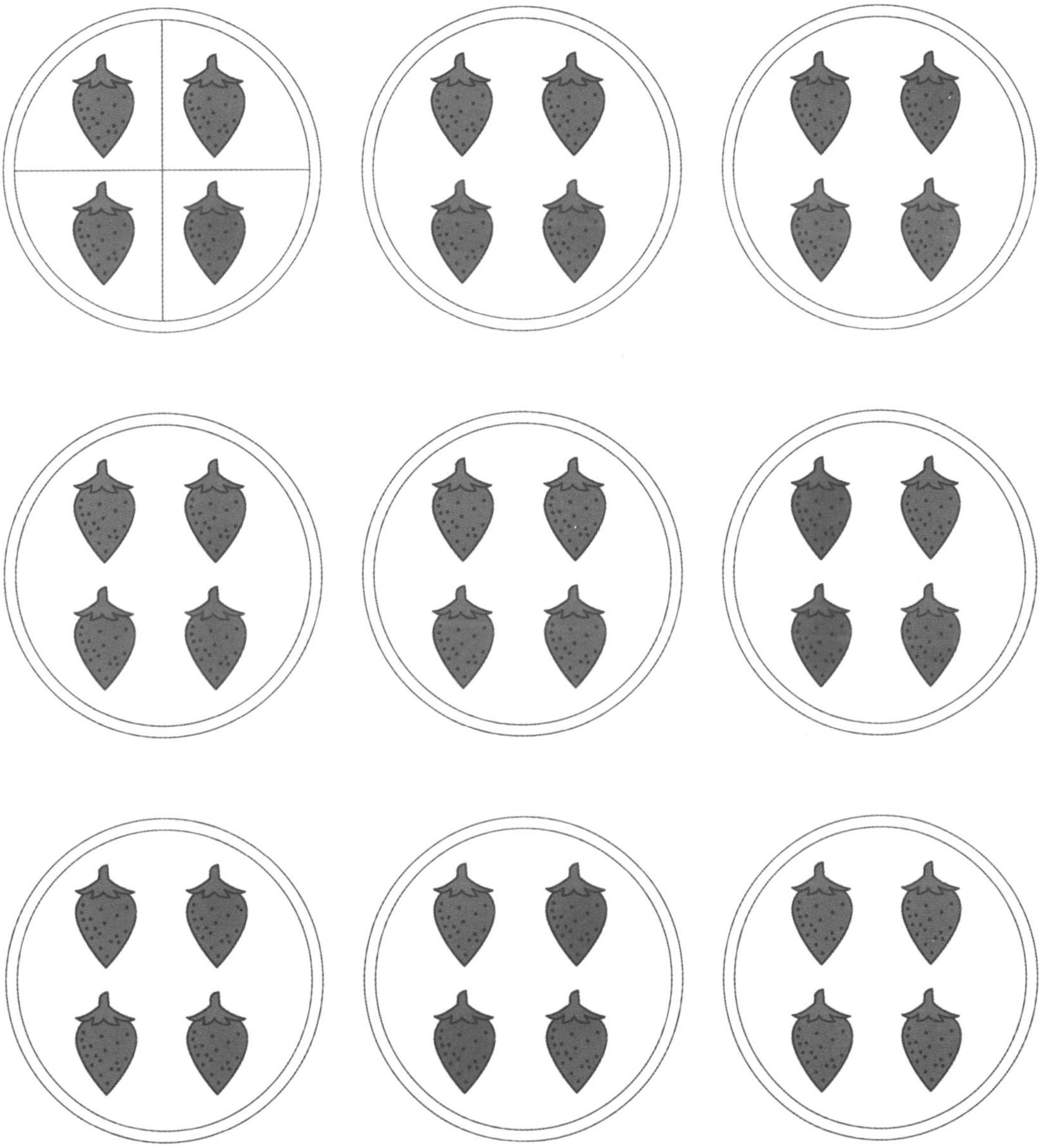

## 부록 9-8 교수자용 참고 자료: 케이크 나누기 답변 제안

다음은 몇 가지 제안 사항입니다. 교수자는 몇 가지 가능한 해결책을 더 제시하고 학급 토론을 진행할 수 있습니다.

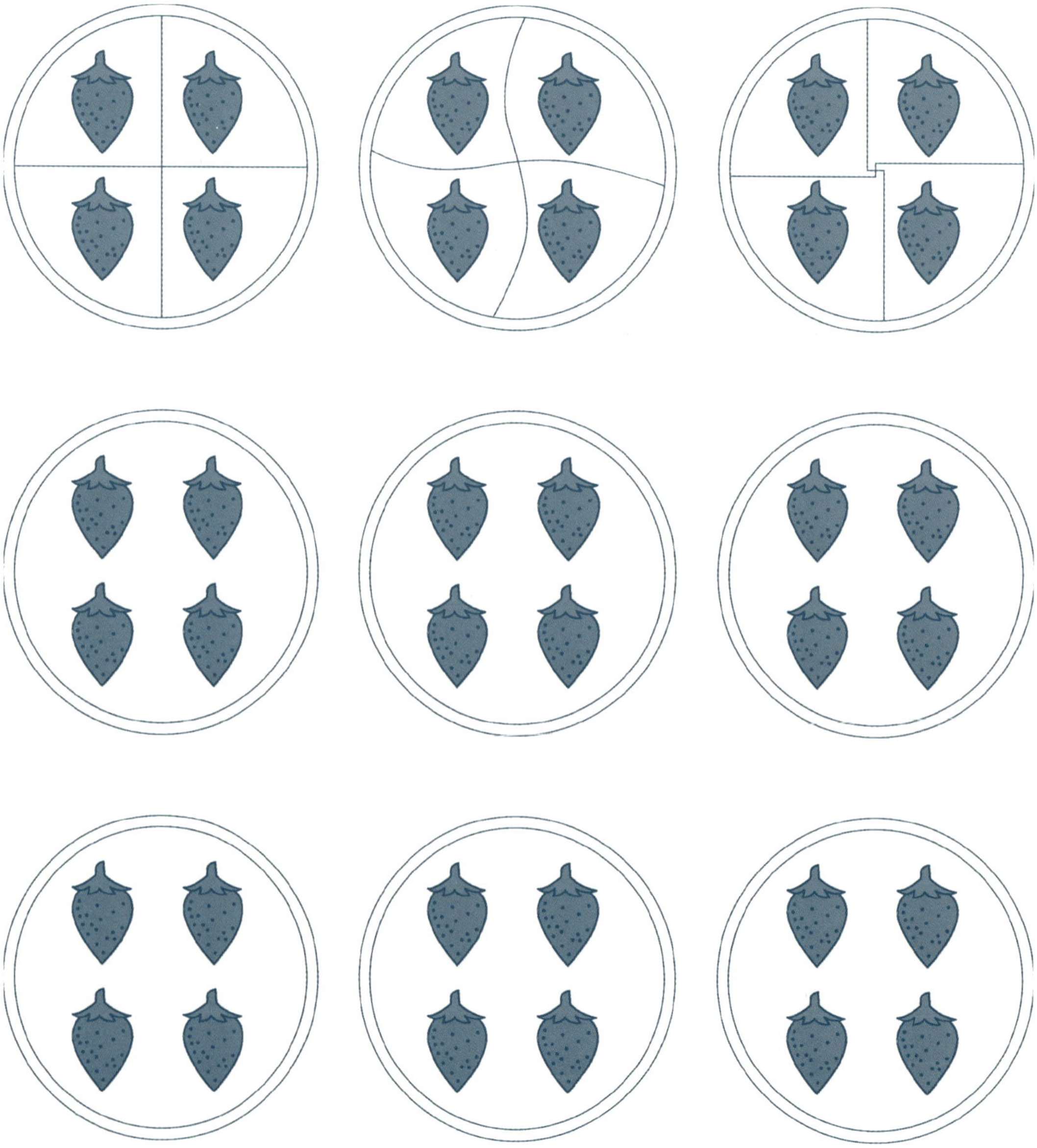

# 부록 9-9 성장 확인 질문

이름: ____________________ 반: ____________________ 날짜: ____________________

## 1. 수업 과제

1) 어려운 문제를 만났을 때, 자신의 감정과 의견을 분석하는 것 외에 누구의 감정과 의견도 분석해 볼 수 있나요?

2) 문제를 해결하는 데 있어 부정적인 감정(걱정과 불안)은 어떤 영향을 끼치나요?

3) 일상 생활에서 일어날 수 있는 문제나 어려움을 적어 보고 그것을 해결할 수 있는 해결책을 나열해 보세요.

## 2. 숙제

1) '문제를 회피하는 것'이 문제 해결에 효과적인 방법이라고 생각하나요? 왜 그런가요?

2) 청소년들이 어려운 문제를 만났을 때 자살을 고려하는 이유가 무엇이라고 생각하나요? 그들을 상담할 때 어떻게 해야 한다고 생각하나요?

3) 다양한 관점에서 문제를 분석해 보는 것은 회복탄력성을 높이는 데 어떤 도움이 되나요?

소단원 3

# 무림의 고수

## 1. 소단원 목적

스트레스 상황에서 자신의 감정을 관리하고 부정적인 감정에 대처하기 위해 긍정적인 사고를 사용한다.

## 2. 학습 목표

① 스트레스 상황에서 자신의 감정을 관리하는 다섯 가지 기술을 알아본다.
② 부정적인 감정에 대처할 수 있는 긍정적 사고를 알아본다.

## 3. 수업 내용

| 활동 | 절차 |
|---|---|
| **1. 준비 활동(5분)** | 1. 학생들에게 질문을 던지며 시작한다.<br>• "정서적 역량" 단원에서 논의했던 부정적인 감정들을 떠올릴 수 있나요?<br>• 마지막으로 기분이 나빴던 때가 언제인가요? 부모님의 잔소리 때문이었나요? 같은 반 친구와의 다툼 때문이었나요? 아니면 선생님이 벌을 주어서였나요?<br>2. 이번 수업의 목표가 부정적 감정을 관리하는 것임을 강조한다. |
| **2. 모둠 공유:** 무림의 고수(**8분**)<br><br>▷ **교수자료**<br>- [부록 9-10] 모둠 활동지: 무림의 고수 | **목표: 부정적인 감정을 관리할 수 있는 다섯 가지 방법을 소개한다.**<br>1. 활동지([부록 9-10])를 나누어 준다.<br>2. 학생들에게 활동지를 작성하도록 요청한다.<br>3. 5분 후, 학생들에게 서로의 답을 공유하도록 안내한다.<br>4. 학생들의 답변을 요약하고 학생들에게 다음 내용을 해 보기를 장려한다.<br>• 부정적인 감정을 유발하는 사건을 파악한다.<br>• 감정을 있는 그대로 받아들이고 자신의 단점을 직시한다.<br>• [부록 9-10]에 제시된 부정적인 감정을 관리하는 방법들을 선택해 사용한다. |

| | |
|---|---|
| **3. 학급 토론:** 고수를 만나다**(10분)**<br><br>▷ **교수자료**<br>- [부록 9-11] 조언: 무림 비밀의 책 | **목표: [부록 9-11]에 제시된 다섯 가지 전략을 다양한 상황에서 사용해 본다.**<br>1. 세 가지 시나리오를 제시한다(예: 체형이 나쁘다고 놀림을 받는 경우, 성적이 좋지 못해 부모님께 비난을 받는 경우, 운동을 잘하지 못해 친구들에게 웃음거리가 되는 경우 등).<br>2. 학급 투표를 통해 각 시나리오에 맞게 채택한 전략을 나열해 보고, 학생들이 해당 전략에 익숙해질 수 있도록 한다.<br>3. 시간이 충분하다면, 학생들에게 특정 전략을 선택한 이유를 설명해 보도록 지시한다.<br>4. 학생들의 관점을 요약하고 학생들에게 다음 내용을 전달한다.<br>• 먼저 심호흡을 하면서 마음을 진정시키는 것이 좋습니다. 그러고 나서 혹시 자신이 잘못한 것은 없는지 한번 생각해 봅니다.<br>• 문제를 일으킨 사람이 본인이든 아니든, 신뢰할 수 있는 사람과 차분하고 편안하게 대화해 봅니다.<br>• 문제가 있더라도 긍정적인 방향으로 생각하고 행동할 수 있습니다.<br>• 학생들에게 "무림 비밀의 책"([부록 9-11])을 나눠 주고 정기적으로 책에 나오는 전략을 연습해 보기를 안내합니다. |
| **4. 결론(2분)** | 1. 항상 긴장을 푼 상태에서 부정적인 감정을 유발하는 이유들을 생각해 본다.<br>2. 감정을 어떻게 처리할지 결정한다. |
| **5. 마무리 활동(5분)**<br><br>▷ **교수자료**<br>- [부록 9-12] 성장 확인 질문 | 1. 성장 확인 질문을 나누어 주고 학생들이 수업 내용을 되돌아볼 수 있도록 지도한다.<br>2. 수업에 열심히 참여한 학생들을 칭찬한다. |

## 4. 세부 지도 사항

### 1) 무림의 고수

- 언제든 적을 만날 수 있는 무림에서 살아남기 위해 알아 둬야 할 것은 무엇인지 살펴보자. 우리의 삶에서도 언제든 나의 마음을 상하게 하는 사람들이 있다.
- 수업 도중 학생들이 감정적으로 변한다면 보다 주의 깊고 편안하게 학생들을 대한다. 만일 학생들의 이러한 감정이 지속된다면 학교 상담 선생님이나 담임 선생님에게 도움을 요청한다.
- 학생이 특정 전략(예: "다른 사람과 대화하기" 또는 "운동하기")을 채택하는 경향이 있다면 다른 전략도 고려해 보도록 격려하고, 이러한 전략들이 긍정적인 결과를 낼 수 있다고

낙관적으로 생각하게 돕는다.

- 시간이 충분하다면, 역할 놀이를 구성하고 학생들이 특정 전략을 사용해 시나리오에 적절하게 반응하도록 지도한다.

### 2) 고수를 만나다

- 실생활 예시를 활용하여 시나리오를 구성한다(예: 어떤 학생이 최신 운동화나 전자 기기를 과시함. 어떤 학생이 자신의 저조한 성적에 대해 자주 불만을 표출함).
- 다섯 번째 전략인 "긍정적으로 생각하기"는 이후 Level 2 과정에서 자세히 다루겠지만, 만일 학생들이 충분히 성숙하다면 교수자는 부정적인 감정을 긍정적인 방향으로 직면하도록 다음과 같이 가르칠 수 있다(예시 1: 외모에 대한 비판을 받을 때는 내면의 아름다움이 더 중요함을 상기하기, 예시 2: 스포츠는 항상 이기기 위해 하는 활동이 아니며, 우리의 몸과 마음을 모두 단련하는 운동이 될 수 있음을 기억하기). 또한 교수자는 긍정적인 가치관을 형성하는 것을 훈련하는 "명확하고 긍정적인 정체성" 단원을 참고할 수 있다.
- 다른 사람으로부터 비판을 받을 때 그 비판이 합리적인지 생각해 보는 것은 중요함을 언급한다. 비판의 내용이 합리적일 경우, 스스로를 개선하기 위해 더 노력할 필요가 있음을 상기시킨다.

## 5. 보충 활동(선택 사항)

| 활동 | 내용 | 권장 사항 |
|---|---|---|
| 당신은 천사입니다 | **목표: 학생들이 역경에 낙관적으로 대처할 수 있도록 격려한다.**<br>학생들에게 특정 반 친구의 강점을 카드에 적어 보도록 지시한다. 이런 활동은 해당 학생이 도전이나 역경을 마주할 경우, 낙관주의와 긍정적인 가치를 더욱 견고하게 유지할 수 있도록 돕는다. | 교수자는 카드에 긍정적인 말들이 쓰여 있는지 확인하기 위해 카드 내용을 읽어야 한다. |
| 홍보의 고수 | **목표: 다른 사람들에게 부정적인 감정을 관리하는 전략을 홍보한다.**<br>학생들에게 이번 주에 배운 전략들을 주변 사람들에게 홍보하도록 지시한다. 이렇게 배운 내용을 공유하는 것은 더 많은 사람에게 전략을 알리는 데 유용할 뿐만 아니라 학생들이 전략을 다시 한번 생각해 보게 하기 때문에 학습 효과를 강화할 수 있다. | "최고수를 가리자" 대회를 개최하여 가장 많은 사람에게 전략을 홍보한 사람에게 상을 수여한다. |

# 부록 9-10 모둠 활동지: 무림의 고수

이름: ________________________

**파트 1**

**최근 다음과 같은 비판으로 인해 기분이 나쁘거나 슬프거나 화가 난 적이 있나요?**

"너만 아니었으면 우리는 게임에 지지 않았을 거야!"

☐ 예 ☐ 아니요

"자고 노는 것 외에 네가 할 수 있는 게 뭐가 있니?"

☐ 예 ☐ 아니요

"난 너랑 같은 팀 되기 싫어. 이 머저리야!"

☐ 예 ☐ 아니요

"넌 너무 뚱뚱해!"

☐ 예 ☐ 아니요

"넌 정말 쓸모 없어. 어떻게 매번 이렇게 형편없는 성적을 받을 수 있니!"

☐ 예 ☐ 아니요

**파트 2**

**다음 중 기분이 우울할 때 가장 자주 사용하는 전략은 무엇인가요? (0~5점: 0점=전혀 사용하지 않음; 5점 = 항상 사용함)**

**★ 전략 1 ★**
**심호흡하기**
고수가 말했다. "한 번의 심호흡이 우리에게 좋은 영향을 줄 수 있단다."

____________

**★ 전략 2 ★**
**자아성찰하기**
고수가 말했다. "혹시 우리가 잘못한 일은 없는지 확인해 보자."

____________

**★ 전략 3 ★**
**타인과 대화하기**
고수가 말했다. "신뢰할 수 있는 사람과 대화해 보고 대화가 끝났을 때 평온함을 느껴 보자."

____________

**★ 전략 4 ★**
**운동하기**
고수가 말했다. "운동과 휴식은 쌍둥이처럼 닮았단다."

____________

**★ 전략 5 ★**
**긍정적으로 생각하기**
고수가 말했다. "우리는 그렇게 나쁘지 않단다."

____________

## 부록 9-11 조언: 무림 비밀의 책

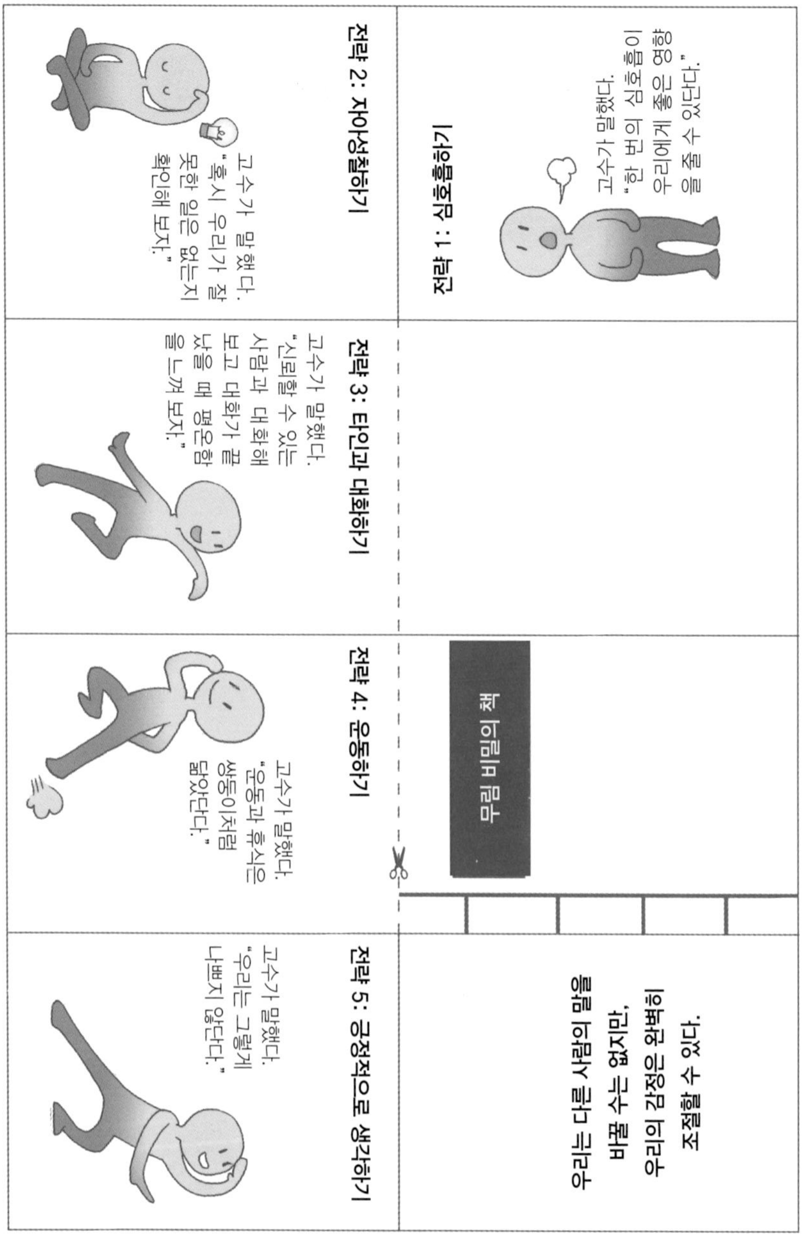


**[무림 비밀의 책 만들기]**

점선을 따라 자르고 세로로 접는다. 표지와 빈 페이지, 전략 3과 전략 4가 있는 페이지를 꺼낸 다음 선을 따라 접는다.

# 부록 9-12 성장 확인 질문

이름: ____________________ 반: ____________________ 날짜: ____________________

1. 수업 과제

1) 효과적인 감정 조절 방법에는 어떤 것이 있나요?

2) 문제를 처리하는 방식과 그 결과에 감정은 어떤 영향을 주나요?

3) 감정 조절에 도움을 줄 수 있는 사람들이 있나요? 어떻게 도움을 줄 수 있나요?

2. 숙제

1) 문제를 해결하기 전에 문제의 원인을 분석하고 감정을 조절해야 하는 이유는 무엇인가요?

2) 낙관적인 사고는 문제 해결에 어떤 도움이 되나요?

3) 비관적인 사고는 문제 해결에 어떤 영향을 미치나요?

소단원 4

# 교실 내 갈등

## 1. 소단원 목적

다양한 전략을 활용하여 갈등의 원인을 찾아내고 침착하게 해결하며, 회복탄력성과 더불어 갈등 상황의 주변에 있는 사람이 해야 하는 일을 파악하는 능력을 기른다.

## 2. 학습 목표

① 갈등을 유발하거나 악화시킬 수 있는 요인을 세 가지 이상 찾아본다.

② 갈등 상황에서 주변인이 중요한 역할을 수행한다는 사실을 이해한다.

③ 갈등을 다루는 다섯 가지 일반적인 접근 방식을 알아본다.

## 3. 수업 내용

| 활동 | 절차 |
|---|---|
| **1. 준비 활동(2분)** | 학생들에게 질문을 던지며 시작한다.<br>• 학교에서 갈등을 겪은 적이 있나요?<br>• 갈등을 유발하는 원인으로는 어떤 것들이 있나요? |
| **2. 역할 놀이와 학급 토론:** 교실 내 갈등**(15분)**<br><br>▷ **교수자료**<br>- [부록 9-13] 역할극 정보: 교실 내 갈등<br>- [부록 9-14] 활동지: 갈등의 원인 | **목표: 갈등을 유발하는 원인 또는 갈등을 악화시키는 요인을 3가지 이상 찾는다. 갈등 상황에서 주변인이 중요한 역할을 한다는 사실을 이해한다.**<br>1. 4명의 학생에게 역할극에 참여하도록 안내하고, 그중 2명은 갈등의 두 당사자 역할을, 나머지 2명은 주변인 역할을 맡게 한다. 갈등을 유발하는 원인에 초점을 맞춘다.<br>2. 5분 준비 시간을 준다.<br>3. 그동안 활동지([부록 9-14])를 나누어 주고 학생들이 어떤 요인이 갈등을 유발할 것 같은지 예상하도록 한다. 역할극이 시작되면 학생들에게 활동지에 나열된 요인들이 역할 놀이에서 나타나는지 확인하도록 요청한다.<br>4. 역할극을 진행한다(5분). |

| | |
|---|---|
| | 5. 역할극이 끝나면 학생들에게 다음 내용들을 요청한다.<br>• (역할극과 관련하여) 갈등을 유발하거나 악화시키는 요인 3가지를 제시해 봅니다.<br>• 주변인이 어떻게 반응했는지 토론해 봅니다.<br>• 갈등을 처리하기 위한 해결책을 간략하게 제시해 봅니다.<br>6. 역할극의 핵심을 요약한 뒤 결론을 내리고 다음 내용을 강조한다.<br>• 다양한 관점에서 갈등의 원인을 찾는 것이 중요합니다.<br>• 주변인은 모든 갈등에서 중요한 역할을 합니다.<br>• 만약 학생이 갈등 상황에 놓인 경우, 학생은 1) 갈등과 관련된 사람들의 감정을 이해하고, 2) 필요할 때 도움을 요청해야 하며, 3) 자신의 감정을 조절하고, 4) 인신공격을 하지 말아야 합니다. |
| **3. 짧은 교안:** 야생에서의 갈등**(5분)**<br><br>▷ **교수자료**<br>- [부록 9-15] 파워포인트 슬라이드: 야생에서의 갈등<br>- [부록 9-16] 학생용 참고 자료: 야생에서의 갈등 | **목표: 사람들이 갈등에 직면했을 때 일반적으로 취하는 태도를 파악한다.**<br>1. 파워포인트 슬라이드([부록 9-15])를 통해 다섯 가지 일반적인 접근 방식을 소개한다.<br>2. 다섯 가지 방식은 '좋은 대인 관계를 유지하는 것'과 '과업을 완수하는 것(즉, 갈등을 해결하는 것)' 사이의 긴장을 어떻게 조절하는가에 따라 차이가 나타난다.<br>3. 학생들에게 자신은 제시된 유형 중 어느 것에 해당하는지 확인해 보도록 안내하고 가장 유사한 유형을 결정하도록 지시한다([부록 9-16]). |
| **4. 결론(3분)** | 1. 갈등을 유발하는 요인을 찾는 방법을 배운다.<br>2. 갈등이 발생하면 주변인도 책임을 져야 한다.<br>3. 갈등을 처리하는 '올빼미'의 기술을 배운다. |
| **5. 마무리 활동(5분)**<br><br>▷ **교수자료**<br>- [부록 9-17] 성장 확인 질문 | 1. 성장 확인 질문을 나누어 주고 학생들이 수업 내용을 되돌아볼 수 있도록 지도한다.<br>2. 수업에 열심히 참여한 학생들을 칭찬한다. |

## 4. 세부 지도 사항

### 1) 교실 내 갈등

• 가능하다면 학생들에게 수업 전에 역할 놀이를 구상하도록 요청하여 학생들이 역할극을 잘 준비할 수 있도록 한다.

• 역할 놀이에 참여할 학생을 선택할 때는 비슷한 성격을 가진 학생들로 선택한다. 이는

학생들에게 갈등을 처리하는 자신만의 패턴을 검토해 볼 수 있는 기회를 제공한다.

- 집중력이 떨어지고 참여도가 낮은 학급의 경우, 교수자는 워밍업 게임을 사용하여 학생들의 주의를 끌고 참여를 유도할 수 있다. 게임의 승자에게 역할 놀이의 역할을 맡긴다.
- 역할 놀이에 참여한 학생에게 작은 선물을 주어 격려하고 감사의 마음을 전달한다.

### 2) 야생에서의 갈등

- 시간이 충분하다면, 학생들을 모둠으로 나눈다. 학생들에게 동물과 자신을 동일시하게 하고, 어떤 동물에게서 무엇을 배우고 싶은지와 그 이유를 말하게 한다. 각 모둠에서 이야기 나눈 내용을 학급에 발표하도록 지시한다.
- 갈등의 유형과 갈등과 연관된 사람들(예: 부모님, 급우, 또는 친한 친구)을 예시로 들어 모든 갈등에는 한 가지 이상의 해결책이 있으며, 해결책은 갈등의 유형과 연관된 사람에 따라 달라질 수 있다는 점을 설명한다.
- '5가지 접근 방식'은 갈등 관리의 두 가지 주요 목표, 즉 '대인 관계를 중시하는 것'과 '과업의 완수를 중시하는 것'을 조합한 결과라는 점을 강조한다.

| | 대인 관계 중시 | 과업 완수 중시 |
|---|---|---|
| 회피하는 사람 | 낮음 | 낮음 |
| 직면하는 사람 | 낮음 | 높음 |
| 타협하는 사람 | 보통 | 보통 |
| 순응하는 사람 | 높음 | 낮음 |
| 적극적 중재자 | 높음 | 높음 |

- 학생들이 충분히 성숙한 경우, 서로 다른 태도를 가진 학생들이 갈등을 겪을 때 어떤 결과가 나타날 것 같은지 질문한다. 예를 들어, 다른 사람에게 양보하는 데 익숙한 학생이 항상 이기려는 학생과 갈등이 생겼을 때, 두 학생은 어떤 기분을 느끼고 이 이야기는 어떻게 끝날지 예상해 보게 한다.

## 5. 보충 활동(선택 사항)

| 활동 | 내용 | 권장 사항 |
|---|---|---|
| 돋보기 | **목표: 일상생활에서 발생하는 갈등에 대처하는 능력을 향상시킨다.**<br>학생들이 이번 주에 주변에서 일어나는 갈등을 관찰하게 한다. 학생들은 갈등을 중재해 보고 다음 수업에서 이를 보고해야 한다. | 핵심: 학생이 갈등을 중재하는 방법을 모르는 경우, 학생은 교수자, 상담 선생님 또는 담임 선생님에게 도움을 요청해야 한다. |
| 평화의 천사 | **목표: 교실 내 갈등을 예방한다.**<br>학생들에게 "평화의 슬로건"을 만들어 보도록 안내한다. 교수자는 우수작을 선정하여 교실이나 학교 곳곳에 게시하고, 학생들이 갈등을 침착하고 평화롭게 처리할 수 있도록 격려해야 한다. | 학생들은 "갈등의 원인"([부록 9-14])을 참조하거나 인터넷에서 더 많은 정보를 찾아볼 수 있다. |

# 부록 9-13 역할극 정보: 교실 내 갈등

1. 역할

| 민규<br>충동적이고, 행동하기 전에 진실을 알려고 노력하지 않음 | 재민<br>순응적이며 다른 사람과 문제를 거의 공유하지 않음 |
|---|---|
| 철수(주변인)<br>갈등에 휘말리는 것을 두려워하고 무관심함 | 희수(주변인)<br>갈등에 휘말리는 것을 두려워하고 무관심함 |

2. 이야기

| 에피소드 1 |
|---|
| 민규는 쉬는 시간이 시작될 때 필통을 가방에 넣고 교실을 나갔습니다. 잠시 후 교실로 돌아와 보니 책상 위에 두었다고 생각했던 필통이 책상 위에서 없어진 것을 발견했습니다……. (사실은 필통을 가방에 넣어 둔 것을 까먹었던 것이었습니다.)<br>철수와 희수는 이 모든 과정을 보고 있었습니다. |
| 대본 |
| 민규: 와 쉬는 시간이다! 밖에서 놀아야지! (필통을 가방에 넣으며)<br>(잠시후)<br>민규: 어? 잠깐만! 내 필통이 어디로 갔지?<br>철수와 희수: ……. (옆에서 민규를 보고만 있다.) |
| 에피소드 2 |
| 민규는 자신의 책상 주위를 돌아다니고 있는 재민이를 보고 필통을 훔친 사람이 재민이라고 생각했습니다. 민규는 재민이에게 화를 내며 말했습니다. 그러나 재민이는 반응하지 않고 바닥만 쳐다보았습니다……. |
| 대본 |
| 민규: 내 필통 훔쳐 간 게 너 맞지? 네가 내 책상 주위를 돌아다니는 걸 봤어!<br>재민: 그게…….<br>철수와 희수: ……. (서로를 보면서 작게 중얼거린다.) |
| 에피소드 3 |
| 민규가 재민이를 밀쳤습니다. 재민이는 어쩔 수 없이 반격했고, 격렬한 싸움이 벌어지려던 참이었습니다……. |
| 대본 |
| 민규: 너 아니야? 내가 물었을 때 아무 말도 안 했잖아. 내 필통 어서 돌려줘! (민규가 재민이를 밀치기 시작한다.)<br>재민: 더 이상 참을 수 없네! 나 밀지 마! (재민이가 이제 민규를 밀친다.)<br>철수와 희수: ……. (철수와 희수는 무서워하며 자리를 떠난다) |
| 역할극 종료 |

# 부록 9-14 활동지: 갈등의 원인

이름: ____________________

다음 중 일반적으로 갈등을 유발하는 원인은 무엇이라고 생각하나요? (두 개 이상의 항목에 체크하세요.)

- ☐ 충동적인 성격
- ☐ 두 갈등 당사자 모두 문제를 명확하게 파악하지 못할 때
- ☐ 인신 공격
- ☐ 신체 접촉
- ☐ 주변인이 다툼을 멈추기 위한 조치를 취하지 않을 때
- ☐ 적대적인 표정
- ☐ 오해
- ☐ 다른 해결책을 찾지 못할 때
- ☐ 자신의 실수를 반성하지 않을 때
- ☐ 주변인이 갈등에 불을 지필 때
- ☐ 적대적인 행동
- ☐ 기타 1:
- ☐ 기타 2:

## 부록 9-16 학생용 참고 자료: 야생에서의 갈등

갈등 관리에는 5가지 일반적인 접근 방식이 있습니다.

| **거북이: 회피형**<br>좋은 대인 관계 유지에 관심 없음<br>과업 완수에 관심 없음 | **사자: 직면형**<br>좋은 대인 관계 유지에 관심 없음<br>과업 완수에 많은 관심 |
|---|---|
| "이 얘기는 하지 말자……."<br>"갈등은 적을수록 좋다…….<br>차라리 멀리하는 게 낫겠어."<br>"괜찮아, 내가 할게……."(혼잣말)  | "네 것대로는 안 될 거야! 내 아이디어로 시도해 보자!"<br>"내 제안이 더 나은 게 분명해 보이니까,<br>그만 이야기하고 그냥 넘어가자!"<br>"내 아이디어가 최고야! 네가 믿지<br>않더라도 나는 내 생각을 따를 거야."<br>(혼잣말)  |

| **올빼미: 적극 중재형**<br>좋은 대인 관계 유지에 많은 관심<br>과업 완수에 많은 관심 |
|---|
| "어떤 의견인지 알겠어. 하지만 내 의견이 더 적합해 보이는데……. 네 생각은 어때?"<br>"우리는 같은 목표를 공유하고 있어. 더 나은 해결책을 찾아보면 어떨까?"<br>"문제를 제대로 해결하고 동시에 우리 우정도 지키고 싶어!" (혼잣말) |

| **여우: 타협형**<br>좋은 대인 관계 유지에 적당한 관심<br>과업 완수에 적당한 관심 | **곰: 순응형**<br>좋은 대인 관계 유지에 많은 관심<br>과업 완수에 관심 없음 |
|---|---|
| "네 의견을 존중해. 하지만 이번에는<br>내 아이디어도 시도해 보자."<br>"타협점을 찾지 않을래, 우리?"<br>"나는 일을 끝내고 싶으니 몇 개<br>정도는 포기해도 괜찮아……." (혼잣말)  | "뭘 말하든 네 말을 따를게."<br>"나는 상관없어. 네 의견대로 하자."<br>"그/그녀가 틀렸다는 거 알아. 하지만<br>그/그녀와 좋은 관계를 유지하고 싶으니<br>그냥 하자고 하는 대로 하자. 내가 양보<br>할래." (혼잣말)  |

**〈생각해 봅시다〉**

① 위의 동물 중 자신이 가장 닮았다고 생각하는 동물은 무엇인가요?

② 위의 접근 방식 중 자신에게 가장 유용하다고 생각되는 것은 무엇인가요?

# 부록 9-17 성장 확인 질문

이름: ______________ 반: ______________ 날짜: ______________

**1. 수업 과제**

1) 일반적으로 갈등을 자주 유발하는 원인 5가지를 나열해 보세요.

2) 이 단원에 나오는 동물 유형 중 당신이 갈등을 처리하는 방법과 비슷한 유형은 무엇인가요? 왜 그런가요?

3) 어떤 갈등 대처 유형을 추천하나요? 왜 그런가요?

**2. 숙제**

1) 갈등 상황에서 '주변에 있는 사람'의 역할은 갈등을 처리하는 데 어떤 영향을 미치나요?

2) '대인 관계' '과업 완수' 중 어느 것이 더 중요하나요? 혹은 둘 다 동일하게 중요하나요? 그 이유를 적어 보세요.

3) 갈등을 효과적으로 처리하는 '주변인'이 되기 위해 어떤 것을 준비해야 할까요?

대단원 10

# 자기결정성

## 들어가며

자기결정성은 주체적으로 생각하고, 선택하고, 목표를 설정할 수 있는 능력을 의미한다. 청소년들이 이 능력을 기르기 위해서는 자신의 상태와 스스로의 가치에 대해 잘 알고, 관련된 능력들을 기르며, 지속적으로 연습하고 학습해야 한다. 또한 자기결정성은 지지적인 사회적 환경에 의해 유지되고 함양될 수 있다.

다수의 연구는 학업과 관련해 자율성의 교육적 이점을 밝혔다. 자기결정성이 높은 학생들은 최적의 목표를 설정하는 데 능통했고, 좋은 성적을 받았으며, 자신의 학업 능력에 대한 자신감이 있었다. 또한 학업 전반에 대한 강한 통제감을 느꼈으며, 창의성이 높았고, 자신의 가치에 대한 확신이 있었다. 청소년들은 자라면서 점차 스스로 중요한 결정을 내리는 데 더 능숙해져야 하므로, 청소년 시기는 자기결정 능력의 발달에 매우 중요하다.

Level 1 과정에서 대단원 '자기결정성'은 총 네 개의 소단원으로 구성되었다. 소단원 활동은 학생들이 자기평가와 자기 성찰을 통해 현명한 의사결정을 내리고, 최적의 목표를 설정하고 조정하며, 관심사를 탐색하고 그를 발전시키는 여러 방법의 장단점을 고민함으로써, 자기결정을 위해 필요한 기술과 전략을 숙달하도록 고안되었다. 소단원 1을 통해 학생들은 자율성의 의미를 이해하고 부모님으로부터 인정받을 수 있는 자율성의 범위에 대해 탐색한다. 소단원 2를 통해 학생들은 의사결정 시 주의해야 할 사항들을 고민함으로써 일상생활에서 현명한 의사결정을 내리는 능력을 고양한다. 소단원 3을 통해 학생들은 자기결정을 함양하는 수단으로 적절한 목표를 설정하는 능력을 기른다. 마지막으로, 소단원 4를 통해 학생들은 자신의 다중지능을 탐구하고 부모님의 지지를 얻는 방법을 학습함으로써, 자신의 관심사를 키워 나가고자 하는 목표를 달성하기 위한 세부적인 행동 계획을 설정한다.

## 개관

| 소단원 | 소단원 목적 | 학습 목표 |
|---|---|---|
| **자율성 자격증 (30분)** | 자율성의 의미를 이해하고 부모님으로부터 인정받을 수 있는 자율성이 어느 정도인지 확인한다. | 1. 자율성의 의미를 이해한다.<br>2. 자율성의 승인 범위와 자율성을 발휘하기 위한 전제 조건을 이해한다. |
| **현명한 선택 (30분)** | 행복한 일상생활을 만들어가기 위해 어떤 의사결정이 필수적인지 탐구한다. | 다른 사람의 의견과 선택의 잠재적인 결과를 분석하고 숙고해야 한다는 점을 배운다. |
| **꿈의 열차 (30분)** | 실행 가능한 최적의 목표를 설정함으로써 자기결정 역량을 높인다. | 목표를 설정하고 조절하는 기술을 숙달한다. |
| **나의 다중지능 (30분)** | 다중지능을 탐색함으로써 관심사를 발전시키고 관련된 새로운 기술을 습득한다. 또한 부모님의 지지를 얻는 방법을 배운다. | 1. 자신의 다중지능을 분석하고 관심사를 탐색한다.<br>2. 관심사를 발전시키기 위한 실용적인 계획을 세우고, 부모님의 지지를 받는 것의 중요성을 이해한다. |

이 대단원에 포함된 모든 활동지 및 파워포인트 슬라이드와 영상 자료 등은 학지사 홈페이지(www.hakjisa.co.kr)에서 내려받을 수 있습니다.

소단원 1

# 자율성 자격증

## 1. 소단원 목적

자율성의 의미를 이해하고 부모님으로부터 인정받을 수 있는 자율성이 어느 정도인지 확인한다.

## 2. 학습 목표

① 자율성의 의미를 이해한다.
② 자율성의 승인 범위와 자율성을 발휘하기 위한 전제 조건을 이해한다.

## 3. 수업 내용

| 활동 | 절차 |
|---|---|
| **1. 준비 활동(2분)** | 다음의 내용을 학생들에게 전달함으로써 활동을 시작한다.<br>• 여러분이 경험하는 일상의 크고 작은 문제들에 대해 의사결정을 하는 사람은 여러분인가요, 여러분의 부모님인가요? 여러분은 의사결정을 부모님께 맡기는 편인가요? 또는 부모님과 함께 문제의 해결책을 찾는 편인가요? 토론을 시작하기에 앞서, 라디오 드라마를 먼저 들어 봅시다. |
| **2. 학급 토론:** 현명한 학생**(5분)**<br><br>▷ **교수자료**<br>- [부록 10-1] 파워포인트 슬라이드: 현명한 학생<br>- [부록 10-2] 교수자용 참고 자료: 현명한 학생 대본 | **목표: 자율성의 의미를 이해한다.**<br>1. 음성 자료가 포함된 파워포인트 슬라이드 '현명한 학생'([부록 10-1])을 보여 주거나, [부록 10-2] 내용을 참고하여 세 명의 학생에게 역할극을 하게 한다. 학생들에게 이야기를 주의 깊게 들어 보도록 지시한다. 이야기가 끝나면, 아래의 질문을 활용해 학급 토론을 진행한다.<br>• 자신이 어떤 등장인물과 가장 비슷하다고 생각하나요?<br>• '자율성'의 개념을 고려했을 때, 각 등장인물은 어떤 특성을 가지고 있다고 생각하나요?<br>• 가능한 답변:<br>- 우주: 우유부단하고 의존적이다.<br>- 도준: 고집이 세고 다소 제멋대로이다. |

<table>
<tr>
<td></td>
<td>- 채원: 다른 사람의 의견을 잘 받아들이면서, 결정을 내리기 전 객관적으로 대안을 분석한다.<br>2. 학생들의 의견에 피드백을 제공하고, 학생들이 다음의 결론에 도달할 수 있도록 유도한다.<br>• 의사결정 과정 동안, 지나치게 타인에게 의존하거나 자기 중심적으로 생각해서는 안 됩니다. 다른 사람들의 의견을 듣고 다양한 대안을 분석해 볼 필요가 있습니다.<br>• 청소년들은 자라면서 점차 많은 의사결정 상황을 마주하게 됩니다. 청소년들은 자율적인 의사결정과 부모님의 의사결정을 수용하는 것 사이에서 균형을 잡는 법을 배워야 합니다.<br>• 자기결정을 한다는 것(자율성을 발휘한다는 것)은 부모님이나 어른들의 지지를 받으면서 스스로 객관적이고, 올바르며, 건설적인 의사결정을 내릴 수 있다는 것을 의미합니다.</td>
</tr>
<tr>
<td>3. 모둠 토론: 자율성 자격증(15분)<br><br>▷ 교수자료<br>- [부록 10-3] 활동지: 자기결정 점검하기<br>- [부록 10-4] 활동지: 자율성 자격증</td>
<td>목표: 연령에 따라 어떤 문제가 자기결정의 대상이 될 수 있는지 검토하고, 자율성을 발휘하기 위한 전제 조건들을 파악한다.<br>1. '자기결정 점검하기([부록 10-3])'를 학생들에게 나눠 주고 5분 이내로 활동지를 완성하도록 지시한다.<br>2. 학생들에게 '자율성 자격증([부록 10-4])'을 나누어 준다. 자리가 가까운 학생들끼리 모여 자기결정을 하고 싶은 항목이 무엇인지 이야기하고, 그를 위해 필요한 요구사항들을 논의한다.<br>3. 토론 이후, 학생들의 의견을 들으며 자기결정을 하기 위해 필요한 사항들(5~10가지)을 정리하고, 칠판에 적는다.<br>4. 학생들의 피드백을 요약한 후, 다음의 내용을 언급한다.<br>• 나이에 따라 사람들은 다른 문제에 대해 자기결정을 하게 됩니다. 이는 개인의 역량, 가족으로부터 받는 신뢰, 가족 구성원이 의사결정 권한을 인정한 정도와 관련이 있습니다. 따라서 자기결정을 하기 위해서는, 가장 먼저 좋은 판단력과 독립성 같은 필수적인 특성을 발달시킴으로써 부모님께서 여러분이 적절히 의사결정을 할 수 있는 능력이 있다고 신뢰할 수 있게 만들어야 합니다.<br>5. 학생들이 부모님과 더 많이 의사소통하고 서로의 관점을 더 잘 이해할 수 있도록 독려한다. 또한 학생들이 '자율성 자격증'을 부모님과 서로를 더 잘 이해하고 자율성의 범위를 함께 정의해 가는 데 사용할 수 있도록 독려한다.</td>
</tr>
<tr>
<td>4. 결론(3분)</td>
<td>1. 자율성과 자기결정 능력은 학습과 개발의 대상이다. 청소년들은 스스로 결정해야 한다는 점에 강박적으로 매달리거나 그렇지 않음에 과도하게 불안할 필요가 없다. 의사결정 과정에서 스스로 결정하는 것과 가족과 함께 결정하는 것의 장단점을 비교해 보는 것이 좋다.</td>
</tr>
</table>

| | |
|---|---|
| | 2. 자율적이고 독립적인 것은 제멋대로 행동하는 것과는 다르다. 사람들은 어떤 측면에서는 자율적으로 행동할 수 있지만, 어떤 측면에서는 부모님 또는 어른과 상의를 해야 한다. 이를 통해 사람들은 한편으로는 자신의 경험과 경험을 통한 교훈을 배울 수 있음과 동시에, 다른 한편으로는 어른들의 신뢰를 얻고 적절한 의사결정을 내릴 수 있는 자신의 능력을 보여 줄 수 있다. |
| **5. 마무리 활동(5분)**<br><br>▷ **교수자료**<br>- [부록 10-5] 성장 확인 질문 | 1. 성장 확인 질문을 공유하고 학생들이 소단원 활동을 돌아볼 수 있도록 유도한다.<br>2. 소단원 활동에 대한 학생들의 참여를 칭찬한다. |

## 4. 세부 지도 사항

### 1) 현명한 학생

- 필요에 따라 음원 파일의 대본을 다 같이 볼 수 있는 화면에 띄우거나 학생들에게 나눠 줌으로써 토론의 질을 높일 수 있다.
- 시간 여유가 있다면, 교수자는 자신이 청소년기에 자기결정 능력을 발휘했던 경험을 학생들에게 공유할 수 있다. 이때, 경험 공유의 내용은 반드시 학생들의 필요와 특성에 부합해야 하며, 자율성의 의미를 이해하는 데 중점을 두어야 한다.

### 2) 자율성 자격증

- '자기결정 점검하기' 활동지에 대한 정해진 답변은 없다. 학생들은 자신이 중요하다고 생각하는 자율성 문제에 대해 자유롭게 표현할 수 있다.
- 학생들은 '자기결정 점검하기'의 질문에 응답하는 데 어려움을 느낄 수 있다. 이 경우, 교수자는 교실을 돌아보며 문제를 겪고 있는 학생에게 도움을 주어야 한다.
- 학생들이 자율성을 누리기 위해 필요한 능력과 전제 조건에 대한 정리를 마친 후, 교수자는 학생들이 더 나은 자기결정 기술을 발전시켰음에 칭찬과 격려를 보낸다.
- 토론의 주제는 자신이 참여하게 될 비교과활동을 결정하는 문제와 같이 학생들의 상황과 관련되어야 한다. 토론의 목적은 학생들의 주의를 집중시키고 학생들에게 자기결정을 위해 필요한 전제 조건과 부모님의 지지를 받는 것의 중요성을 이해시키기 위함이다.

- 학생들이 가장 자기결정 하고자 하는 행동에 주의를 기울인다. 만약 그중 불법 동영상 판매, 흡연과 같은 청소년의 건강한 발달을 위협할 만한 반사회적 행동이 있다면, 교수자는 학생들과 함께 그 행동의 내용을 분석하고 유해성을 지적한다. 교수자는 또한 즉각적인 기쁨을 주지만 장기적으로는 고통을 안겨 주는 등의 '유해성'의 다각적 측면을 분석함으로써 논의를 확장할 수 있다.
- 가정 환경과 양육 방식의 차이로 인해, 자율성은 다양한 양상으로 나타날 수 있다. 따라서 교수자는 자율성의 범위에 대한 학생들의 다양한 관점을 수용해야 하며, 자율성을 발휘할 수 있는 범위와 능력을 기준으로 학생들을 비교하지 말아야 한다. 교수자는 학생들이 자기결정을 할 수 있는 자신만의 능력과 조건에 대해 이해할 수 있도록 돕는 데 주의를 기울여야 한다.
- 청소년기의 발달적 특성으로 인해, 학생들은 대개 더 큰 자율성을 갈망하며, 심지어는 부모님이나 어른들이 자신의 삶에 개입하지 않은 채로 모든 결정을 스스로 내릴 수 있기를 원한다. 자기결정이 의미하는 좋은 판단은 지식과 상식에 의해 뒷받침되어야 하며, 학생들을 염려하는 중요한 타인에 의해 지지되어야 한다. 따라서 교수자는 가족, 학교, 또는 친구 관계에서 사회적 지지를 마련하는 것이 매우 중요하다는 점을 학생들에게 이해시켜야 한다.

## 5. 보충 활동(선택 사항)

| 활동 | 내용 | 권장 사항 |
|---|---|---|
| **자율성 포트폴리오** | **목표: 자율성을 발휘하고자 하는 주제를 공유하고, 그 주제에서 자율성을 발휘하는 방법을 탐색한다.**<br>학생들에게 학급 내 게시판에 자신이 자율성을 발휘하고자 영역을 적어 보도록 지시한다. 다른 학생들은 그 주제 옆에 자신이 생각하기에 그 영역에서 자율성을 발휘할 수 있는 방법을 적는다. | 교수자는 부모의 신뢰를 얻기 위해 약속을 잘 지키고 책임감을 가지라고 제안하는 등 학생들에게 피드백을 남길 수 있다. |

# 부록 10-2 교수자용 참고 자료: 현명한 학생 대본

**다음의 내용은 세 명의 학생이 쉬는 시간 동안 나눴던 대화입니다.**

도준: 우주야, 채원아. 이번 주 토요일에 뭐해?

채원: 나는 오빠랑 도서박람회 가기로 했어.

우주: (가볍게) 모르겠어. 엄마가 아직 고민 중이신 것 같은데, 아마 엄마랑 쇼핑 갈 것 같아.

도준: 말하는 것 좀 봐. 혼자 결정하는 게 없네. 너가 꼬맹이야?

우주: 왜 그래. 우리 아직 학생이야. 가족들이 다 결정해 주는데, 내가 뭘 고민해야 해?

채원: 그럼 엄마가 치마 입으라고 사 주시면, 너 그거 입을 거야?

우주: 상황에 따라 다르지. 만약 치마가 맘에 들면, 입을 수도 있지. 뭔 상관이야? 난 엄마가 골라 주시는 옷이 좋아.

도준: 농담이지? 난 부모님 말 들어 본 적이 없어. 엄마 아빠는 자기가 무슨 말하는지도 모르고 그냥 말하는 것 같아. 나는 누구 말도 들을 필요 없다고 생각해. 난 이미 다 컸는데, 부모님은 나를 아직 어린애 취급해. 뭐 어때, 내 삶의 주인은 나야. 내가 할 수 있는 것 다 할 수 있고, 내가 가고 싶은 데 다 갈 수 있어. 너도 그냥 삶을 즐겨!

채원: 음……. 가끔은 나도 내 삶의 주인이 되고 싶어. 더 주체적으로 살고 싶다는 말이지. 그래도 나는 다 내 맘대로 하는 게 좋다고 생각하진 않아. 만약 다른 친구들과 같이 숙제를 하게 됐는데, 다른 친구들이 나와 다른 의견을 제시해. 그럼 나는 어른들에게 조언을 구할 수도 있지. 나쁘지 않은 방법이라고 생각해. 부모님은 항상 바쁘시지만, 나는 중요한 일에 대해서는 항상 부모님과 대화를 해. 도준이 너가 아까 부모님 의견을 하나도 안 듣는다고 했는데, 그건 좀 좋지 않은 것 같아.

도준: 그럼 내가 우주 같아야 한다는 거야? 쟤는 부모님이 시키는 것만 하잖아. 난 그건 별로야.

채원: 항상 대화를 통해 해결하는 게 좋다는 거지. 부모님으로부터 신뢰를 얻는 데는 시간이 걸려. 부모님께서 보시기에 우리가 성숙하고 독립적이면, 우리는 자유를 얻게 될 거야. 아무튼 우리는 직업이 없잖아. 그러니까 우리가 태권도나 피아노 학원을 다니고 싶으면, 부모님께 수업료를 내 달라고 여쭤 봐야 한다는 거지.

도준: 그럼 만약 우리가 경제적 독립을 하면, 우리는 더 이상 부모님 말씀을 들을 필요가 없다는 거야?

채원: 그건 아니지. 만약 우리가 더 나이가 들면, 우리는 때때로 가족 전체에 영향을 미치는 결정을 하게 될 거야. 그러니까 우리는 그때도 부모님과 상의해야 해. 들어봤지? 백지장도 맞들면 낫다는 말.

우주: 너 우리 엄마처럼 말한다. 글쎄, 난 스스로 결정할 수 있지만, 그래도 난 꼭 필요할 때만 그렇게 할 거야.

도준: 그게 언제인데?

우주: 엄마가 저녁에 김치찌개 먹을지, 된장찌개 먹을지 물어볼 때.

채원: 그러면 너는 뭘 고를 건데?

우주: 둘 다! 둘 다 맛있잖아.

채원과 도준: 그럼 부모님이 너 보고 욕심쟁이라고 놀리실걸.

# 부록 10-3 활동지: 자기결정 점검하기

이름: ____________________

여러분의 삶에서 중요한 사건을 적어 보세요. 이미 발생했거나, 현재 발생하고 있거나 미래에 발생할 사건도 괜찮습니다. 중요한 것은 <u>여러분이 주체적으로 결정한(할) 사건</u>을 적어야 한다는 겁니다.

• 내가 미래에 만들 결정

1. ______________________________ (______세)
2. ______________________________ (______세)
3. ______________________________ (______세)
4. ______________________________ (______세)

• 내가 현재 만들고 있는 결정

1. ______________________________ (______세)
2. ______________________________ (______세)
3. ______________________________ (______세)
4. ______________________________ (______세)

• 내가 과거에 만들었던 결정

1. ______________________________ (______세)
2. ______________________________ (______세)
3. ______________________________ (______세)
4. ______________________________ (______세)

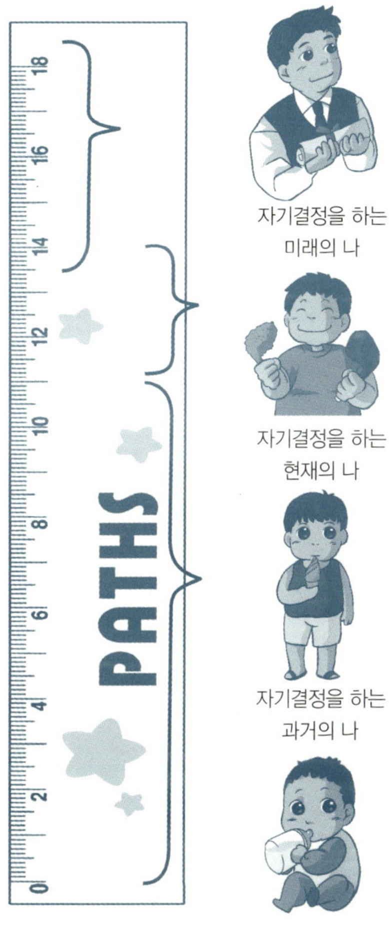


| 1. 핸드폰 고르기 | 2. 종교나 신념 선택하기 | 3. 장난감 고르기 | 4. 미리 정한 시간만큼만 놀기 | 5. 밤에 여행가기 |
|---|---|---|---|---|
| 6. 진로 선택하기 | 7. 친구 선택하기 | 8. 살 옷 고르기 | 9. 여름 방학 계획 정하기 | 10. 데이트하기 |
| 11. 잘 시간 정하기 | 12. 보고 싶은 TV 프로그램 정하기 | 13. 앞으로 다닐 학원 정하기 | 14. 애완동물 키우기 | 15. 용돈 받을 액수 정하기 |
| 16. 앞으로 참여할 비교과활동 정하기 | 17. 용돈 지출 계획 정하기 | 18. 학교 혼자 등교하기 | 19. 머리 스타일 정하기 | 20. 친구들과 나가 놀기 |

부록 10-4

# 활동지: 자율성 자격증

이름: ____________________

## P.A.T.H.S. 자율성 자격증

______은/는 현재

______________________________에서

자기결정 능력을 갖췄다는 것을 증명합니다.

사진

______은/는 아래의 능력을 소유하고 있습니다(V):

☐ 성숙함 ☐ 비판적 사고 ☐ 자제력

☐ 정직함 ☐ 독립성 ☐ 책임감

☐ 타인의 의견을 경청하는 태도 ☐ 기타:____________________

부모님의 선택: ☐ 동의한다 ☐ 동의하지 않는다

부모님 서명:______________ 유효 기간:__________(년/월/일)

# 부록 10-5 성장 확인 질문

이름: ______________________ 반: ______________________ 날짜: ______________________

## 1. 수업 과제

1) 자기결정이란 무엇인가요?

2) 자율적이기 위해 고려해야 하는 사항으로는 무엇이 있을까요?

3) 자율성을 탐색할 때 가족 구성원으로부터의 지지를 받아야 할까요? 왜 그럴까요?

## 2. 숙제

1) 부모님으로부터 나의 자율성을 인정받기 위해 내가 갖추고 있거나 갖춰야 할 능력이나 전제 조건으로는 무엇이 있을까요?

2) 나는 앞서 언급한 능력을 갖추고 있거나, 전제 조건을 충족했나요? 그렇지 않다면, 나는 어떤 노력을 할 수 있을까요?

3) 자기결정 문제로 고민하고 있는 친구와 이야기를 나눌 때, 나는 그 친구가 현명한 결정을 내리도록 어떻게 도울 수 있을까요?

## 소단원 2

# 현명한 선택

### 1. 소단원 목적

행복한 일상생활을 만들어 가기 위해 어떤 의사결정이 필수적인지 탐구한다.

### 2. 학습 목표

다른 사람의 의견과 선택의 잠재적인 결과를 분석하고 숙고해야 한다는 점을 배운다.

### 3. 수업 내용

| 활동 | 절차 |
|---|---|
| **1. 준비 활동(3분)** | 1. 학생들에게 어떤 사람이나 요인이 자신의 의사결정에 영향을 미치는지 질문한다. 비교과활동을 선택하는 것과 같은 일상적인 문제를 예시로 사용한다.<br>2. 의사결정을 내릴 때, 가족, 친구, 매체 등 다양한 환경적 요인으로부터 다양한 방식으로 영향을 받을 수 있으며, 때때로 그 요인들이 우리의 결정을 완전히 좌우할 수도 있다는 점을 언급한다. |
| **2. 모둠 토론:** 평범한 하루(20분)<br><br>▷ **교수자료**<br>- [부록 10-6] 모둠 활동지: 평범한 하루<br>- [부록 10-7] 파워포인트 슬라이드: 평범한 하루<br>- [부록 10-8] 교수자용 참고 자료: 평범한 하루 대본 | **목표: 다른 사람의 의견과 여러 선택의 결과를 숙고하고 분석하는 것의 중요성을 이해한다.**<br>1. 학생들을 여러 개의 작은 모둠으로 나누고, 각 모둠에게 활동지([부록 10-6])를 나누어 준다. 절반의 모둠은 은우 입장에서, 나머지 절반의 모둠은 유나 입장에서 결정을 하도록 지시한다. 이후 학생들 자신이라면 어떤 결정을 내릴지도 생각하게 한다.<br>2. 음성 자료가 포함된 파워포인트 슬라이드([부록 10-7])를 보여 주거나, [부록 10-8] 내용을 참고하여 글을 읽어 준다. 학생들 몇 명을 선발하여 읽게 하는 것도 가능하다. 이후, 학생들에게 모둠 토론을 시작하도록 지시한다.<br>3. 토론 이후, 각 모둠이 돌아가면서 다음의 내용에 대해 발표한다.<br>• 어떤 결정을 내렸나요? |

| | |
|---|---|
| | • 다른 사람들의 의견에 대해 어떻게 분석했으며, 어떤 점에 중점을 두었나요?<br>• 선택에 따른 잠재적인 결과로 어떤 요소들이 고려되었나요?<br>• 은우와 유나는 자신의 결정에 대해 어떤 책임을 지게 될까요?<br>4. 이어서 학생들에게 다음의 질문에 대한 답변을 생각해 보도록 지시한다.<br>• 모둠의 의견이 여러분 자신의 의견과 같지는 않을 수도 있습니다. 현실 속에서 여러분은 의사결정을 내릴 때 다른 사람의 의견을 따르는 편인가요?<br>• 여러분은 앞으로 의사결정을 내릴 때 다른 사람의 의견을 참고할 의향이 있나요?<br>• 여러분은 모든 결정을 스스로 내릴 수 있다고 생각하나요?<br>• 여러분은 다양한 선택의 결과를 분석할 때 어떤 측면에 가장 중점을 두고자 하나요?<br>• 여러분은 자신이 내린 결정에 따르는 책임을 모두 감수할 의향이 있나요? |
| **3. 결론(2분)** | 학생들에게 다음의 결론을 전달한다.<br>• "돌다리도 두드려 보고 건너라."라는 속담이 있습니다. 이 속담을 통해 우리는 의사결정 이전에 신중하게 고민해야 할 필요성을 떠올릴 수 있습니다. 적절한 선택을 하기 위해, 우리는 현재의 상황과 함께 부모님, 선생님, 친구들의 의견을 고민해 보아야 합니다. 동시에 우리는 여러 의사결정의 가능한 결과가 무엇인지와 각 결과에 동반되는 책임을 감당할 수 있는지에 대해서도 생각해 보아야 합니다. |
| **4. 마무리 활동(5분)**<br><br>▷ **교수자료**<br>- [부록 10-9] 성장 확인 질문 | 1. 성장 확인 질문을 나누어 주고 학생들에게 지난 활동을 돌아볼 수 있는 시간을 준다.<br>2. 수업 시간 동안 학생들의 참여에 대해 칭찬한다. |

## 4. 세부 지도 사항

### 1) 평범한 하루

• 모둠 내의 학생들은 상황에 대해 서로 다른 의견을 가지고 있을 수 있다. 교수자는 학생들이 여러 선택의 긍정적, 부정적, 중립적인 결과들에 중점을 두고 토론할 수 있도록 독려한다. 보통 긍정적인 결과들을 동반하는 선택이 가장 좋은 선택이다. 몇몇 학생들은 친구를 따라 담배를 피우는 것과 같은 부정적인 결과를 동반하는 선택을 할 수도 있다. 이런 경우, 교수자는 학생들이 선택의 결과를 더 자세하게 떠올려 보도록 도울 수 있다.

• 활동의 핵심은 교수자가 모둠 발표에 기반해 질문을 던짐으로써, 학생들이 의사결정을 내릴 때 주의해야 할 요소들과 필요한 기술들에 대해 생각해 보도록 유도하는 것이다.
• 교수자는 학생들이 각 모둠 발표가 끝날 때마다 박수갈채를 보내도록 지시함으로써, 토론 결과를 공유하고 현명한 결정을 만든 각 모둠을 향한 격려를 표현할 수 있다. 교수자는 또한 학생들이 다른 모둠의 토론 내용을 존중하고 발표를 경청한 점에 대해 칭찬할 수 있다.
• 활동지([부록 10-6])를 A3 용지에 인쇄하기를 권장한다. 이는 A4 용지에 비해 학생들이 활동지를 작성하기 더 편할 수 있다.

## 5. 보충 활동(선택 사항)

| 활동 | 내용 | 권장 사항 |
|---|---|---|
| 속담/관용구 스피드 게임 | **목표: 의사결정과 관련된 속담이나 관용구를 배움으로써, 의사결정을 내릴 때 중요하게 고려해야 할 사항들이 무엇인지 확인한다.**<br>학생들이 자유롭게 팀을 만들어 게임을 하도록 지시한다. 각 팀은 의사결정과 관련된 속담이나 관용구를 찾아 긍정적인 내용과 부정적인 내용으로 분류한 후, 학급 게시판에 결과를 적는다. 학생들은 중복되는 속담이나 관용구를 적을 수 없다. 가장 많은 내용을 적은 팀이 승리한다. | 학생들의 필요에 따라, 활동은 십자말풀이로 대체될 수 있다.<br>소단원 활동을 마친 후 게임을 시작하며, 교수자는 다음 소단원 활동을 시작할 때 우승팀에게 보상을 준다. |

# 부록 10-6 모둠 활동지: 평범한 하루

* 절반의 모둠은 은우의 상황에 대한 의사결정을 내린다.

**만약 다음의 상황에서 여러분이 은우였다면 어떤 선택을 할까요?**

모둠 번호: ______________

<table>
<tr><th>상황 1: 쉬는 시간</th></tr>
<tr><td>은우라면 선택을 할 때 누구의 말에 귀를 기울일까요?<br>(여러분의 선택에 ○표시를 해 주세요.)<br>1) 선생님: 학생들은 표절을 해서는 안 됩니다. 다른 사람의 숙제를 베낀 학생이나 자신의 숙제를 다른 사람이 베끼도록 허락해 준 학생은 모두 처벌을 받을 것입니다.<br>2) 학생 A: 나는 숙제를 정말 열심히 했고 동준이는 아무 것도 안 했어. 나는 동준이가 내 숙제를 베끼기를 원하지 않아.<br>3) 학생 B: 우리는 모두 같은 반 친구들이야. 우리는 서로를 도와야 해.</td></tr>
<tr><td>그 선택은 어떤 결과를 낳을까요?</td></tr>
<tr><td>여러분이라면 어떤 선택을 할 건가요?<br>(같은 모둠의 학생들이 모두 다른 의견을 가질 수 있다는 점을 명심해 주세요.)</td></tr>
<tr><th>상황 2: 점심 시간</th></tr>
<tr><td>은우라면 선택을 할 때 누구의 말에 귀를 기울일까요?<br>(여러분의 선택에 ○표시를 해 주세요.)<br>1) 부모님: 우리는 생계를 위해 정말 열심히 일하고 있어. 다른 사람에게 돈을 주는 건 반대야.<br>2) 친구 A: 지효한테 돈 빌려 주지 마. 지효는 돈을 낭비해서 쓰고 다시 돌려주지도 않아.<br>3) 친구 B: 지효를 도와주면 좋겠어. 그렇지 않으면, 지효가 수련회를 못 갈지도 몰라.</td></tr>
<tr><td>그 선택은 어떤 결과를 낳을까요?</td></tr>
</table>

<table>
<tr><td>여러분이라면 어떤 선택을 할 건가요?<br>(같은 모둠의 학생들이 모두 다른 의견을 가질 수 있다는 점을 명심해 주세요.)</td></tr>
<tr><td>상황 3: 방과 후</td></tr>
<tr><td>은우라면 선택을 할 때 누구의 말에 귀를 기울일까요?<br>(여러분의 선택에 ○표시를 해 주세요.)<br>1) 어머니: 나중에 좋은 직업을 갖기 위해서는 더 열심히 공부해야 해.<br>2) 선생님: 모두들 열심히 하세요. 저는 여러분이 내일 시험을 잘 봤으면 좋겠어요!<br>3) 학생 A: 너는 매일 공부하니까 내일 시험은 걱정하지 않아도 돼. 같이 놀러가자!<br>4) 학생 B: 생각해 봐! 맨날 공부만 하면 나중에 친구 한 명도 없을걸?</td></tr>
<tr><td>그 선택은 어떤 결과를 낳을까요?</td></tr>
<tr><td>여러분이라면 어떤 선택을 할 건가요?<br>(같은 모둠의 학생들이 모두 다른 의견을 가질 수 있다는 점을 명심해 주세요.)</td></tr>
</table>

* 절반의 모둠은 유나의 상황에 대한 의사결정을 내린다.

만약 다음의 상황에서 **여러분이 유나였다면** 어떤 선택을 할까요?

모둠 번호: ____________________

<table>
<tr><td>상황 1: 쉬는 시간</td></tr>
<tr><td>유나라면 선택을 할 때 누구의 말에 귀를 기울일까요?<br>(여러분의 선택에 ○표시를 해 주세요.)<br>1) 선생님: 학생들은 표절을 해서는 안 됩니다. 다른 사람의 숙제를 베낀 학생이나 자신의 숙제를 다른 사람이 베끼도록 허락해 준 학생은 모두 처벌을 받을 것입니다.<br>2) 학생 A: 나는 숙제를 정말 열심히 했고 동준이는 아무 것도 안 했어. 나는 동준이가 내 숙제를 베끼기를 원하지 않아.<br>3) 학생 B: 우리는 모두 같은 반 친구들이야. 우리는 서로를 도와야 해.</td></tr>
<tr><td>그 선택은 어떤 결과를 낳을까요?</td></tr>
</table>

| 여러분이라면 어떤 선택을 할 건가요?<br>(같은 모둠의 학생들이 모두 다른 의견을 가질 수 있다는 점을 명심해 주세요.) |
|---|
| **상황 2: 점심 시간** |
| **유나라면 선택을 할 때 누구의 말에 귀를 기울일까요?**<br>**(여러분의 선택에 ○표시를 해 주세요.)**<br>1) 아버지: 내가 담배를 핀다는 것이 너가 담배를 펴도 된다는 것을 의미하지는 않아.<br>2) 어머니: 담배 피지 마! 나쁜 얘들이나 담배를 피는 거야!<br>3) 학생 A: 뭐 어때! 한 번 펴 봐. 너네 아버지도 담배 피는데, 뭐!<br>4) 학생 B: 네가 담배 안 핀다고 말하면, 지효는 이제 너랑 안 놀아 줄걸. |
| **그 선택은 어떤 결과를 낳을까요?** |
| **여러분이라면 어떤 선택을 할 건가요?**<br>**(같은 모둠의 학생들이 모두 다른 의견을 가질 수 있다는 점을 명심해 주세요.)** |
| **상황 3: 방과 후** |
| **유나라면 선택을 할 때 누구의 말에 귀를 기울일까요?**<br>**(여러분의 선택에 ○표시를 해 주세요.)**<br>1) 아버지: 착하고 정의롭게 살아야 돼. 나쁜 짓은 하면 안 돼.<br>2) 선생님: 책임감 있는 시민은 범죄를 목격하면 신고합니다.<br>3) 학생 A: 신고하지 마! 신고하면 그 친구 인생 망칠 수 있어. 사탕 좀 훔칠 수 있지. 만약 그 친구가 너가 경찰에 신고한 거 알면, 너 엄청 싫어할 것 같아.<br>4) 학생 B: 경찰에 신고해! 그러면 안 된다는 걸 배워야지. |
| **그 선택은 어떤 결과를 낳을까요?** |
| **여러분이라면 어떤 선택을 할 건가요?**<br>**(같은 모둠의 학생들이 모두 다른 의견을 가질 수 있다는 점을 명심해 주세요.)** |

# 부록 10-8 교수자용 참고 자료: 평범한 하루 대본

내레이션: 은우와 유나는 1학년 2반 학생입니다. 은우는 무엇이든 자신 마음대로 할 수 있다고 생각하지만, 유나는 친구는 서로를 이해해야 한다고 생각합니다. 이런 은우와 유나의 생각은 오늘 그들의 의사결정에 어려움을 주고 있습니다.

〈쉬는 시간〉

동준: 은우야, 유나야. 나 숙제를 오늘까지 해야 하는 걸 까먹어서, 아직 숙제를 다 못 했어. 혹시 너희 숙제 내가 '참고용'으로 봐도 돼? 완전히 베끼지는 않을 거니까, 선생님은 모르실 거야.

유나: 아, 내 숙제를 본다고? 음……. 은우야, 너는 어떻게 생각해?

은우: 글쎄…….

〈점심 시간〉

지효: 은우야, 내가 오늘까지 내야 하는 걸 까먹고 수련회비를 안 가져왔는데……. 혹시 나 돈 좀 빌려 줄 수 있어?

은우: 생각 좀 해 볼게.

내레이션: 유나는 점심을 먹은 후, 친구들과 산책을 하고 있었습니다. 이때 같은 반 친구인 지효가 담뱃갑을 들고 유나에게 다가왔습니다.

지효: 하나 피워 볼래? 이거 정말 괜찮아!

유나: 나는 담배 안 피워…….

〈방과 후〉

동준: 은우야, 우리 농구 하러 갈 건데, 같이 갈래?

은우: 난 안 갈래. 오늘 덥기도 하고, 교복 입고 농구 하면 불편해. 다음에 같이 하자.

동준: 뭐래. 내가 다음에 너한테 물어보겠냐?

지훈: 은우야, 나 이따가 준성이네 집에서 게임하기로 했는데, 너도 갈래?

은우: (독백) 친구들과 게임하러 같이 가는 게 좋을까, 아니면 내일 보는 시험을 위해 공부를 더 하는 게 좋을까?

내레이션: 유나가 집으로 가는 길, 편의점 옆을 지나고 있을 때였습니다.

지효: 유나야, 쟤 봤어? 우리 반 애 아니야? 쟤 방금 사탕 훔쳤어!

유나: 응, 봤어.

지효: 어떡하지?

유나: 경찰 불러야 하나?

내레이션: 은우와 유나는 일상의 여러 상황 속에서 의사결정을 만들어야 합니다. 은우와 유나는 의사결정을 할 때, 가능한 결과들과 함께 이 결정이 반 친구들과의 관계에 미칠 영향을 고려해야 한다는 사실을 점차 깨닫고 있습니다.

# 부록 10-9 성장 확인 질문

이름: ______________________ 반: ______________________ 날짜: ______________________

## 1. 수업 과제

일상생활에서 중요한 결정을 내려야 할 때,

1) 의사결정 전에 어떤 정보들을 탐색하고 파악해야 할까요?

2) 어떤 사람에게 상담받을 수 있을까요?

3) 다른 사람들이 모두 상반된 의견을 제시한다면 어떻게 해야 할까요?

## 2. 숙제

1) 일상생활에서 의사결정을 할 때 고려해야 할 결과에는 무엇이 있을까요?

2) 중요한 결정을 내릴 때 사용하는 기준은 무엇인가요?

3) 진로와 같은 중요한 주제에 대한 결정을 내릴 때 무엇이 도움이 될 수 있을까요? 부모님, 선생님, 친구들과 상의하는 것도 좋은 방법이 될 수 있을까요?

소단원 3

# 꿈의 열차

## 1. 소단원 목적

실행 가능한 최적의 목표를 설정함으로써 자기결정 역량을 높인다.

## 2. 학습 목표

목표를 설정하고 조정하는 기술을 숙달한다.

## 3. 수업 내용

| 활동 | 절차 |
|---|---|
| **1. 준비 활동(3분)**<br><br>▷ **교수자료**<br>- [부록 10-10] 파워포인트 슬라이드: 꿈의 열차<br>- [부록 10-11] 교수자용 참고 자료: 꿈의 열차 대본 | 1. 학생들에게 "여러분을 꿈의 여정으로 초대합니다."라고 말하며 활동을 시작한다.<br>2. 음성 자료가 포함된 파워포인트 슬라이드([부록 10-10])를 보여 주거나, [부록 10-11] 내용을 참고하여 글을 읽어 준다. 몇몇 학생을 지정하여 읽게 하는 것도 좋다. |
| **2. 개인 활동:** 꿈의 열차가 출발합니다**(5분)** | **목표: 꿈을 표현한다.**<br>1. 마음을 가다듬고 가족, 친구와의 관계 또는 학업과 관련된 자신의 꿈이 무엇인지 고민해 본다.<br>2. 이후, 우리는 모두 다른 꿈을 가지고 있으며, 어떤 꿈은 매우 커서 실현하기 어렵게 느껴지지만, 작고 실행 가능한 여러 개의 최적의 목표를 설정함으로써 점진적으로 성취할 수 있음을 강조한다. |

| | |
|---|---|
| **3. 모둠 토론:** 꿈빛 놀이동산(**15분**)<br><br>▷ **교수자료**<br>- [부록 10-12] 활동지: 꿈빛 놀이동산 입장권 | **목표: 목표 설정 능력을 기르고 SMART 원칙을 능숙히 활용한다.**<br>1. 대단원 7 '자기효능감'의 소단원 4 '목표를 달성하는 SMART한 방법'에서 설명된 SMART 원칙에 대해 간단히 정리한다.<br>2. 학생들이 떠올리는 여러 꿈 중 하나를 선택한다. 학생들을 '꿈빛 놀이동산'으로 초대하고, 각 학생에게 '꿈빛 놀이동산 입장권([부록 10-12])'을 나눠 준다.<br>3. 학생들이 활동지를 마무리하면, 자신의 의견을 주변 급우들과 공유하도록 지시한다. 한 명이나 두 명의 학생은 전체 학생들에게 자신의 의견을 발표한다. 학생들에게 적절한 격려를 표현하고 조언을 제시한다. |
| **4. 결론(2분)** | 1. 모든 사람은 삶에 목적성을 부여하는 하나 이상의 꿈을 가지고 있다.<br>2. 하나의 큰 꿈을 여러 개의 실행 가능한 작은 목표로 나누고, 이러한 목표들을 실천하는 계획을 세움으로써, 꿈을 이루기 위해 필요한 능력을 갖출 수 있다. 또한 인내와 노력, 신중함은 꿈을 이루기 위해 반드시 필요하다.<br>3. 자신의 노력만이 아니라, 필요할 때 친구나 어른의 지지나 지도를 구하는 것 또한 꿈을 이루는 데 핵심적인 요소이다. |
| **5. 마무리 활동(5분)**<br><br>▷ **교수자료**<br>- [부록 10-13] 성장 확인 질문 | 1. 성장 확인 질문을 공유하고 학생들이 소단원 활동을 돌아볼 수 있도록 유도한다.<br>2. 소단원 활동에 대한 학생들의 참여에 대해 칭찬한다. |

## 4. 세부 지도 사항

### 1) 꿈빛 놀이동산

- 대단원 7 '자기효능감'의 소단원 4 '목표를 달성하는 SMART한 방법'에서 설명된 SMART 원칙에 대해 간단히 정리한다.
  - S: Specific → 목표는 구체적이어야 한다.
  - M: Measurable → 목표는 달성 여부를 측정 가능해야 한다.
  - A: Achievable → 목표는 현재 자원과 능력을 고려해 달성 가능해야 한다.
  - R: Realistic → 목표는 장기적인 목표 또는 현재의 우선순위를 고려해 현실적이어야 한다.
  - T: Timely → 목표는 달성하고자 하는 기한이 명확해야 한다.
- 교수자는 큰 꿈을 일련의 실행 가능한 단기적인 목표로 나누는 방법을 설명한다. 예를

들어, 한 학생이 '가족의 건강'을 꿈으로 가지고 있다면, 교수자는 그 학생이 '가족에게 매일 건강 상태 질문하기' '조부모님과 매주 일요일 산책하기' '남동생에게 하루에 한 시간 이상 컴퓨터 게임을 하지 말라고 말하기' 등 작은 목표를 세우도록 지도할 수 있다.

- 몇몇 학생들은 '일하지 않고 부자되기'와 같은 지나치게 비현실적인 소망을 표현할 수 있다. 이런 경우에도 교수자는 학생들의 생각을 인정하고, 비난하지 않아야 한다. 중요한 것은 학생들로 하여금 비현실적인 소망을 긍정적인 목표로 전환하고, 목표를 달성하는 데 따르는 책임을 인식하도록 돕는 것이다. 또한 교수자는 학생들이 계획을 세울 수 있는 실용적인 목표를 설정하고, 목표를 실천에 옮기도록 독려할 수 있다.
- 학생들이 작성한 활동지를 검토할 때, 주의 깊게 접근한다. 이유는 다음과 같다.
  - 학생들이 활동지에 적은 꿈은 현실적이거나 낭만적인 것과 같은 각자의 성격 또는 가치관을 반영한다. 따라서 활동지를 주의 깊게 살펴볼수록, 교수자는 학생에 대해 더 잘 이해할 수 있다.
  - 몇몇 학생들의 꿈은 교수자의 지지와 지도, 또는 개인의 지속적인 노력을 요구한다. 예를 들어, 어떤 학생의 꿈은 일탈이나 비행에 빠지지 않을 수 있도록 교수자가 관심을 보이거나, 학생 스스로 경계할 필요가 있다.
  - 몇몇 학생들은 죽음, 체벌, 혐오와 같은 부정적인 사고를 표현할 수 있다. 교수자는 이런 학생들에게 관심을 보이고, 학생의 필요를 이해하며, 상황에 따라 해당 학생이 상담을 받거나 적절한 기관의 도움을 받을 수 있도록 의뢰할 수 있다.

## 5. 보충 활동(선택 사항)

| 활동 | 내용 | 권장 사항 |
|---|---|---|
| 함께 이루는 꿈 | **목표: 계획을 실행하는 능력을 발달시키기 위해, 상호 간 협력한다.**<br>학생들이 종이 조각에 자신의 꿈을 적고, 그를 교실 내 게시판에 부착하도록 지시한다. 학생들은 서로에 대한 격려나 함께 계획을 실행하자는 제안을 담은 메시지를 남길 수 있다. | 교수자는 자신의 꿈을 종이 조각에 적어 교실 내 게시판에 부착할 수 있으며, 학생들에게 격려의 메시지를 남길 수도 있다. |

# 부록 10-11 교수자용 참고 자료: '꿈의 열차' 대본

〈승객 안내 방송 1〉

환영합니다. 이 열차는 잠시 후 출발합니다. 열차는 가족, 학업, 우정 정거장을 지나 종착역인 꿈빛 놀이동산에 도착합니다. 열차가 각 정거장을 지날 때마다, 이전 탑승객들의 해당 정거장에서 했던 생각을 들을 수 있습니다. 그렇다면 승객 여러분, 이제 열차가 출발합니다.

〈승객 안내 방송 2〉

이번 정거장은 '가족'입니다.

남성: 직접 가족을 선택할 수는 없지만, 그래도 저는 가족끼리 잘 지내고 서로 모든 것을 논의했으면 좋겠어요.

여성: 저는 제 부모님께서 힘들게 일하지 않으셨으면 좋겠어요. 저는 부모님께서 일찍 은퇴하고 삶을 즐길 수 있도록 제가 부양하고 싶어요.

〈승객 안내 방송 3〉

이번 정거장은 '학업'입니다.

여성: 제가 원하는 대학에 진학해서 제가 가장 관심 있는 전공을 공부하고 싶어요.

남성: 선생님들로부터 인정받고 싶어요. 반에서 1등이 되기는 어렵겠지만, 상위권이 되도록 항상 노력하고 있어요.

〈승객 안내 방송 4〉

이번 정거장은 '우정'입니다.

여성: 친구들과 나의 우정이 앞으로 영원히 계속되었으면 좋겠어요.

남성: 친구들과 어울리는 것도 좋지만, 저는 더 많은 시간을 함께 보내며 즐거워할 수 있는 애인이 있었으면 좋겠으면 좋겠어요.

〈승객 안내 방송 5〉

이번 정거장은 꿈빛 놀이동산 입니다.

부록 10-12

# 활동지: 꿈빛 놀이동산 입장권

이름: ____________________

가족/학업/우정에 대한 꿈을 생각해 보고 다음에 적어 주세요.
나의 꿈은…….

---

SMART 원칙에 따라, 꿈을 구체적이고, 측정 가능하며, 달성 가능하고, 현실적이며, 기한이 명확히 설정된 하위 목표들로 나눠 주세요. 차근차근 하위 목표를 달성함으로써 꿈을 이룰 수 있습니다.

| 하위 목표 1: ____________________ | | | | | | | |
|---|---|---|---|---|---|---|---|
| SMART 지표 | 답변에 ○로 표시해 주세요 (0 = 매우 낮음, 6 = 매우 높음). | | | | | | |
| 1. 구체적인 | 0 | 1 | 2 | 3 | 4 | 5 | 6 |
| 2. 측정 가능한 | 0 | 1 | 2 | 3 | 4 | 5 | 6 |
| 3. 달성 가능한 | 0 | 1 | 2 | 3 | 4 | 5 | 6 |
| 4. 현실적인 | 0 | 1 | 2 | 3 | 4 | 5 | 6 |
| 5. 기한이 명확한 | 하루/일주일/한 달 동안 __________시간씩 __________까지 | | | | | | |

| 하위 목표 2: ______________________________ | | | | | | | |
|---|---|---|---|---|---|---|---|
| SMART 지표 | 답변에 ㅇ로 표시해 주세요 (0 = 매우 낮음, 6 = 매우 높음). | | | | | | |
| 1. 구체적인 | 0 | 1 | 2 | 3 | 4 | 5 | 6 |
| 2. 측정 가능한 | 0 | 1 | 2 | 3 | 4 | 5 | 6 |
| 3. 달성 가능한 | 0 | 1 | 2 | 3 | 4 | 5 | 26 |
| 4. 현실적인 | 0 | 1 | 2 | 3 | 4 | 5 | 6 |
| 5. 기한이 명확한 | 하루/일주일/한 달 동안 __________시간씩 __________까지 | | | | | | |
| **하위 목표 3:** ______________________________ | | | | | | | |
| SMART 지표 | 답변에 ㅇ로 표시해 주세요 (0 = 매우 낮음, 6 = 매우 높음). | | | | | | |
| 1. 구체적인 | 0 | 1 | 2 | 3 | 4 | 5 | 6 |
| 2. 측정 가능한 | 0 | 1 | 2 | 3 | 4 | 5 | 6 |
| 3. 달성 가능한 | 0 | 1 | 2 | 3 | 4 | 5 | 6 |
| 4. 현실적인 | 0 | 1 | 2 | 3 | 4 | 5 | 6 |
| 5. 기한이 명확한 | 하루/일주일/한 달 동안 __________시간씩 __________까지 | | | | | | |

나는 이 목표를 달성하기 위해 열심히 노력할 것을 약속합니다.

서명: ______________________________ 날짜: ______________________________

# 부록 10-13 성장 확인 질문

이름: ______________ 반: ______________ 날짜: ______________

**1. 수업 과제**

1) 삶에서 꿈이 얼마나 중요할까요?

2) 꿈을 이루기 위해 도움이 될 수 있는 것으로 무엇이 있을까요?

3) 좋은 계획을 세우는 것 외에도, 꿈을 이루기 위해 어떤 능력, 자원, 성격 등이 필요할까요?

**2. 숙제**

1) 꿈을 이루기 위해 노력할 때 주의해야 할 점으로 무엇이 있을까요?

2) 꿈이 아직 이뤄지지 않았다면, 무엇을 해야 할까요?

3) 부모님의 기대와 상반되는 꿈을 가지고 있다면 어떻게 해야 할까요?

소단원 4

# 나의 다중지능

## 1. 소단원 목적

다중지능을 탐색함으로써 관심사를 발전시키고 관련된 새로운 기술을 습득한다. 또한 부모님의 지지를 얻는 방법을 배운다.

## 2. 학습 목표

① 자신의 다중지능을 분석하고 관심사를 탐색한다.

② 관심사를 발전시키기 위한 실용적인 계획을 세우고, 부모님의 지지를 받는 것의 중요성을 이해한다.

## 3. 수업 내용

| 활동 | 절차 |
|---|---|
| **1. 준비 활동(3분)**<br><br>▷ **교수자료**<br>- [부록 10-14] 파워포인트 슬라이드: 다양한 관심사 | 1. 파워포인트([부록 10-14])의 첫 번째 슬라이드를 보여 준다. 이후 학생들에게 각 등장인물의 관심사는 무엇인지, 이와 같은 관심사를 가지는 것의 이점이 무엇인지에 대해 생각해 보도록 지시한다.<br>2. 우리의 취미는 재미를 줄 뿐 아니라 우리가 새로운 기술을 배우고 능력을 함양하는 계기가 될 수 있음을 언급한다. 예를 들어, 아마추어 사진사는 친구들이나 여행지의 사진을 찍는 것을 좋아한다. 이 경우, 이 사람은 새로운 웹페이지를 만들어 자신이 찍은 사진을 다른 사람들과 공유하는 방법을 배울 수 있다. 스티커를 모으기 좋아하는 사람은 그래픽 디자인이나 색 조합에 대한 관심을 발전시킬 수 있다. |

| | |
|---|---|
| **2. 개인 활동:** 나의 다중지능**(10분)**<br><br>▷ **교수자료**<br>- [부록 10-14] 파워포인트 슬라이드: 다양한 관심사<br>- [부록 10-15] 활동지: 나의 다중지능 평가지<br>- [부록 10-16] 활동지: 나의 다중지능 피자<br>- 색깔 사인펜 | **목표: 다중지능의 의미를 이해하고, 자신의 다중지능을 탐구한다.**<br>1. "나의 다중지능 평가지"([부록 10-15])를 학생들에게 나눠 준다. 학생들에게 평가지를 작성하는 것이 자신의 잠재력을 발견하는 데 도움이 될 수 있다고 말하며, 신중하게 활동지를 작성하도록 요구한다.<br>2. 학생들이 평가지를 다 작성하면, 행별로 점수를 합산하도록 지시한다. 이후, 학생들에게 다중지능 이론의 여덟 가지 범주를 소개한다.<br>3. 학생들에게 "나의 다중지능 피자" 활동지([부록 10-16])를 나눠 준다. 파워포인트 슬라이드([부록 10-14])를 사용해, 학생들에게 결과를 계산하고 그림에 색칠하는 방법의 예시를 제공한다.<br>4. 앞서 진행한 활동은 학생들의 다중지능에 대한 예비적인 아이디어만을 제공하기 때문에, 아직 발견하지 못한 다중지능이 있을 수 있다는 점을 언급한다. 따라서 모든 학생에게 지속적으로 자신의 잠재력을 탐색하고 발전시켜야 함을 강조한다. |
| **3. 모둠 토론:** 이제 시작이야**(10분)**<br><br>▷ **교수자료**<br>- [부록 10-17] 활동지: 이제 시작이야 | **목표: 자신의 관심사를 발견하고, 현실적인 계획을 세우며, 부모님의 지지를 받는 것의 중요성을 이해한다.**<br>1. "이제 시작이야" 활동지([부록 10-17])를 학생들에게 배부한다. 학생들은 '나의 다중지능 피자'에 표시한 다중지능의 분포를 참고해, 자신에게 가장 잘 맞는 관심사를 적어 보고, 그 관심사의 장점을 정리하며, 관심사를 평가하는 다양한 기준의 경중을 따져 보고, 단계적인 실행 계획을 세운다.<br>2. 학생들이 활동지 작성을 마무리하면, 자리가 가까운 학생들이 모여 계획을 어떻게 실행할지, 또한 부모의 지지를 어떻게 얻을지에 대해 논의하도록 지시한다. 마지막으로 몇몇 학생들을 지목해 전체 학급에게 토론 결과를 공유하도록 한다. |
| **4. 결론(2분)** | 1. 모든 사람은 다른 영역에서 자신만의 능력을 가지고 있고, 모든 다중지능은 가치가 있다. 가장 중요한 것은 강점을 최대한 발휘하는 동시에 약점을 개선하는 것이다. 긍정적인 활동에 대한 관심사를 개발하는 것은 다중지능을 발전시키는 하나의 방법이다.<br>2. 사람들은 자신의 관심사를 선택하고 실행 가능한 행동 계획을 세울 수 있는 자율성을 가지고 있다. 동시에 자신의 동기에 대해서 부모님이나 어른들이 그들의 동기를 잘 알고, 이해하며, 지지하도록 만들 필요가 있다.<br>3. 관심사를 발전시키는 과정에서, 사람들은 진심을 다하고 인내해야 한다. 사람들은 또한 친구들을 통해 동기를 유지하는 데 도움을 받을 수 있다. |
| **5. 마무리 활동(5분)**<br><br>▷ **교수자료**<br>- [부록 10-18] 성장 확인 질문 | 1. 성장 확인 질문을 나누어 주고 학생들에게 지난 활동을 돌아볼 수 있는 시간을 준다.<br>2. 수업 시간 동안 학생들의 참여에 대해 칭찬한다. |

## 4. 세부 지도 사항

### 1) 나의 다중지능

- 하버드 대학교의 심리학자인 하워드 가드너 박사는 모든 사람은 다중지능을 가지고 있다고 제안하는 다중지능 이론을 발표했다. 다중지능은 다양한 활동을 통해 개발될 수 있다. 다양한 활동에 참여함으로써 자신과 타인을 더 잘 이해하고 개인의 창의성을 높이는 효과를 얻을 수 있으며, 그 결과로 문제 해결에 능숙해짐과 동시에 성공에 가까워질 수 있다. 하워드 가드너 박사는 모든 지능은 특별하며 가치 있다고 말했다. 따라서 교수자는 학생들이 스스로를 보다 가치 있게 여길 수 있는 방법으로서 자신의 강점을 탐구할 수 있도록 독려한다.
- 학생들 개개인의 이해력을 고려해 '나의 다중지능'과 '나의 다중지능 피자' 활동지를 마무리할 수 있도록 지도한다.
- 학생들은 자신의 능력을 완전히 인식하지 못할 수 있고, 자신을 이해하기에는 삶의 경험이 충분하지 않을 수 있기 때문에, 활동지 작성은 학생들이 일상생활에서 자신의 지능을 발견하도록 돕는 용도로 사용되어야 한다. 따라서 다중지능의 평가는 학생들이 자신의 지능 분포를 관찰하고 자신의 강점과 약점을 확인하기 위한 보조적 장치라는 점을 명확히 설명한다.

### 2) 이제 시작이야

- 학생들이 자신의 능력을 확인하고 최대한으로 발휘하는 데 '나의 다중지능 피자'를 활용하도록 지도한다. 학생들은 또한 아직 발견하지 못한 재능이 무엇인지 생각해 보고 새로운 관심사를 찾을 수도 있다. 이와 같은 자기 성찰은 최적의 학습 목표를 설정하는 데 도움을 줄 수 있다.
- 몇몇 학생들은 온라인 또는 모바일 게임이 수학적 추론 능력을 발전시키는 데 도움을 준다고 생각할 수 있다. 학생들의 게임 중독을 방지하기 위해, 교수자는 게임을 하는 것 외에 수학적 추론 능력을 향상시키는 다른 방법이 많다는 점을 지적함으로써, 학생들이 게임에 빠지는 것을 스스로 통제할 수 있도록 지도해야 한다. 교수자는 또한 이 소단원의 목적이 건강하고 활동적인 관심사를 발전시키도록 학생들을 독려하는 것이라는

점을 명시해야 한다.

- 몇몇 학생들은 이미 스포츠, 음악, 미술 등에서 자신의 관심사를 발전시키기 시작했을 수 있다. 이와 같은 학생들이 자신의 다중지능을 완전히 발전시키는 기회로 이 활동을 활용하고, 다른 영역에서도 자신의 잠재력을 재평가해 보도록 독려한다.
- 학생들의 관심사나 학생들이 배운 기술이 본질적으로 경쟁을 필요로 한다면, 교수자는 학생들이 승리하는 것에 과도하게 몰두하지 않도록 지도해야 한다. 이를 통해 학생들은 오히려 활동 그 자체에서 오는 만족감에 집중할 수 있으며, 이는 실패를 마주했을 때도 활동을 포기하지 않는 데 도움이 된다.
- 학생들이 모둠 토론 동안 서로를 칭찬하고 격려하도록 지시한다.
- 학생들은 부모님의 지지를 얻는 것이 어렵다고 말할 수 있다. 이 경우, 교수자는 학생들이 부모님께 다중지능 활동지의 결과를 보여 줌으로써 부모님께서 다양한 영역에서 학생의 강점을 잘 이해할 수 있도록 도울 수 있다. 한편, 부모님들은 일반적으로 몇몇 비교과활동이 학업 성적에 부정적인 영향을 미칠 것으로 생각하기 때문에, 교수자는 학생들이 자신의 시간 관리 기술과 자제력에 주의를 기울여 부모님의 신뢰를 얻도록 독려할 수 있다.
- 학생들이 의견을 나누는 동안, 교수자는 몇 년 동안 음악이나 스포츠에 전념했던 학생들을 지목해 자신의 경험과 경험을 통해 배운 점을 전체 학급에 공유하도록 지시할 수 있다.

## 5. 보충 활동(선택 사항)

| 활동 | 내용 | 권장 사항 |
| --- | --- | --- |
| **잠재력을 꽃피우는 방법** | **목표: 비교과활동에 참여함으로써 자신의 잠재력을 발전시킨다.**<br>학생들이 자신의 관심사를 발전시키기 위한 학습 목표를 세우고, 관련 비교과활동에 대한 프로그램 안내문, 지역센터 광고, 인터넷에 게시된 정보를 수집하도록 독려한다. 가족이나 친구와 논의한 후, 자신을 위한 적합한 학습 계획을 선택하도록 지시한다. | 교내 다양한 비교과활동의 담당자를 교실로 초대해 간단히 소개하는 시간을 가짐으로써, 학생들이 학교에서 가능한 선택지로 무엇이 있는지 잘 알 수 있도록 돕는다. |

부록 10-15

# 활동지: 나의 다중지능 평가지

이름: ______________________

| 각 문항이 자신을 얼마나 잘 표현하는지 □ 안에 0 (전혀 그렇지 않다) - 1 (그렇지 않다) - 2 (아닌 편이다) - 3 (약간 그렇다) - 4 (그렇다) - 5 (매우 그렇다) 중 하나의 숫자를 적으세요. 이후 점수를 가로로 합산해서 각 행의 총점을 구합니다. | | | | | | | | 점수 |
|---|---|---|---|---|---|---|---|---|
| 1. 다른 사람의 말투를 따라 할 수 있다. | □ | 9. 다른 사람의 말의 의미를 이해하고 분석할 수 있다. | □ | 17. 이름, 장소, 날짜 등의 정보를 잘 기억한다. | □ | 25. 이야기를 읽거나 말하는 것을 즐긴다. | □ | (A) |
| 2. 체스나 전략적인 게임하는 것을 좋아한다. | □ | 10. 논리나 추론 게임을 좋아한다. | □ | 18. 새로운 주제에 질문을 던지는 것을 좋아한다. | □ | 26. 암산을 빠르고 정확하게 할 수 있다. | □ | (B) |
| 3. 촉각을 통해 주변 환경과 사물을 탐색할 수 있다. | □ | 11. 스포츠를 즐긴다. | □ | 19. 보디랭귀지를 사용해 의사를 표현할 수 있다. | □ | 27. 뜨개질, 공예, 모형 만들기 등에 관심이 있다. | □ | (C) |
| 4. 3D 그래픽을 시각화하거나 3D 모델을 개발할 수 있다. | □ | 12. 지도나 그래프를 잘 이해한다. | □ | 20. 동영상이나 영화 등 시각 자료를 보는 것을 즐긴다. | □ | 28. 그림 그리기나 공예를 좋아한다. | □ | (D) |
| 5. 여러 종류의 음악을 잘 구분한다. | □ | 13. 리듬감 있게 말한다. | □ | 21. 무의식적으로 멜로디를 흥얼거린다. | □ | 29. 노래하거나 악기를 연주한다. | □ | (E) |
| 6. 날씨 변화를 관찰한다. | □ | 14. 다양한 자료를 활용해 동식물을 탐구한다. | □ | 22. 동식물을 키우거나 돌보는 것을 좋아한다. | □ | 30. 자연과학을 배우는 것을 좋아한다. | □ | (F) |
| 7. 타인을 배려한다. | □ | 15. 집단 구성원의 의견 충돌을 잘 중재한다. | □ | 23. 새로운 환경에 잘 적응하고 다양한 사람과 잘 어울린다. | □ | 31. 다른 사람의 비판을 잘 받아들인다. | □ | (G) |
| 8. 자신의 정서 반응을 잘 관찰한다. | □ | 16. 지속적으로 학업에 대한 동기를 부여한다. | □ | 24. 자신을 돌아보고 더 나은 사람이 되도록 노력한다. | □ | 32. 자신의 감정을 효과적으로 표현한다. | □ | (H) |

| | | | |
|---|---|---|---|
| A. 언어지능 | B. 논리/수학지능 | C. 신체/운동지능 | D. 시각/공간지능 |
| E. 음악지능 | F. 자연지능 | G. 대인 관계지능 | H. 자기성찰지능 |

# 부록 10-16 활동지: 나의 다중지능 피자

이름: ______________________

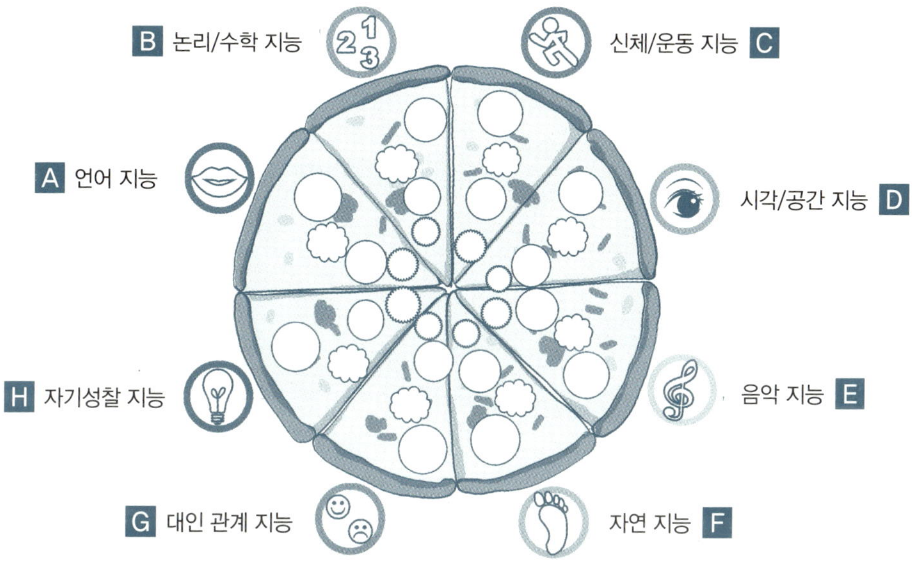


| 항목 | 추천 취미 | 점수 | 항목 | 추천 취미 | 점수 |
|---|---|---|---|---|---|
| A. 언어 지능 | 외국어 배우기, 글쓰기, 책 읽기 | | E. 음악 지능 | 노래하기, 작곡하기, 악기 연주 배우기 | |
| B. 논리/수학 지능 | 컴퓨터 프로그램 만들어 보기, 체스하기, 과학 공부 | | F. 자연 지능 | 별자리 관찰하기, 생태 탐험, 환경 보호 운동에 참여하기, 소풍 다니기 | |
| C. 신체/운동 지능 | 육상, 수영, 하이킹 | | G. 대인관계 지능 | 사회 활동 단체나 자원 봉사 단체 가입하기, 예절 문화 공부하기 | |
| D. 시각/공간 지능 | 예술 창작 활동, 사진 찍기, 퍼즐 맞추기 | | H. 자기성찰 지능 | 일기 쓰기, 책 읽거나 영화 보고 자신에 떠오른 생각 정리해 보기 | |

**다중지능 피자에 점수를 표시해 보세요. 0점부터 5점은 하나의 토핑을, 6점부터 10점은 2개의 토핑을, 11점부터 15점은 3개의 토핑을, 16점부터 20점은 4개의 토핑을 올려 주세요.**

**검사를 마친 후, 새로운 활동을 선택해 보고 그 활동을 취미로 삼기에 적합한지 고민해 보세요.**

## 부록 10-17 활동지: 이제 시작이야

제조자: ______________________(이름)

생산 일자: ______________________(날짜) 유통 기한: ______________________(평가 날짜)

**절차**

1. ______________________
2. ______________________
3. ______________________

| 주성분 | 비율(%) |
|---|---|
| 비용 | |
| 참여 시간 | |
| 부모님의 허락 | |
| 몰입도 | |
| 인내심 | |
| 동반자 | |
| | 100% |

# 부록 10-18 성장 확인 질문

이름: ______________________ 반: ______________________ 날짜: ______________________

## 1. 수업 과제

1) 다중지능은 선천적일까요, 후천적일까요?

2) 다중지능을 어떻게 개발할 수 있을까요?

3) 모든 것을 다 잘해야 할까요? 만약 내가 하나의 측면에서만 뛰어난 성과를 보인다면 어떻게 해야 할까요?

## 2. 숙제

1) 나의 다중지능은 어떻게 구성되어 있을까요? 나의 다중지능에 대해 만족하나요? 이유는 무엇인가요?

2) 다중지능이 나에게 어떤 도움이 될 수 있을까요?

3) 다중지능을 활용해 다른 사람을 돕거나 사회에 기여할 수 있는 방법은 무엇일까요?

대단원 11

# 영성

**소단원 1** 내가 가장 좋아하는 것은

**소단원 2** 한 지붕 아래

## 들어가며

영성은 삶의 물질적인 측면을 초월하여 우주와 깊이 연결되어 있는 느낌을 주는 존재나 힘에 대한 인식으로 정의된다. 어떤 연구자는 건강한 사람은 영성, 자기조절력, 일, 사랑, 우정이라는 다섯 가지 요소를 갖춰야 하는데, 그중 영성이 가장 중요한 요소라고 주장하기도 하였다. 또한 연구자들은 영성이 청소년의 발달에 장기적인 영향을 미치며 청소년의 적극적인 사회 참여에 영향을 주는 중요한 요인이라는 사실을 발견했다.

영성은 이성, 성찰, 종교, 관계, 회복이라는 다섯 가지 주요 영역으로 구성된다. 첫째, 사람들은 삶을 사는 동안 끊임없이 삶의 근원을 탐구하려 한다. 둘째, 사람들은 자기 성찰을 통해 삶과 죽음의 의미를 정의하려 한다. 일부 연구자들은 삶의 의미를 찾고자 하는 것은 인간의 주된 동력이라고 주장한다. 셋째, 종교는 가치와 신념에 대한 총체적인 틀을 제공하여 사람들이 도덕적인 삶을 살도록 돕고 사람들에게 삶과 죽음의 문제에 대한 해답을 제시한다. 넷째, 다른 무언가와 연결되어 있다는 것은 영성에서 가장 중요한 요소이며, 그 연결 관계는 '수평적'(타인 및 환경과의 관계)이거나 '수직적'(더 높은 존재와의 관계)일 수 있다. 마지막으로, 회복은 영성과 신체적 건강 사이의 직접적인 관계를 의미한다.

연구자들은 영성의 성장을 내면의 발달과정으로 설명한다. 이 과정은 사람이 변화하고 우주와 연결될 수 있도록 돕는다. 이는 마치 성장 동력과 같아서 사람이 다른 사람들과 관계를 맺고, 의미와 목표를 찾고, 사회에 기여하도록 동기를 부여한다.

영성의 원천은, ① 내면의 소리에 귀를 기울이는 것, ② 내면의 지혜와 잠재력을 발견하고 개발하는 것, ③ 높은 수준의 의식을 유지하는 것, ④ 초월적 힘과 연결되는 것에 있다. 영성을 높이는 방법으로는 삶의 의미를 찾고, 삶의 경이로움을 발견하고, 우주를 탐험하고, 창조의 힘을 탐구하고, 삶에 대한 믿음을 키우는 것이 있다.

Level 1 과정에서 대단원 '영성'은 2개의 소단원으로 구성되어 있다. 이 단원의 목표는 학생들이 자신의 삶에서 무엇이 중요한지 탐구하고 자신과 환경의 관계를 파악하도록 돕는 것이다. 학생들은 주변 사람들과 자신의 주위에서 발생하는 사건들을 소중히 여기고 자연환경에 감사하는 법을 배우게 될 것이다. 소단원 1은 학생들이 자신의 삶에서 중요한 것이 무엇인지 성찰하고, 물질에 대한 의존도를 낮추며, 소중한 사람들과의 관계를 강화하도록 돕는다. 소단원 2는 학생들이 인간과 환경의 관계에 대해 성찰하고 자연환경에 대한 열정적인 태도를 기르도록 돕는 것을 목표로 한다.

## 개관

| 소단원 | 소단원 목적 | 학습 목표 |
|---|---|---|
| **내가 가장 좋아하는 것은 (30분)** | 삶의 우선순위에 대해 생각해 본다. | 물질주의적 가치관을 성찰하고 이를 약화시킨다. |
| **한 지붕 아래 (30분)** | 자연에 대한 열정적인 태도를 기른다. | 1. 인간과 자연의 관계를 성찰해 본다.<br>2. 자연의 아름다움의 진가를 알아본다. |

이 대단원에 포함된 모든 활동지 및 파워포인트 슬라이드와 영상 자료 등은 학지사 홈페이지(www.hakjisa.co.kr)에서 내려받을 수 있습니다.

소단원 1

# 내가 가장 좋아하는 것은

## 1. 소단원 목적

삶의 우선순위에 대해 생각해 본다.

## 2. 학습 목표

물질주의적 가치관을 성찰하고 이를 약화시킨다.

## 3. 수업 내용

| 활동 | 절차 |
|---|---|
| **1. 준비 활동:** 언덕에서 난 불**(10분)**<br><br>▷ **교수자료**<br>- [부록 11-1] 교수자용 참고 자료: 언덕에서 난 불 | 1. "언덕에서 난 불" 이야기를 한다. 토론을 위한 질문은 다음과 같다.<br>• 선생님은 왜 자신의 목숨을 희생하기로 선택하셨나요?<br>• 만약 여러분이 선생님이라면 똑같은 행동을 할 것 같나요? 왜 그런가요?<br>2. 학생들이 자신에게 가장 중요한 것이 무엇인지 생각하도록 자극한다. |
| **2. 모둠 토론:** 가장 중요한 것은 무엇일까**(13분)**<br><br>▷ **교수자료**<br>- [부록 11-2] 활동지: 나의 마지막 순간의 선택 | **목표: 자신의 삶에서 가장 중요한 것에 대한 인식을 유도한다.**<br>1. "어느 날 의사가 여러분이 암에 걸렸고 앞으로 3개월밖에 살지 못한다고 알려 준다면 여러분은 무엇을 할 것 같나요?"라고 질문한다. 학생들에게 활동지([부록 11-2])에 나열된 항목들의 중요도를 평가해 보게 한다(A열 아래에 1부터 10까지 기입).<br>2. "만약 3개월이 아닌 24시간만 남아 있다면 여러분이 선택한 내용을 바꿀 것인가요?"라고 다시 질문한다. 학생들에게 활동지에 나열된 항목들의 중요도를 다시 평가해 보도록 지시한다(이번에는 B열 아래에 기입).<br>3. "여러분의 삶의 마지막 24시간 동안 나열된 항목들 중 3가지만 할 수 있다면 무엇을 선택할 것 같나요?"라고 다시 한번 질문한다. 학생들에게 선택하지 않을 항목은 삭제하도록 지시한다. |

| | |
|---|---|
| | 4. 학급을 여러 개의 모둠으로 나누어 모둠 토론을 진행한다. 토론을 위해 다음의 질문을 던진다.<br>• 앞의 3가지 질문에 대한 답변들 간의 유사한 점과 차이점이 있나요? 왜 그런가요?<br>5. 학생들에게 토론 결과를 보고하도록 안내한다. 다음 순서를 준비하기 위해 각 모둠의 답변을 칠판에 적는다. |
| **3. 결론(2분)** | 1. 가장 마지막에 선택한 3가지 항목이 각자에게 가장 중요한 항목이다.<br>2. 모두 자신만의 선택을 한다. 어떤 사람은 가족과 함께 있기를 선택하고, 어떤 사람은 의미 있는 일을 하기를 선택한다. 학생들에게 단순히 안락하고 좋은 생활을 영위하기 위해 노력하는 것 외에도 가족과 친구를 포함해 우리가 관심을 가져야 할 대상이 많다는 점을 상기시킨다.<br>3. 학생들에게 인생의 마지막 순간까지 기다리지 않고 지금부터라도 중요하다고 생각되는 일을 한다면 우리의 삶이 더 의미 있고 풍요로워질 수 있음을 상기시킨다. |
| **4. 마무리 활동(5분)**<br><br>▷ **교수자료**<br>- [부록 11-3] 성장 확인 질문 | 1. 성장 확인 질문을 나누어 주고 학생들이 수업 내용을 되돌아볼 수 있도록 지도한다.<br>2. 수업에 열심히 참여한 학생들을 칭찬한다. |

## 4. 세부 지도 사항

### 1) 준비 활동

[부록 11-1]의 이야기는 실제로 1996년에 홍콩에서 발생한 "펫신렝 화재" 이야기에서 발췌한 것이다.

### 2) 가장 중요한 것은 무엇일까

• 교수자는 엄숙한 분위기를 조성하기 위해 조명을 끌 수 있다. 학생들이 수업 과정에 조용히 임할 수 있도록 안내하고 답변을 작성하기 전에 신중하게 생각해 볼 것을 요청한다.
• '틀린 답'은 없다는 점을 강조한다.
• 학생들은 활동지 내용이 자신에게 적합하지 않다고 생각되면 자신만의 '선택 목록'을

직접 만들고 토론을 진행할 수 있다.

• 학생들이 세 번의 질문에 대해 답한 내용들 간 유사성과 차이점에 초점을 맞춰 토론할 수 있도록 유도한다. 학생들이 자신의 삶에서 가장 중요한 것은 무엇인지 생각하도록 유도한다. 학생들에게 물질적인 즐거움보다는 대인 관계에 대해 더 많이 생각해 보도록 격려한다.

### 3) 결론

• 이 소단원의 개념은 다소 추상적이다. 교수자에게 수업에 앞서 "삶에 대한 나의 태도는 무엇인가?" "나는 물질주의를 어떻게 보는가?" "내가 추구하는 것은 무엇인가?" 등의 질문을 통해 스스로를 성찰해 보기를 권장한다.

• 학생들의 정서적인 반응에 주의를 기울인다. 모둠 토론 중 학생들은 부정적인 감정을 느낄 수 있다. 도움이 필요한 학생에게는 수업 후 상담을 진행한다.

## 5. 보충 활동(선택 사항)

| 활동 | 내용 | 권장 사항 |
|---|---|---|
| **만성 질환이 있는 환자를 방문하기** | **목표: 건강의 중요성과 삶의 의미에 대한 인식을 제고한다.**<br>학생들을 모둠으로 구성하여 만성 질환을 앓고 있는 환자를 방문하게 한다. 학생들이 아픔을 이해하고 건강의 중요성을 깨닫게 함으로써 삶에 대한 더 깊은 성찰을 할 수 있도록 돕는다. 병문안 이후 모둠별로 각자의 소감을 나눌 수 있도록 한다. | 삶에 대해 여전히 긍정적인 태도를 유지하는 만성 질환 환자를 방문할 수 있도록 준비한다.<br>학생들의 시야를 넓히기 위해 다른 사람들을 방문해 볼 수 있다. |

# 부록 11-1 교수자용 참고 자료: 언덕에서 난 불

아주 화창하고 맑은 날이었습니다. 한 무리의 학생들과 선생님들이 시골 공원으로 등산을 가고 있었습니다. 출발 지점에 도착한 후, 학생들과 선생님들은 한 명씩 언덕을 걸어 올라갔습니다. 가는 길은 즐겁고 유쾌했습니다.

한참을 걷고 난 후, 뒤편에 있던 한 학생이 갑자기 "불이야! 불이야!"라고 소리쳤습니다. 불로 인해 돌아갈 길이 없어지자 모두가 서둘러 언덕을 올라갔습니다. 불은 활활 타오르며 거의 언덕 전체를 덮었습니다. 선생님과 학생 모두 당황하고 긴장한 채 무작정 언덕을 달려 올라가고 있었습니다. 그런데 한 선생님이 학생들을 한 명씩 도와 미끄러운 비탈길로 내려갈 수 있도록 했고, 그 선생님의 도움 덕분에 모든 학생이 안전하게 언덕을 내려갈 수 있었습니다.

안타깝게도 학생 한 명이 실종되었고, 화재 현장에서 불에 탄 시신이 발견되자 모두가 그 시신이 실종된 학생이라고 생각했습니다. 하지만 실종되었던 학생은 나중에 발견되었습니다. 선생님이 탈출을 도왔지만 다른 곳에서 다쳐 처음에 미처 발견되지 못했던 학생이었습니다.

그럼 그 시신은 누구의 시신이었을까요?

마침내, 그 시신은 학생들을 화재에서 탈출시키는 데 도움을 주었던 바로 그 선생님이었다는 사실이 밝혀졌습니다. 학생들을 구하기 위해 마지막 순간까지 선생님은 화재 현장을 떠나지 않았던 것입니다…….

선생님은 자신의 목숨을 바쳐 학생들의 생명을 구했습니다.

부록 11-2

# 활동지: 나의 마지막 순간의 선택

이름: ____________________

**A와 B열에 제시된 항목의 중요도에 따라 1부터 10까지의 숫자를 적으세요. '1'은 가장 중요한 항목, '10'은 가장 중요하지 않은 항목을 나타냅니다.**

| | A열: 3개월 남음 | B열: 24시간 남음 |
|---|---|---|
| 1. 좋아하는 활동하기(예: 스포츠, 게임 등) | ○ | ○ |
| 2. 마음에 드는 물건 구매하기 | ○ | ○ |
| 3. 남자친구/여자친구와 시간 보내기 | ○ | ○ |
| 4. 평소 존경하던 인물을 만나기 | ○ | ○ |
| 5. 친구들과 함께 시간 보내기 | ○ | ○ |
| 6. 가족과 함께 시간 보내기 | ○ | ○ |
| 7. 나를 치료해 줄 유명한 의사 찾기 | ○ | ○ |
| 8. 자원봉사 참여하기(예: 다른 사람을 돕기) | ○ | ○ |
| 9. 자서전 쓰기 | ○ | ○ |
| 10. 기타: ______ | ○ | ○ |

# 부록 11-3 성장 확인 질문

이름: ______________________ 반: ______________________ 날짜: ______________________

## 1. 수업 과제

1) 인생에서 당신의 가치관에 가장 큰 영향을 미친 사람은 누구인가요? (두 명 이상의 이름을 작성하세요.)

| | 인물 | 나에게 미친 영향 |
|---|---|---|
| 가족 | | |
| 친구 | | |
| 선생님 | | |
| 기타 | | |

2) 다음 중 과거에는 간과했던 가치는 무엇이라고 생각하나요?

☐ 건강 ☐ 가족과의 관계 ☐ 지식 ☐ 친구와의 관계
☐ 관심사/취미 ☐ 자연 ☐ 자선/봉사 ☐ 기타:

3) 앞선 질문을 참고하여, 성숙한 삶을 살기 위해 앞의 가치들을 어떻게 발전시켜 나갈 수 있을까요?

## 2. 숙제

1) 인생의 가치를 추구하며 살도록 격려하는 격언을 찾아 작성해 보세요. 격언에 대한 여러분의 느낌과 생각을 공유해 주세요.

- 격언:
- 느낌/생각:

2) 어떤 사람은 한국 사람들이 지나치게 물질만능주의적인 삶을 추구하고 자기희생 정신이 부족하다고 말합니다. 이 말에 동의하나요? 그 이유를 설명해 주세요.

3) "물질적인 목표만을 추구해서는 안 되고, 인생에 더 중요한 목표가 있다."라는 태도를 장려하기 위해 무엇을 할 수 있을까요?

소단원 2

# 한 지붕 아래

## 1. 소단원 목적

자연에 대한 열정적인 태도를 기른다.

## 2. 학습 목표

① 인간과 자연의 관계를 성찰해 본다.

② 자연의 아름다움의 진가를 알아본다.

## 3. 수업 내용

| 활동 | 절차 |
|---|---|
| 1. 준비 활동(2분) | 1. 학생들에게 질문을 던지며 시작한다.<br>• 뷔페에 가서 식사해 본 적이 있나요?<br>• 새 옷이나 새 운동화를 구매해 본 적이 있나요?<br>• 에어컨이 틀어져 있는 교실에 있어 본 적이 있나요?<br>• 집에서 식사해 본 적이 있나요?<br>2. 학생들의 답변에 간단히 피드백을 제공한다. 거의 모든 사람이 이와 같은 경험을 해 본 적이 있다는 점을 언급하고 학생들이 자신의 경험에 대해 이야기하도록 유도한다. |
| **2. 학급 토론:** 당신은 주인공인가요**(8분)**<br><br>▷ **교수자료**<br>- [부록 11-4] 파워포인트 슬라이드: 낭비-정말 문제야(음성 파일)<br>- [부록 11-5] 교수자용 참고 자료: 낭비-정말 문제야 대본 | **목표: 사람들의 행동이 자연에 미치는 영향에 대해 생각해 본다.**<br>1. 음성파일이 포함된 파워포인트 슬라이드([부록 11-4])를 보여 주거나, [부록 11-5] 내용을 참고하여 글을 읽어 준다. 학생들을 지정하여 함께 읽게 하는 것도 가능하다.<br>2. 학생들에게 다음과 같이 질문한다. "여러분은 이런 행동을 한 적이 있나요? 몇 개의 행동을 한 적이 있는지 손을 들어 보세요."<br>• 한 개?<br>• 두 개?<br>• 세 개?<br>• 네 개? |

| | |
|---|---|
| | (총 여섯 가지 시나리오가 있다. 교수자는 가용 시간에 따라 학생들의 일상 생활과 가장 밀접해 보이는 네 가지 시나리오를 선택할 수 있다.)<br>3. 학생들에게 "우리는 지구에 어떤 영향을 미칠까요?"라고 질문한 뒤, 학생들이 자신의 견해를 표현하게 한다.<br>4. 일반적으로 사람들은 환경 보호를 생각했을 때 물과 에너지 절약만을 떠올리는 경향이 있다. 하지만 음식물 낭비나 필요 없는 옷 구매 등 인간의 많은 행동이 지구의 한정된 자원을 고갈시키고 있다. |
| **3. 학급 토론:** 지구에서 살기**(10분)**<br><br>▷ **교수자료**<br>- [부록 11-6] 파워포인트 슬라이드: 사계절의 아름다움 | **목표: 자연에 대한 열정적인 태도를 기른다.**<br>1. 파워포인트 슬라이드 '사계절의 아름다움'([부록 11-6])을 제시한다. 슬라이드의 일부 사진은 한국에서 찍은 것이다. 학생들에게 사진이 어디에서 찍혔는지 맞혀 보게 한다.<br>2. 학생들에게 한국에서 찍은 사진이 무엇인지 알려 준다. 몇 명의 학생들에게 한국의 풍경에 대한 의견을 말해 보도록 요청한다.<br>3. 학생들에게 한국의 아름다운 자연경관을 보며 감탄해 본 적이 있는지 질문한다. 학생들에게 자연의 아름다움을 즐기기 위해 시골 지역을 방문해 볼 것을 권유한다.<br>4. 상상해 보기: 학생들에게 눈을 감고 파워포인트 슬라이드에 제시된 것과 같은 아름다운 자연환경에 있다고 상상해 보기를 요청한다. 심호흡을 해 보면서 그런 환경에서 무엇을 보고, 듣고, 만지고, 냄새를 맡게 될지 상상해 보라고 지시한다. 학생들이 자연의 아름다움을 정신적으로 경험해 보도록 유도한다. |
| **4. 자기 성찰:** 나는 누구인가**(3분)** | **목표: 인간과 자연의 관계를 성찰해 본다.**<br>"인간은 뛰어난 지혜를 가지며 고도로 문명화된 동물입니다. 인간과 자연은 어떤 관계를 가지고 있을까요?"라고 토론을 위한 질문을 던진다.<br>1. 여행자?: 우리는 지구에 잠시 머물러 있을 뿐이다. 우리는 자원 고갈의 위기를 고려하지 않고 자연을 이용할 수 있다.<br>2. 지배자?: 우리는 지구의 주인이다. 우리는 자원을 마음대로 사용할 수 있는 권리가 있으며 우리의 필요에 맞게 자연 서식지를 바꿀 수 있다.<br>3. 이웃?: 우리는 지구와 연결되어 있다. 우리는 자연의 규칙에 따라 살아야 한다. |
| **5. 결론(2분)** | 1. 일상에서 자연을 접할 기회는 많이 없지만, 자연환경의 아름다움은 우리가 시간을 들여 감상해야 할 가치가 있다.<br>2. 우리의 일상에서 환경 보호는 뜨거운 이슈이다. 우리는 자연(지구)과 어떤 관계를 맺고 있을까? 우리는 자연과의 관계를 되돌아보는 데 더 많은 시간을 할애해야 한다. |
| **6. 마무리 활동(5분)**<br><br>▷ **교수자료**<br>- [부록 11-7] 성장 확인 질문 | 1. 성장 확인 질문을 나누어 주고 학생들이 수업 내용을 되돌아볼 수 있도록 지도한다.<br>2. 수업에 열심히 참여한 학생들을 칭찬한다. |

## 4. 세부 지도 사항

### 1) 당신은 주인공인가요

- 이 활동의 목적은 학생들이 자신의 생활 습관을 되돌아보고 이러한 습관이 지구의 자원을 낭비하고 있는 것은 아닌지 살펴보는 것이다. 토론을 이끌 때 교수자는 자신의 가치관에 따라 학생의 습관이나 행동을 지나치게 비판하지 않도록 주의해야 한다.
- 교수자는 자신의 습관이나 경험을 학생들과 공유할 수 있다.

### 2) 지구에서 살기

- 만약 교수자가 이 활동을 통해 수업 효과를 강화하고 싶다면 파워포인트 슬라이드의 일부 사진이 한국에서 촬영되었다는 사실을 학생들에게 알리지 않는다. 슬라이드 쇼가 모두 마친 뒤에 사실을 알려 준다.
- 교수자의 태도는 학생들에게 가장 큰 영향을 미친다. 이 활동은 교수자가 자연환경에 대해 감사하는 태도를 가지는 것이 필수적이다.
- 파워포인트 슬라이드를 여러 번 재생하여 학생들이 아름다운 풍경을 즐길 수 있도록 돕는다.
- 한국의 아름다운 경치를 어디에서 볼 수 있는지, 어떻게 가야 하는지 등 학생들의 경험과 느낌을 공유한다.
- 학생들은 한국에 이렇게 아름다운 곳이 있는지 의심할 수 있다. 교수자는 학생들에게 우리가 한국의 아름다운 자연경관을 간과해 왔다는 사실을 상기시켜야 한다.

### 3) 나는 누구인가

- '여행자' '지배자' '이웃'이라는 세 가지 개념은 학생들이 인간과 자연 사이에 만들어질 수 있는 관계에 대해 생각해 보도록 자극할 수 있다.
- 비유나 예시를 활용하여 세 가지 개념을 설명한다.
- 이 활동에는 모범 답안이 없다. 교수자의 역할은 학생과 함께 문제에 대해 고민하는 것이다. 또한 교수자는 수업 전에 스스로를 성찰해 볼 필요가 있다.

## 5. 보충 활동(선택 사항)

| 활동 | 내용 | 권장 사항 |
|---|---|---|
| **영화 상영** | **목표: 자연을 사랑하는 마음을 가진다.**<br>사람들이 자연환경을 어떻게 파괴했는지를 주제로 한 영화(예: 〈불편한 진실〉)를 상영한다. 영화가 끝난 후, 학생들과 이러한 재앙이 일어나지 않도록 예방하는 방법에 대해 토론한다. | 이 내용은 지리 수업에서 토론 주제가 될 수 있다. |
| **산 정상에 있는 사진 전시관** | **목표: 자연의 아름다움을 감상한다.**<br>소풍이나 등산을 계획한다. 학생들에게 소풍이나 등산 중에 사진을 찍어 공유하도록 요청한다. | 이 활동의 목적은 학생들이 자연환경의 아름다움을 즐길 수 있도록 하는 것이다. 따라서 학생들이 활동 도중 지치지 않을 적당한 장소나 경로를 선택한다. |

## 부록 11-5 교수자용 참고 자료: 낭비-정말 문제야! 대본

**[시나리오 1: 뷔페에서 저녁 식사를 하던 도중…….]**

영수: 지은아, 음식 담으러 가자.

지은: 우와! 이 음식들 좀 봐!

영수: 어서 서둘러! 더 가득 담아! 많이 담아도 뷔페 가격은 똑같아!

지은: 네 말이 맞아. 우리가 아무리 많이 먹어도 가격은 똑같아.

[지은이가 접시에 있는 샐러드를 아주 조금만 먹는다.]

지은: 음식이 맛이 없어……. 더 이상 안 먹을래.

영수: 그래! 그냥 먹지 말고 둬. 맛볼 수 있는 다른 요리들이 많이 있으니 그거 먹자.

[지은이가 또 다른 접시에 음식을 담아 먹는다. 조금씩 맛본 후 다시 식사를 멈춘다.]

영수: 지은아, 음식이 맛이 없어?

지은: 아니, 그건 아니야. 그냥 너무 많이 먹고 싶진 않아서 그래. 다른 음식도 먹어 보고 싶어. 아마 종업원이 남은 음식은 다 가져갈 거야…….

**[시나리오 2: 옷을 구매할 때…….]**

지은: 민지야, 이 옷 너무 이쁘다. 너 이거 꼭 사야 돼!

민지: 맞아, 이 옷 정말 예뻐. 나 이미 노란색으로 하나 가지고 있어. 좋아! 이번에는 분홍색으로 하나 더 사야지.

지은: 분홍색이 너한테 정말 잘 어울릴 것 같아.

(지은이가 새로운 스타일의 운동화를 보고 난 뒤…….)

지은: 이거 좀 봐! 신상 운동화야. 근데 조금 비싸네…….

민지: 우리 반 친구들이 이거 많이 신더라. 정말 멋지다! 나도 한 켤레 사야겠어.

지은: 너 이미 운동화는 많이 가지고 있지 않아?

민지: 괜찮아. 한 켤레 정도야 뭐. 그냥 살래.

지은: 너 돈이 어디서 그렇게 났어? 이 운동화 삼십만 원이 넘어.

민지: 나만의 방법이 다 있지. 두 달 동안 밖에서 간식을 안 사 먹고 돈을 모으면 충분히 살 수 있어. 전에도 게임기를 사려고 이렇게 한 적이 있어.

**[시나리오 3: 체육 수업이 끝나고, 교실로 돌아가서…….]**

영수: 오! 시원하다! 교실에 에어컨이 있으니깐 정말 좋아.

민재: 나한테 고마워해야 해. 내가 체육 수업 전에 에어컨과 선풍기를 모두 틀고 나갔어.

영수: 너 정말 똑똑하다.

민재: 당연하지!

영수: 하지만……. 그러다 선생님께서 아시게 되면…….

민재: 그래서, 뭐? 학교가 전기세를 내잖아. 선생님들도, 우리도 한 푼도 안 내도 되잖아. 그런 거 누가 신경 쓰니? 편하게 지내는 게 중요하지…….

**[시나리오 4: 집에서 저녁 식사를 할 때…….]**

서진: 엄마, 음식이 너무 맛이 없어요. 도저히 먹기 싫어요!

엄마: 맛이 없다고?

서진: 엄마 음식은 너무 싱거워요. 음식에 아무런 맛이 없어요.

엄마: 하지만 다 네 건강을 위해서인 걸.

서진: 제 건강을 위해서라고요? 뭐가 좋은데요? 엄마의 요리 방식이 저는 마음에 들지 않아요.

[시나리오 5: 쉬는 시간에…….]

지수: 영지야, 너 뭐 읽고 있니?

영지: '오늘날의 기술' 잡지를 읽고 있어. 이것 봐! 새로 나온 '써니 폰'에 대한 광고가 있어. 이 휴대폰으로는 영상 통화도 할 수 있고, 영화처럼 동영상을 찍을 수도 있고, 멀리 있는 사람도 선명하게 사진 찍을 수 있대! 멋지다!

지수: 정말? 내가 지난 달에 산 휴대폰에는 그런 동영상 기능은 없었는데. 새로운 폰을 하나 사야 할 것 같네.

영지: 그런데 네 폰은 거의 새 것이잖아. 새로 살 만큼 엄청난 동영상 기술은 아닌 것 같은데……. 조금만 더 기다려 보는 게 어때?

지수: 아니야. 내 휴대폰을 더 낮은 가격에 다른 사람에게 되팔 수 있어. 아마 이 휴대폰을 원하는 사람이 있을 거야. 그럼 나는 새로 나온 기종을 살 수 있겠지. 우리는 최신 제품을 사용해야 하잖아. 너도 그렇게 생각하지?

[시나리오 6: 집에서…….]

영재는 아파트 단지 복도에서 같은 반 친구를 만나게 되는데…….

영재: 이 오래된 신문은 어디로 가져가려고?

민규: 분리수거 통에 넣게. 신문지, 페트병, 알루미늄 캔은 유용한 재료로 재활용할 수 있거든.

영재: 분류하는 데 시간이 너무 많이 걸리는걸. 나는 그냥 다 쓰레기통에 버릴래.

민규: 조금만 시간을 투자하면 돼. 모두의 작은 노력이 지구를 구할 수 있어.

# 부록 11-7 성장 확인 질문

이름: ____________________ 반: ____________________ 날짜: ____________________

## 1. 수업 과제

1) 나는 다음에 제시된 것들과 항상 가까이 지내거나 그것들에 주의를 기울인다.

- ☐ 대지(농장, 산 등)
- ☐ 물(강, 바다, 저수지 등)
- ☐ 공기
- ☐ 햇빛
- ☐ 식물
- ☐ 동물
- ☐ 기타:
- ☐ 위의 어느 것도 해당하지 않음, 왜냐하면____

2) 이전 질문을 참고했을 때, 내가 생각하기로는 ____________________이 내 삶과 가장 밀접하게 관련되어 있다. 왜냐하면 ________________________________________

3) 나는 과소비로 인한 환경 문제를 개선하기 위해 다음의 실천 사항을 지키도록 노력하겠습니다.

- ☐ 음식물 쓰레기 줄이기
- ☐ 불필요한 소비 줄이기
- ☐ 중고품 사용하기
- ☐ 재활용 하기
- ☐ 환경 문제의 근원 이해하기
- ☐ 탄소 발자국이 적은 제품 구매하기
- ☐ 환경 운동에 참여하기
- ☐ 기타:

## 2. 숙제

1) 한국에서 열릴 환경 보호 활동을 검색하고 기록해 보세요. 학급 친구들에게 소개할 만한 중요한 활동 한 가지를 적고 선택한 이유를 설명해 주세요.

2) 한국에서 환경을 보호하는 데 가장 큰 어려움은 무엇이라고 생각하나요? 한국 사람들이 문제를 개선하기 위해 무엇을 할 수 있다고 생각하나요?

## 대단원 12

# 명확하고 긍정적인 정체성

## 들어가며

심리학자 에릭 에릭슨의 이론에 따르면, 청소년기의 성장 과제는 자신을 온전히 받아들이는 것이다. 청소년들이 이 과제를 성공적으로 완수할 수 있는지 여부는 자신에 대해 배울 수 있는 풍부한 기회를 가진 정도에 따라 달라지며, 이는 자기정체성의 다양한 측면(예: 신체적, 심리적, 사회적, 학업적 측면)에서의 급격한 변화와 모호함을 해결하기 위해 필수적이다. 만약 청소년들이 청소년기 초기에 인지 발달과 더불어 명확하고 긍정적인 정체성을 발전시킬 수 있다면, 그들은 높은 자존감을 가질 수 있고 미래 성인기의 발달 과정에도 긍정적인 영향을 미칠 수 있다. 심리학자 제임스 마샤에 따르면 정체성 발달은 탐색과 전념을 기준으로 네 단계로 구분될 수 있다.

1. 정체성 성취: 여러 대안을 탐색한 후 특정 자기정체성에 전념한 상태
2. 정체성 유예: 여러 대안을 적극 탐색했으나, 아직 특정 자기정체성에 전념하지 않은 상태
3. 정체성 폐쇄: 충분한 탐색을 하기도 전에 특정 자기정체성에 전념한 상태
4. 정체성 혼미: 탐색을 하지도 전념을 만들지도 않아 자기정체성이 불분명한 상태

이상적으로 생각하는 자신의 모습과 다른 사람들이 보는 자신의 모습 사이의 일관성이 높아질수록 명확하고 긍정적인 정체성을 확립하기 쉬워진다. 자존감은 자신을 향한 긍정적인 또는 부정적인 태도를 말한다. 따라서 자신을 긍정적으로 평가할수록 자존감은 높아진다. 한 연구자에 따르면 아래의 요소들에 주의를 기울임으로써, 사람들은 자존감을 높이고, 성장하면서 마주하는 위기들을 헤쳐 나갈 수 있다.

1. 안전감: 개인의 성장을 돕는, 신뢰에 기반한 지지적인 환경을 구축한다.
2. 자기인식: 자신의 정서를 인식하고 자신의 현재 상태에 대해 파악하는 능력을 함양한다.
3. 소속감: 친밀한 대인 관계를 구축한다.
4. 목적의식: 목표를 설정하고, 실천 계획을 세울 수 있으며, 문제를 해결하고 의사결정을 내리는 능력을 함양한다.
5. 역량인식: 자신의 능력과 강점을 이해하고 적절하게 활용하는 능력을 함양한다.

자존감의 향상은 앞서 언급된 요소들 외에 다른 요소들과도 관련이 있다. 예를 들어, 명확하게 설정된 삶의 방향성이나 자신감, 또는 유대감도 자존감과 관련될 수 있다. 탐색과 전념의 원리, 일치-불일치의 개념, 성차에 대한 이해, 사회비교 등의 개념은 Level 2와 Level 3 과정에서 논의될 것이다.

Level 1 과정에서 대단원 '명확하고 긍정적인 정체성'은 총 네 개의 소단원으로 구성되었다. 소단원 1과 2는 자기정체성의 개념을 통해 안전감과 유대감 사이의 연관성을 이해할 수 있도록 고안되었다. 소단원 3과 4는 학생들의 개성에 대한 이해를 함양하는 목적으로 고안되었다. 구체적으로, 소단원 1을 통해 학생들은 학급과 가정 내의 사회적 규범을 이해하고, 규범에 순응하는 것의 중요성을 이해하며, 안전한 환경에서 자기정체성을 탐색할 필요성을 이해한다. 소단원 2를 통해 학생들은 중요한 사람들이 자신에게 미치는 영향을 이해함으로써, 자신이 어떤 사람인지 고민한다. 소단원 3을 통해 학생들은 자신만의 강점을 이해하고 스스로를 격려한다. 마지막으로, 소단원 4를 통해 학생들은 여러 상황 속에서 다양한 사람과 상호작용하는 방법을 배우며, 이 과정 속에서 자신의 정체성을 인식한다.

## 개관

| 소단원 | 소단원 목적 | 학습 목표 |
|---|---|---|
| **내가 규칙을 정할 수 있다면 (30분)** | 학급과 가정 내 규범의 중요성을 이해한다. 학교와 가정에서 안전감과 유대감을 발전시킨다. 또한 각기 다른 사회적 환경에 존재하는 규칙을 존중하고 따른다. | 1. 규칙이 만들어지는 과정과 그 과정에서 발생할 수 있는 어려움을 이해한다.<br>2. 규칙을 따르는 것의 중요성을 이해한다. |
| **나를 알고, 다른 사람들을 알기 (30분)** | 자신의 특성이 주변 사람들의 영향을 받아 형성된다는 점을 인식함으로써, 자신과 가족, 그리고 주변 사람들에 대한 이해를 높인다. | 1. 자신의 심리적 특성을 이해한다.<br>2. 자신에게 중요하고 자신과 가까운 사람들이 자신의 특성에 미치는 영향을 이해한다. |
| **내가 자랑스러워 (30분)** | 자신만의 강점을 인식하고 스스로에 대한 애정을 키운다. | 1. 자신의 강점을 발견한다.<br>2. 다양한 방법과 관점을 활용해 자신의 강점을 이해한다. |
| **생각과 경험 공유하기 (30분)** | 다른 사람의 생각과 경험을 공유함으로써 정체성을 확립할 수 있음을 이해한다. | 1. 함께 있는 사람에 따라 자신의 생각이나 경험을 공유하는 정도가 달라질 수 있음을 이해한다.<br>2. 다른 사람에게 자신의 생각이나 경험을 공유하는 것이 자신을 이해하고 정체성을 확립하는 하나의 방법이 될 수 있음을 이해한다. |

이 대단원에 포함된 모든 활동지 및 파워포인트 슬라이드와 영상 자료 등은 학지사 홈페이지(www.hakjisa.co.kr)에서 내려받을 수 있습니다.

소단원 1

# 내가 규칙을 정할 수 있다면

## 1. 소단원 목적

학급과 가정 내 규범의 중요성을 이해한다. 학교와 가정에서 안전감과 유대감을 발전시킨다. 또한 각기 다른 사회적 환경에 존재하는 규칙을 존중하고 따른다.

## 2. 학습 목표

① 규칙이 만들어지는 과정과 그 과정에서 발생할 수 있는 어려움을 이해한다.

② 규칙을 따르는 것의 중요성을 이해한다.

## 3. 수업 내용

| 활동 | 절차 |
|---|---|
| 1. 준비 활동(2분) | 소단원 활동의 내용과 계획을 간단히 공유한다. |
| **2. 모둠 토론:** 우리 반 규칙(10분)<br><br>▷ **교수자료**<br>- [부록 12-1] 활동지: 우리 반 규칙 | **목표: 학급 규칙 설정에 참여한다.**<br>1. 학생들을 여러 개의 작은 모둠으로 나누고, 각 모둠에게 활동지([부록 12-1])를 나누어 준다.<br>2. 각 모둠에게 상호 신뢰, 진실성, 책임감, 타인에 대한 존중 중 하나의 항목을 할당한다. 예를 들어, 1모둠과 2모둠은 네 가지 항목 중 책임감에 대해 논의할 수 있다.<br>3. 학생들에게 토론하고 규칙을 제안할 수 있는 5분의 시간을 준다. 규칙에는 개인적으로 지켜야 하는 규칙과 학급 전체가 함께 지켜야 하는 규칙이라는 두 가지 종류가 있음을 명시한다.<br>4. 학생들이 논의 과정에서 다음의 내용을 명심할 수 있도록 지도한다.<br>• 학급 규칙이 학교 전체의 규율에 반해서는 안 된다.<br>• 학급 규칙은 누군가에게 해로운 내용을 담아서는 안 된다.<br>• 학급 규칙은 학급 내 모든 학생에게 긍정적 영향을 미쳐야 한다.<br>5. 학생들이 설정하는 학급 규칙은 실행 가능하고, 실용적이며, 다른 사람들이 수용할 수 있어야 한다는 점을 강조한다. |

| | |
|---|---|
| **3. 학급 토론:** 우리 반 규칙(10분)<br><br>▷ **교수자료**<br>- 대자보 용지 | **목표: 규칙이 만들어지는 과정을 이해한다.**<br>1. 각 모둠이 설정한 학급 규칙을 다른 학생들에게 발표하도록 지시한다. 규칙들을 분류한 다음, 학생들에게 각 규칙이 실행 가능한지에 대해 논의하도록 지시한다.<br>2. 학생들이 다음의 기준에 따라 투표하도록 지시한다.<br>• 개인적으로 지켜야 하는 규칙<br>• 학급 전체가 함께 지켜야 하는 규칙<br>3. 학생들이 대자보 용지에 '우리 반 규칙'을 적도록 지시한다. 이후 완성된 대자보 용지를 학급 게시판에 부착한다. |
| **4. 결론(3분)** | 1. 학생들에게 다음의 내용을 질문한다.<br>• 규칙을 정할 때 어떤 어려움들을 마주했나요?<br>• 투표하기 이전에 어떤 요소들을 고려했나요?<br>2. 다음의 결론을 학생들에게 전달한다.<br>• 규칙을 정하는 이유는 사람들 사이의 화합을 도모하기 위함이다.<br>• 학급 규칙은 학생들의 화합을 도모하는 목적으로 정해졌기 때문에, 학급 규칙을 따르는 것은 학생들의 안전감과 유대감을 높이는 데 도움을 줄 수 있다. 가장 중요한 점은 이 규칙이 투표를 통해 정해졌다는 점이다. |
| **5. 마무리 활동(5분)**<br><br>▷ **교수자료**<br>- [부록 12-3] 성장 확인 질문 | 1. 성장 확인 질문을 공유하고 학생들이 소단원 활동을 돌아볼 수 있도록 유도한다.<br>2. 소단원 활동에 대한 학생들의 참여를 칭찬한다. |

## 4. 세부 지도 사항

### 1) 우리 반 규칙

- 각 모둠의 대표자가 칠판에 모둠이 정한 규칙을 적도록 지시함으로써, 학생들이 서로의 의견을 읽고 잘 이해할 수 있도록 돕는다.
- 토론 중에 학생들에게 도움을 줄 수는 있지만, 교수자는 학생들이 최종 결정의 주체라는 점을 강조해야 한다. 이를 통해 학생들이 자신이 의사결정 과정에 깊이 관여되어 있음을 느끼고, 최종적으로 결정된 규칙을 더 기꺼이 따르도록 만들 수 있다.
- 한 달 또는 한 학기 정도로 규칙이 유효한 기간을 정하고(교수자가 설정할 수 있다), 학생들이 이 기간 동안 규칙을 잘 따르는지 확인한다. 만약 학생들이 규칙을 잘 준수한다면, 교수자는 작은 선물을 주거나 게시판에 규칙을 잘 따른 학생의 이름을 적는 등의 방식

으로 보상을 줄 수 있다.

## 5. 보충 활동(선택 사항)

| 활동 | 내용 | 권장 사항 |
|---|---|---|
| 우리 가족 규칙 | **목표:수업의 내용을 가족으로 확장함으로써 가족에 대한 소속감을 높인다.**<br>학생들에게 가정에서 화합을 도모할 수 있는 규칙을 설정하고, 이를 '우리 가족 규칙([부록 12-2])' 활동지에 적어 보도록 제안한다. 또한 그 규칙을 따름으로써 가족 내 화합에 기여하도록 독려한다. | 학생들에게 조언을 주거나, 규칙의 설정이 가족의 화합에 기여하는 방식에 대해 설명한다. 상황이 허락한다면, 학생들이 부모님 또는 형제/자매와 같은 가족 구성원들과 함께 규칙을 정할 수 있도록 독려한다. |

# 부록 12-1 활동지: 우리 반 규칙

모둠: ____________________

1. 학급 규칙을 정해 보세요. 규칙은 개인적으로 지켜야 하는 규칙과 학급 전체가 함께 지켜야 하는 규칙으로 구성됩니다.
2. 학급 규칙은 학교의 규율에 반해서는 안 되며, 누군가에게 해로운 내용을 포함해서는 안 되고, 학급 구성원 전체에게 긍정적인 영향을 미쳐야 합니다. 예를 들어서, 학급 규칙은 학생들이 일탈 행동을 하지 못하도록 막는 내용을 포함할 수 있습니다. 구체적으로, 학급 규칙은 거짓말을 해서는 안 된다는 내용, 다른 사람을 비하해서는 안 된다는 내용, 외모로 반 친구들을 놀려서는 안 된다는 내용 등을 포함할 수 있습니다.
3. 모든 규칙은 실용적이어야 합니다.
4. 활동지를 마무리하면, 학급 친구들에게 여러분의 제안을 공유해 보고, 그와 같은 규칙이 필요한 근거에 대해 설명해 보세요.

**항목:** ____________________

**개인**
규칙: 나는____________________해야 한다.
근거:

**개인**
규칙: 나는____________________하지 말아야 한다.
근거:

**학급**
규칙: 우리는____________________해야 한다.
근거:

**학급**
규칙: 우리는____________________하지 말아야 한다.
근거:

**예시 항목: 타인에 대한 존중**

**학급**
규칙: 우리는 반 친구들이 발표할 때 이야기하지 말아야 한다.
근거: 발표에 집중해야 합니다. 그렇게 해야 내가 발표할 때 다른 학생들도 나의 발표 내용에 집중할 것이기 때문입니다.

부록 12-2

# 활동지: (보충활동) 우리 가족 규칙

이름: ____________________

1. 우리 가족만의 규칙을 정해 보세요.
2. 이 규칙은 가족 구성원 간의 화합을 도모하는 데 도움이 되어야 합니다.

## 우리 가족 규칙

1. 우리는 ____________________ ☐ 해야 한다. ☐ 하지 말아야 한다.

2. 우리는 ____________________ ☐ 해야 한다. ☐ 하지 말아야 한다.

3. 우리는 ____________________ ☐ 해야 한다. ☐ 하지 말아야 한다.

4. 우리는 ____________________ ☐ 해야 한다. ☐ 하지 말아야 한다.

5. 우리는 ____________________ ☐ 해야 한다. ☐ 하지 말아야 한다.

# 부록 12-3 성장 확인 질문

이름: ______________ 반: ______________ 날짜: ______________

## 1. 수업 과제

1) '우리 반 규칙' 활동에서 가장 기억에 남는 규칙은 무엇인가요?

- 개인적으로 지켜야 하는 규칙: ______________
- 학급 전체가 함께 지켜야 하는 규칙: ______________

2) '우리 반 규칙' 활동에서 어떤 항목에 대한 규칙을 만들었나요?

① ______________

② ______________

③ ______________

④ ______________

## 2. 숙제

1) 학생들이 규칙을 따라야만 한다고 생각하나요? 그 이유는 무엇인가요?

2) 만약 학생들이 규칙을 따르지 않는다면, 학교는 어떻게 될까요?

3) 서로를 존중하는 것이 개인에게 또는 학급 전체에게 주는 이점은 무엇일까요?

- 개인: ______________
- 학급: ______________

소단원 2

# 나를 알고, 다른 사람들을 알기

## 1. 소단원 목적

자신의 특성이 주변 사람들의 영향을 받아 형성된다는 점을 인식함으로써, 자신과 가족, 그리고 주변 사람들에 대한 이해를 높인다.

## 2. 학습 목표

① 자신의 심리적 특성을 이해한다.
② 자신에게 중요하고 자신과 가까운 사람들이 자신의 특성에 미치는 영향을 이해한다.

## 3. 수업 내용

| 활동 | 절차 |
|---|---|
| 1. 준비 활동(3분) | 1. 전체 학급에서 한 명의 학생을 지목하고, 그 학생에게만 들리도록 유명인 한 명의 이름을 말한다.<br>2. 지목된 학생으로 하여금 그 유명인의 이름을 말하지 않은 채로 전체 학급에 그 유명인의 외모, 행동, 성격 등을 설명하도록 지시한다.<br>3. 학생들에게 그 유명인이 누구인지 추론해 보도록 지시한다.<br>4. 이제 자신과 관련된 사항을 알아보자고 말하며, 다음 활동으로 넘어간다. |
| **2. 개인 활동:** 누구일까요? **(20분)**<br><br>▷ **교수자료**<br>- [부록 12-4] 활동지: 누구일까요?<br>- [부록 12-5] 교수자용 참고 자료: 단어 모음 | **목표: 한 사람의 특성이 그 사람에게 중요하거나 그 사람과 가까운 사람들의 영향을 받아 형성된다는 점을 이해한다.**<br>1. 학생들에게 '누구일까요?' 활동지([부록 12-4])를 나누어 주고, 활동지를 작성할 수 있는 10분의 시간을 준다.<br>2. 다음의 내용을 학생들에게 지시한다.<br>• 학업, 도덕, 성격, 또는 다른 여러 삶의 영역에서 여러분의 특성에 가장 큰 영향을 미친 사람을 그려 보세요.<br>• 그 사람과 여러분의 관계에 대해 적어 보세요.<br>• 그 사람이 여러분에게 지대한 영향을 미치는 이유에 대해 설명해 보세요. |

| | |
|---|---|
| | 3. 그 사람과의 유사성을 작성할 때 참조할 수 있는 특징의 예시는 [부록 12-5]를 참조한다.<br>4. 학생들이 서로의 그림을 나눠 보도록 지시한다. |
| **3. 결론(2분)** | 1. 학생들에게 사람들의 특성은 주변의 중요한 사람들의 영향을 받아 형성된다는 점을 설명한다.<br>2. 학생들이 자신에게 긍정적인 영향을 미치는 주변 사람을 떠올려 보고, 그들에게 성장 과정에서 조언을 구할 수 있도록 독려한다. |
| **4. 마무리 활동(5분)**<br><br>▷ **교수자료**<br>- [부록 12-7] 성장 확인 질문 | 1. 성장 확인 질문을 나누어 주고 학생들에게 지난 활동을 돌아볼 수 있는 시간을 준다.<br>2. 수업 시간 동안 학생들의 참여에 대해 칭찬한다. |

## 4. 세부 지도 사항

### 1) 준비 활동

유명인을 선택할 때, 그 유명인이 최근 화제의 중심이 되었거나, 뛰어나거나 독보적인 이력 또는 특성을 가지고 있는지 확인해야 한다. 또한 교수자는 긍정적인 인상을 가진 유명인을 선택해야만 한다.

### 2) 누구일까요

학생들에게 완성된 활동지를 나눠 보도록 지시하기 전에, 교수자는 먼저 자신의 활동지를 완성하고 학생들에게 공유해야 한다. 이를 통해, 교수자는 학생들이 자신의 생각을 더 잘 표현하도록 독려할 수 있다.

학생들이 활동지를 완성하기 어려워한다면, 교수자는 교수자용 참고 자료([부록 12-5])를 참고해 학생들에게 힌트를 제공할 수 있다. 또한 교수자는 필요시 참고 자료를 복사해 학급 전체에 배부할 수 있다. 다만 이 경우, 배부된 자료가 정답이 아닌 '참고 자료'라는 점을 명시함으로써, 학생들이 활동지를 자유로운 사고에 기반해 완성하도록 도와야 한다.

## 5. 보충 활동(선택 사항)

| 활동 | 내용 | 권장 사항 |
|---|---|---|
| 복제 인간 | **목표: 자신의 특성을 더 심층적으로 이해한다.**<br>학생들에게 '복제 인간([부록 12-6])' 활동지를 나누어 준다. 이야기는 다음과 같다. "재난 발생 시에도 인구를 유지하기 위해, 사회가 모든 구성원의 복제 인간을 준비하고 있다고 상상해 보세요. 과학자들이 여러분의 복제 인간을 만들 수 있도록 여러분은 자신의 선호도, 습관, 성격, 강점, 약점과 같은 특성을 복제 인간 파일에 입력해야 합니다." | 복제 인간은 반드시 모든 측면에서 복제 대상인 사람과 동일해야 한다는 점을 강조한다. 따라서 학생들은 자신이 갖고 싶은 특성이 아니라, 실제 자신이 갖고 있는 특성을 적어야만 한다. |
| 동반자 | **목표: 모든 사람의 특성은 주변의 중요한 사람들의 영향을 받아 형성된다는 점을 인식한다.**<br>학생들이 '누구일까요' 활동지와 '복제 인간' 활동지를 함께 살펴보며, 자신과 주변의 중요한 사람들의 특성을 비교하고 대조하도록 독려한다. | 교수자는 학생들이 학기를 마칠 때까지 활동지를 보관하고, 앞으로 어떤 중요한 사람들을 만나게 될지 생각해 보도록 지도한다. |

## 부록 12-4 활동지: 누구일까요

이름: ______________________

학업, 도덕, 성격, 또는 다른 여러 삶의 영역에 대한 귀하의 특성에 가장 큰 영향을 미친 사람을 그려 보세요. 그 사람과 귀하의 관계에 대해 적어 보고, 그 사람이 귀하에게 지대한 영향을 미치는 이유에 대해 설명해 보세요.

______________________는 나의 ______________________에 지대한 영향을 미칩니다.

관계: ______________________________________________

이유: ______________________________________________

______________________________________________

나와 이 인물 사이에 성격, 태도, 가치관 등에서 유사한 점이 있나요?

______________________________________________

______________________________________________

# 부록 12-5 교수자용 참고 자료: 단어 모음

1. 다음의 단어를 오직 참고용으로만 사용해 주세요.
2. 학생들이 자유롭게 창조하고 상상할 수 있으므로, 반드시 다음의 단어만 사용하지는 않아도 된다는 점을 명심해 주세요.

| 긍정 단어 | 부정 단어 |
|---|---|
| 정직한 | 부정직한 |
| 결단력 있는 | 우유부단한 |
| 인내심이 강한 | 인내심이 약한 |
| 법을 잘 지키는 | 법을 잘 어기는 |
| 아름다운 | 험악한 |
| 점잖은 | 투박한 |
| 마음씨가 고운 | 폭력적인 |
| 자비로운 | 잔인한 |
| 낙관적인 | 비관적인 |
| 자신감이 많은 | 자신감이 부족한 |
| 공감을 잘하는 | 음울한 |
| 이해심이 깊은 | 무신경한 |
| 겸손한 | 거만한 |
| 예의 바른 | 예의 없는 |
| 공손한 | 무례한 |

| 긍정 단어 | 부정 단어 |
|---|---|
| 당당한 | 과시적인 |
| 주의 깊은 | 자기 중심적인 |
| 신중한 | 충동적인 |
| 실용적인 | 사치스러운 |
| 이성적인 | 감정적인 |
| 열정적인 | 냉담한 |
| 근면한 | 게으른 |
| 야심 찬 | 시큰둥한 |
| 희망찬 | 무력한 |
| 강직한 | 교활한 |
| 질서정연한 | 혼란한 |
| 이타적인 | 이기적인 |
| 깔끔한 | 더러운 |
| 상냥한 | 엄격한 |
| 현실적인 | 과욕을 부리는 |

# 부록 12-6 활동지: 복제 인간

이름: ______________________

재난 발생 시에도 인구를 유지하기 위해 사회가 모든 구성원의 복제 인간을 준비하고 있다고 상상해 보세요. 귀하는 귀하의 복제 인간을 설계하는 과정에 도움을 주어야만 합니다. 실제 DNA를 물리적으로 복제 인간에 이식할 수는 없지만, 선호도, 습관, 성격, 강점, 약점과 같은 귀하의 비물리적 특성들은 복제 인간에 입력될 수 있습니다. 과학자가 귀하의 특성을 복제 인간에게 주입할 수 있도록, 컴퓨터 프로그램에 입력하는 것처럼 귀하의 특성에 대해 다음의 빈 공간에 상세히 적어 주세요.

나는 ______________________________

______________________________을/를 좋아한다.

나는 ______________________________

______________________________을/를 싫어한다.

나의 성격은 ______________________________

______________________________

나의 강점은 ______________________________

______________________________

나의 약점은 ______________________________

______________________________

나의 습관은 ______________________________

______________________________

나는 또한……. ______________________________

______________________________

# 부록 12-7 성장 확인 질문

이름: ______________________ 반: ______________________ 날짜: ______________________

**1. 학급 활동**

1) 나는 나 자신에 대해 잘 이해하고 있나요?

2) 나는 누구인가요?

3) 나는 어떤 특징을 가진 사람인가요?

**2. 숙제**

1. 나에게 가장 중요한 사람은 누구인가요? 그 사람은 어떤 특징을 가지고 있나요?

2. '주변 사람들은 내가 어떤 사람인지 보여 주는 거울과 같다'는 말은 무슨 뜻일까요?

3. 나의 성격과 행동은 내 주변에 발생하는 크고 작은 사건으로부터 어떤 영향을 받을까요?

소단원 3

# 내가 자랑스러워

## 1. 소단원 목적

자신만의 강점을 인식하고 스스로에 대한 애정을 키운다.

## 2. 학습 목표

① 자신의 강점을 발견한다.

② 다양한 방법과 관점을 활용해 자신의 강점을 이해한다.

## 3. 수업 내용

| 활동 | 절차 |
|---|---|
| **1. 준비 활동:** 넌 정말 대단해**(5분)**<br><br>▷ **교수자료**<br>- A4 용지 혹은 연습장 | 1. 학생들에게 연습용 종이를 꺼내 자신이 대단하다고 생각했던 반 친구의 이름을 적고, 그 친구의 이름을 적은 이유에 대해 생각해 보도록 지시한다.<br>2. 학생들이 그림이나 글로 질문에 대한 자신의 답변을 정리하도록 3분의 시간을 준다. 학생들이 적은 답변이 반 친구들이 가진 강점이라고 말하며, 모두 각자의 장점을 가지고 있음을 강조한다.<br>3. 활동 이후, 학생들에게 "여러분 각자는 어떤 훌륭한 특성들을 가지고 있을까요?"라고 질문한다.<br>4. 앞서 생각한 특성이 각 학생의 강점이며, 모든 사람은 자신만의 강점을 가지고 있음을 설명한다.<br>5. 소단원 활동의 주제가 자신의 강점을 발견하고 스스로를 자랑스럽게 여기는 것임을 명시한다. |
| **2. 학급 경험 공유:** 그게 너의 강점이야 **(15분)**<br><br>▷ **교수자료**<br>- [부록 12-8] 활동 재료: 그게 너의 강점이야 | **목표: 다양한 관점을 통해 자신의 강점을 발견하고, 다른 사람의 강점에 대해 주의 깊게 질문하는 법을 배움으로써, 급우들을 이해할 수 있는 기회를 가진다.**<br>1. 활동 재료([부록 12-8])의 여러 개의 복사본을 만든 뒤, 그것을 '강점 카드'라는 작은 조각들로 자른다.<br>2. 각 학생에게 3~4장의 강점 카드를 나누어 준다.<br>3. 학생들에게 각 카드의 뒷면에 카드의 앞면에 적힌 강점을 가진 급우의 이름을 적도록 지시한다. |

| | |
|---|---|
| | 4. 학생들이 급우들의 이름을 적을 수 있도록 2분의 시간을 준다.<br>5. 이후, 학생들로 하여금 자신이 적은 이름들에 따라 강점 카드와 이전 '넌 정말 대단해!' 활동의 결과물을 해당하는 학생에게 전달하도록 지시한다.<br>6. 강점 카드를 받는 학생이 강점 카드를 건넨 학생에게 자신의 느낀 점을 공유하도록 지시한다.<br>7. 강점 카드 교환을 마친 후, 학생들에게 "스스로를 돌아보는 것 외에 자신의 강점을 발견할 수 있는 다른 방법이 있을까요?"라고 질문한다.<br>8. 학생들이 박수갈채를 통해 서로를 격려하도록 지도한다.<br>9. 활동의 핵심을 다음과 같이 요약한다.<br>• 주변 친구와의 토론이나 경험 공유를 통해 자신에 대해 더 잘 알고 자신의 강점을 이해할 수 있습니다.<br>• 좋은 친구나 좋은 동료는 사람들로 하여금 자신의 강점과 약점을 이해하도록 도울 수 있습니다.<br>• 사람들은 다양한 관점과 방법을 통해 자신의 강점을 발견할 수 있지만, 가장 중요한 것은 스스로가 스스로를 가치 있게 여기는 것입니다. |
| **3. 개인 활동:** 내가 자랑스러워**(4분)**<br><br>▷ **교수자료**<br>- [부록 12-9] 활동지: 내가 자랑스러워 | **목표: 자신의 강점을 발견하고, 자신의 가치를 확인한다.**<br>1. 활동지([부록 12-9])를 나누어 주고, 학생들이 활동지를 완성할 수 있도록 3분의 시간을 준다.<br>2. 학생들에게 스스로 대단하다고 여기는 점에 대해 적어 보도록 지시한다.<br>3. 스스로를 가치 있게 여기는 데에는 자신의 의견이 가장 결정적인 영향을 미친다는 점을 강조한다.<br>4. 시간이 부족하다면, 이 활동을 방과 후 보충 활동으로 진행할 수 있다. |
| **4. 결론(1분)** | 학생들이 다음의 결론에 도달할 수 있도록 지도한다.<br>1. 강점을 찾을 때, 다른 사람들의 의견을 고려하는 것은 매우 중요하지만, 자신보다 스스로에 대해 더 잘 아는 사람은 없다는 점을 명심해야 한다.<br>2. 강점을 발견했다고 자만하기보다는, 강점을 인정하고, 소중히 여기며, 더 발전시키는 것이 바람직하다.<br>3. 다른 사람들은 나에 대해 서로 다른 의견을 가지고 있을 수 있다. 자신을 잘 알기 위해서는, 다른 사람들이 말하는 강점과 약점을 모두 주의 깊게 듣고, 그 내용을 세부적으로 분석해야 한다. |
| **5. 마무리 활동(5분)**<br><br>▷ **교수자료**<br>- [부록 12-11] 성장 확인 질문 | 1. 성장 확인 질문을 공유하고 학생들이 소단원 활동을 돌아볼 수 있도록 유도한다.<br>2. 소단원 활동에 대한 학생들의 참여에 대해 칭찬한다. |

## 4. 세부 지도 사항

### 1) 준비 활동

- 모든 사람은 스스로나 타인으로부터 인정받을 만한 강점을 가지고 있으며, 그 강점을 자랑스럽게 여겨야 한다는 내용의 가사를 담은 노래가 있다면 재생한다. 노래를 다 들은 후, 교수자는 학생들과 가사의 내용에 대해 논의한다.
- 학생들이 음악을 들으면서 주의가 산만해질 수 있기 때문에, 교수자는 학생들의 정서에 주의를 기울이면서 교실 분위기를 정돈해야 한다.

### 2) 그게 너의 강점이야

- 활동의 목적은 경쟁이나 승패를 가리는 것이 아니다. 따라서 강점 카드를 나누어 주기 전에 교수자는 카드에 적힌 강점의 수가 한정되어 있다는 점을 명시함으로써 카드를 받지 못한 학생이 실망하는 것을 방지해야 한다.
- 강점 카드를 배부하는 동안, 한 사람이 동일한 내용의 카드를 여러 장 받지 않도록 주의해야 한다.
- 활동 중 교실이 소란스러워질 수 있음을 인식한다.
- 학생들에게 많은 카드를 받았다고 자만하거나 다른 사람을 무시해서는 안 된다는 점을 상기시킨다.
- 학생들이 활동 결과에 대해 너무 걱정하지 않도록 지도한다. 어떤 학생들은 카드를 조금 받거나 아예 받지 못할 수 있음에도, 그들은 다른 학생의 이름을 적음으로써 타인을 칭찬할 수 있는 좋은 강점을 가졌기 때문이다.
- 학생들은 한 카드에 여러 명의 이름을 적고 싶어 할 수 있다. 교수자는 다른 사람의 좋은 점을 볼 수 있는 학생의 능력을 칭찬함과 동시에, 카드에는 한 명의 이름을 적을 수 있도록 지도한다.
- 학생들이 강점 카드를 교환하고자 교실을 돌아다닐 때, 교수자는 교실의 질서를 유지하기 위해 주의를 기울여야 한다. 만약 교실이 소란스러워진다면, 교수자는 학생들이 자리에 앉은 채로 가까운 학생들에게 카드를 전달함으로써 카드 교환이 이뤄지도록 지도할 수 있다.

• 학생들이 서로에게 박수갈채를 보내며 즐겁게 활동을 마무리하도록 지도함으로써, 학생들이 급우들의 인정 속에서 자신의 강점을 발견할 수 있도록 돕는다.
• 강점 카드를 받은 점과 서로의 강점을 공유한 점에 대해 학생들을 칭찬한다.

### 3) 내가 자랑스러워

• 시간이 부족하다면, 이 활동은 방과 후 보충 활동으로 진행할 수 있다.

## 5. 보충 활동(선택 사항)

| 활동 | 내용 | 권장 사항 |
|---|---|---|
| 집안의 큰 어른과의 인터뷰 | **목표:다른 사람의 관점을 통해 자신의 강점을 발견한다.**<br>• 학생들로 하여금 가족 구성원 중 가장 나이가 많은 어른을 만나, '나는 네가 자랑스러워' 활동지([부록 12-10])의 여섯 가지 측면에 근거해 인터뷰하도록 지시한다.<br>• 이 활동은 학생들이 다른 사람의 관점을 통해 자신의 강점을 알 수 있도록 돕는다. 또한 이 활동은 가족 구성원들에게 학생의 활동에 참여할 수 있는 기회를 제공한다. | |

## 부록 12-8 활동 재료: 그게 너의 강점이야

| | |
|---|---|
| 착한 | 정직한 |
| 깔끔한 | 두뇌 회전이 빠른 |
| 여유로운 | 지적 호기심이 강한 |

| | |
|---|---|
| 주의 깊은 | 결단력 있는 |
| 근면한 | 총명한 |
| 똑똑한 | 절약하는 |

| | |
|---|---|
| 예의 바른 | 시간을 잘 지키는 |
| 도움을 잘 베푸는 | 건강을 잘 챙기는 |
| 효심이 깊은 | 낙관적인 |

적극적인

작은 일에도
최선을 다하는

사교적인

너그러운

이해심이 깊은

다정한

| | |
|---|---|
| 신중한 | 분석적인 |
| 수업에 집중을 잘하는 | 자신의 장단점을 잘 아는 |
| 친절한 | 공손한 |

| | |
|---|---|
| 리더십 있는 | 창의적인 |
| 공부를 열심히 하는 | 배려심 있는 |
| 손글씨를 잘 쓰는 | 우정을 소중히 여기는 |

# 부록 12-9 활동지: 내가 자랑스러워

이름: ____________________

**나는 내가 대단하다고 생각합니다! 왜냐하면……**.

빈 공간마다 스스로 대단하다고 생각하는 특징을 1~2가지씩 적어 주세요.

외모
(예: 인상이 좋다.)

성격
(예: 정직하다.)

능력
(예: 컵라면을 잘 끓인다.)

대인 관계
(예: 공손하다.)

학교 생활
(예: 주체적으로 선생님의 조언을 구한다.)

기타

부록 12-10

# 보충 활동: 나는 네가 자랑스러워

이름: ____________________

**나는 네가 대단하다고 생각해! 왜냐하면…….**

공간마다 인터뷰에서 대단하다고 이야기 듣는 특징을 1~2가지씩 적어 주세요.

외모
(예: 인상이 좋다.)

성격
(예: 정직하다.)

능력
(예: 컵라면을 잘 끓인다.)

대인 관계
(예: 공손하다.)

학교 생활
(예: 주체적으로 선생님의 조언을 구한다.)

기타

# 부록 12-11 성장 확인 질문

이름: ______________________ 반: ______________________ 날짜: ______________________

**1. 수업 과제**

1) 스스로를 칭찬하고자 하는 내용에 대해 다시 한번 적어 보세요.

2) 반 친구가 나를 칭찬할 때, 어떻게 반응할 수 있을까요?

3) 나의 강점을 찾기 위한 방법에는 무엇이 있을지 적어 보세요.

**2. 숙제**

1) 인정할 만한 또는 인정받을 만한 스스로의 강점을 찾았을 때, 누구에게 감사를 표현하고 싶을까요? 왜 그럴까요?

2) 현재 가지고 있는 강점을 넘어, 앞으로 발전시키고 싶은 특성은 무엇인가요?

3) '인정할 만한 또는 인정받을 만한 강점'을 어떻게 활용할 수 있을지 생각해 보세요. 이런 계획이 필요한 이유는 무엇일까요?

소단원 4

# 생각과 경험 공유하기

## 1. 소단원 목적

다른 사람과 생각과 경험을 공유함으로써 정체성을 확립할 수 있음을 이해한다.

## 2. 학습 목표

① 함께 있는 사람에 따라 자신의 생각이나 경험을 공유하는 정도가 달라질 수 있음을 이해한다.

② 다른 사람에게 자신의 생각이나 경험을 공유하는 것이 자신을 이해하고 정체성을 확립하는 하나의 방법이 될 수 있음을 이해한다.

## 3. 수업 내용

| 활동 | 절차 |
|---|---|
| **1. 준비 활동(5분)** | 1. 학생들에게 "속상한 일이 있을 때 누구와 대화를 나누나요?"라고 질문한다.<br>2. 이후, "그 사람 외 다른 사람들에게 감정을 공유하지 않는 이유는 무엇인가요?"라고 질문한다.<br>3. 추가적으로 "만약 길거리에서 인터뷰를 받게 된다면, 여러분의 내밀한 감정에 대해 이야기하시겠습니까? 그 이유는 무엇인가요?"라고 질문한다.<br>4. 학생들의 답변을 활용해, 사람들이 개인적인 감정이나 정보를 드러내는 정도가 상황이나 함께 있는 사람에 따라 달라질 수 있다는 점을 설명한다.<br>5. 몇몇 예시를 덧붙인다. 예를 들어, 컴퓨터 게임을 잘하는 방법에 대해서는 같이 게임하는 친구와 이야기하게 되고, 좋아하는 가수에 대한 이야기는 다른 친구와 이야기를 나눌 수 있다. |
| **2. 개인 활동:** 생각과 경험 공유하기**(8분)**<br><br>▷ **교수자료**<br>- [부록 12-12] 활동지: 생각과 경험 공유하기 | **목표: 자신의 생각이나 경험을 공유하는 정도가 함께 있는 사람에 따라 달라진다는 점을 이해한다.**<br>1. 학생들에게 '생각과 경험 공유하기([부록 12-12])' 활동지를 나누어 주고, 간단히 활동지를 작성하는 방법을 설명한다.<br>2. 학생들에게 활동지를 작성할 수 있는 5분의 시간을 준다. 이때, 교수자 또한 추후 학생들과 공유하기 위해 자신의 활동지를 작성할 수 있다. |

| | |
|---|---|
| **3. 학급 경험 공유:** 생각과 경험 공유하기 **(10분)** | **목표: 다른 사람에게 자신의 생각과 경험을 공유하는 적절한 방법을 배우고, 다른 사람에게 생각과 경험을 공유하는 것의 이점을 파악한다.**<br>1. 학생들이 활동지를 다 작성하면, 학생들에게 "여러분이 다른 사람들과 공유하고자 체크한 내용이 다른 학생들이 체크한 내용과 차이가 있나요?"라고 질문한다.<br>2. 학생들이 자신의 활동지를 보고 ✓표시를 가장 많이 받은 사람과 가장 적게 받은 사람이 누구인지 파악하도록 지시한다. ✓표시를 많이 받은 사람일수록 해당 학생이 그 사람에게 가장 많은 생각과 경험을 공유하고자 한다는 것을 의미한다.<br>3. 결과에 따라 사람들이 다른 사람에게 공유하고자 하는 내용이 그 사람이 누구인지에 따라 달라질 수 있음을 언급한다.<br>4. 교수자의 개인적인 예시를 제시하고, 몇몇 학생들을 지목해 자신의 예시를 공유하도록 지시한다.<br>5. 학생들이 자신의 예시를 공유하는 동안, 전체 학급이 다음의 질문에 대해 생각해 볼 수 있도록 지도한다.<br>• 다른 사람에게 공유하고자 하는 내용이 만나는 사람과 상황에 따라 달라지는 이유는 무엇일까요?<br>• 생각이나 경험을 공유하는 것의 이점은 무엇일까요? 예를 들어, 최근에 경험한 어려운 상황에서 여러분이 느꼈던 감정을 다른 사람들과 이야기를 나눌 때, 여러분이 경험하게 될 이점은 무엇일까요?<br>6. 학생들이 앞의 질문에 대해 생각한 답변을 요약해 칠판에 적는다.<br>7. 마지막으로, 학생들에게 "우리가 다른 사람들과 우리의 감정을 이야기하고, 우리가 경험하는 문제들에 대해 논의해야 하는 이유는 무엇일까요?"라고 질문하고, 학생들이 자유롭게 답변할 수 있도록 지도한다. |
| **4. 결론(2분)** | 학생들이 다음의 결론을 내릴 수 있도록 지도한다.<br>1. 사람들의 역할은 사람들이 현재 놓인 상황과 함께 있는 사람들에 따라 달라진다. 따라서 사람들은 선택적으로 자신을 드러내야 한다.<br>2. 다른 사람들에게 자신을 소개하거나 표현할 때, 사람들은 자신을 더 잘 이해할 수 있는 기회를 얻게 된다. 자신의 생각과 경험을 공유함으로써, 사람들은 자신에 대해 더 잘 알게 되며, 이는 정체성 확립에 기여한다.<br>3. 스스로 자신에 대해 잘 아는 것을 넘어, 사람들은 때때로 다른 사람이 자신을 이해해 줄 필요를 느낀다. 따라서 사람들은 자신의 생각과 경험을 공유함으로써 다른 사람이 자신에 대해 더 잘 알도록 만들 수 있다. 이를 통해, 사람들은 대인 관계를 발전시킬 수 있을 뿐 아니라, 필요할 때 다른 사람으로부터 도움과 지지를 받을 수 있다. |
| **5. 마무리 활동(5분)**<br><br>▷ **교수자료**<br>- [부록 12-13] 성장 확인 질문 | 1. 성장 확인 질문을 나누어 주고 학생들에게 지난 활동을 돌아볼 수 있는 시간을 준다.<br>2. 수업 시간 동안 학생들의 참여에 대해 칭찬한다. |

## 4. 세부 지도 사항

### 1) 생각과 경험 공유하기(개인 활동)

- 학생들이 표에 체크한 내용들을 다른 사람들과 공유해 본 적이 있는지 떠올려 보고, 이후 그 경험을 다른 급우들과 공유하도록 지도한다.

### 2) 생각과 경험 공유하기(학급 경험 공유)

- 수업을 진행하기 전, 교수자는 적절한 준비를 해야 한다. 예를 들어, 교수자는 자신이 다른 사람과 생각과 경험을 공유했던 상황, 생각과 경험을 공유하면서 느꼈던 감정과 그 결과에 대해 회상할 수 있다.
- 교수자는 자신의 일상 경험들을 떠올려 볼 수도 있다. 예를 들어, 교수자는 자신이 신뢰하고 좋은 조언을 얻을 수 있을 것이라 기대한 가장 친한 친구에게 자신이 겪은 어려움을 공유했던 경험을 이야기할 수 있다.
- 교수자는 친구와 대화하면서 자신이 느꼈던 감정을 공유할 수 있다. 이를 통해 적절한 사람에게 자신의 개인적 경험을 이야기함으로써 필요할 때 그 사람으로부터 도움과 지지를 받을 수 있음을 강조할 수 있다.
- 학생들이 학급 경험 공유에 자발적으로 참여할 수 있도록 독려한다. 만약 자발적인 학생이 많지 않다면, 추첨을 통해 공유할 학생과 공유 순서를 정한다. 학급 경험 공유 이후, 모든 학생의 참여에 감사를 표한다.
- 또한 교수자는 '가장 적극적인 참가자'라는 상을 만들어 학생들의 참여를 독려할 수 있다.
- 교수자는 활동지에 적힌 9명의 사람 중 일부는 같은 범주에 속한다는 점을 설명할 수 있다. 예를 들어, 부모님과 형제는 모두 가족 구성원이며, 친한 친구와 비슷한 취미를 가진 사람은 동일한 범주에 속할 수도 있다. 이는 학생들로 하여금 자신이 만나는 사람에 따라 자신이 공유하고자 하는 내용이 달라진다는 점을 명확히 이해하도록 도울 수 있다.

### 3) 결론

활동의 메시지는 사람들이 누구와 있는지에 따라 공유하고자 하는 정보가 달라진다는 점이다. 교수자는 필요하다면 동일한 정보를 공유하더라도 함께 있는 사람에 따라 정보를 공유하는 정도가 달라질 수 있음을 설명할 수 있다.

## 5. 보충 활동(선택 사항)

| 활동 | 내용 | 권장 사항 |
|---|---|---|
| **교수자와의 경험 공유** | **목표: 글쓰기를 통해 교수자와 경험을 공유할 수 있는 기회를 가진다.**<br>학생들에게 교장선생님/교감선생님/담임선생님 또는 그 외 자신이 가장 좋아하는 선생님께 100자 이내의 편지를 작성함으로써, 자신의 경험을 나누고 그 경험을 공유하고자 하는 이유를 설명하도록 지시한다. | 편지를 받은 후, 교수자는 후속 조치가 필요한 학생들과 별도로 면담을 잡을 수 있다. 교수자는 이 기회를 학생들의 필요를 이해하고, 적절한 후속 조치를 취할 수 있는 기회로 활용할 수 있다. |

부록 12-12

# 활동지: 생각과 경험 공유하기

이름: ____________________

다음의 사람들을 만날 때, 어떤 내용을 공유하고 싶나요? 사람들에 따라 여러분이 공유하고자 하는 내용에 ✓표시를 해 주세요.

| | 친한 친구 | 비슷한 취미를 가진 사람 | 만난 지 얼마 안 된 급우 | 이웃 | 부모님 | 형제/자매 | 선생님 | 상담 혹은 담임 선생님 | 학원 선생님 |
|---|---|---|---|---|---|---|---|---|---|
| 구체적인 개인정보 | | | | | | | | | |
| 관심사 | | | | | | | | | |
| 최근에 겪은 어려움 | | | | | | | | | |
| 미래에 대한 꿈 | | | | | | | | | |
| 성격 | | | | | | | | | |
| 행복했던 경험 | | | | | | | | | |
| 가장 좋아하는 것 | | | | | | | | | |
| 비밀 | | | | | | | | | |

# 부록 12-13 성장 확인 질문

이름: ____________ 반: ____________ 날짜: ____________

**1. 수업 과제**

1) 어려움을 겪고 있을 때, 나는 누구와 이야기할까요?

2) 그 사람과 이야기하는 이유는 무엇일까요?

3) 나의 어려움을 다른 사람과 이야기한 이후, 나는 어떤 이점을 얻게 될까요? 두 가지의 이점을 적어 보세요.

**2. 숙제**

1) 다른 사람과 무언가를 이야기하고 싶을 때, 부모님과 친구 중에 누구와 이야기하고 싶나요? 그 이유는 무엇인가요?

2) 나의 비밀을 다른 사람에게 이야기할 때, 어떤 감정을 느낄까요?

3) 다른 사람이 나에게 공유한 비밀이 삶과 죽음의 문제와 관련이 있다면, 나는 그 사람을 위해 비밀을 지키는 게 좋을까요? 나는 어떻게 해야 할까요?

대단원 13

# 미래에 대한 신념

소단원 1 좋은 것 또는 나쁜 것

소단원 2 삶의 나침반

## 들어가며

청소년기 미래에 대한 신념을 발달시키는 첫 번째 단계는 청소년들이 자신의 미래에 대해 희망적이고 낙관적으로 바라볼 수 있도록 돕는 것이다. 즉, 청소년들로 하여금 미래를 위한 목표와 계획을 세우고, 가치관 형성, 자신감 향상, 자기통제 능력이나 내적 동기 형성 등 목표를 성취하기 위한 자질을 갖추도록 도우며, 어려움을 마주할지라도 다양한 방법으로 목표를 성취하기 위해 노력하도록 독려하는 것이다.

여러 연구진에 따르면, 미래에 대한 신념을 가진 청소년들은 강한 내적 동기를 가지고 있고, 열정적이며, 자신감 있고, 목표를 이루는 과정에서 마주하는 어려움을 기꺼이 감수하며, 스스로를 가치 있게 여기고, 우울 수준이 낮으며, 학업 성취도가 더 높은 것으로 나타났다. 또한 낙관적인 학생은 비관적인 학생보다 문제 중심 대처 능력이 더 뛰어난 것으로 밝혀졌다.

그러나 과도하게 낙관적이거나 비관적인 것 또한 좋지 않다. 과도하게 낙관적인 사람들은 앞으로 오직 좋은 일들만 일어날 것이라고 기대하며 어려운 상황에 대한 대비를 거의 하지 않는다. 과도하게 비관적인 사람들은 자신의 부정적인 태도에 휩쓸려 문제 해결 능력을 발휘하지 못하고 문제 해결의 가능성을 스스로 제한한다. 미래에 대한 청소년들의 관점은 과거나 현재의 긍정적인 또는 부정적인 사건을 해석하는 방식에 따라 영향을 받을 수 있다. 따라서 청소년들이 자신이 현재 어떤 신념을 가지고 있는지 인식하도록 돕는 것은 미래에 대한 건강한 신념의 발달을 위해 필수적이다.

Level 1 과정에서 대단원 '미래에 대한 신념'은 총 두 개의 소단원으로 구성되었으며, 두 개의 소단원 활동은 모두 학생들이 자신이 현재 가지고 있는 신념을 인식하고 미래에 대해 긍정적이고 낙관적인 태도를 가질 수 있도록 돕고자 고안되었다. 소단원 1을 통해 학생들은 낙관성과 비관성의 장점과 단점을 파악하고 경험을 해석하는 적절한 관점이 무엇인지 고민한다. 소단원 2를 통해 미래에 대한 신념을 형성하고 적절한 삶의 방향을 탐색하기 위한 긍정적인 태도를 발전시킨다.

## 개관

| 소단원 | 소단원 목적 | 학습 목표 |
| --- | --- | --- |
| **좋은 것 또는 나쁜 것 (30분)** | 낙관성과 비관성의 차이를 이해하고, 일상생활에서 적절한 태도가 무엇인지에 대해 고민한다. | 낙관성과 비관성의 장점과 단점을 이해한다. |
| **삶의 나침반 (30분)** | 미래에 대한 신념을 발전시키고, 삶의 방향성을 탐색함에 있어 긍정적인 태도를 가진다. | 1. 미래에 대한 신념의 중요성을 인식한다.<br>2. 학업, 가족, 친구 관계의 측면에서 미래에 대한 긍정적인 신념을 형성하고, 이 주제와 관련해 미래에 자신이 할 수 있거나, 할 것 같거나, 하고 싶은 것이 무엇인지 고민한다. |

이 대단원에 포함된 모든 활동지 및 파워포인트 슬라이드와 영상 자료 등은 학지사 홈페이지(www.hakjisa.co.kr)에서 내려받을 수 있습니다.

소단원 1

# 좋은 것 또는 나쁜 것

## 1. 소단원 목적

낙관성과 비관성의 차이를 이해하고, 일상생활에서 적절한 태도가 무엇인지에 대해 고민한다.

## 2. 학습 목표

낙관성과 비관성의 장점과 단점을 이해한다.

## 3. 수업 내용

| 활동 | 절차 |
|---|---|
| **1. 준비 활동(3분)**<br><br>▷ **교수자료**<br>- [부록 13-1] 파워포인트 슬라이드: 축구 경기 | 1. 파워포인트 슬라이드([부록 13-1])를 보여 주고 학생들에게 앞으로 어떤 일이 일어날지에 대해 추측해 보도록 지시한다. 몇몇 학생들은 파워포인트 슬라이드의 등장인물들이 유리창을 깨서 혼나게 될 것이라고 생각할 수 있다(비관적인 시각). 또 다른 학생들은 등장인물들이 매우 행복하다고 생각할 수 있다(낙관적인 시각).<br>2. 학생들의 관점을 정리하고, 학급 학생들이 전반적으로 낙관적인지 또는 비관적인지 확인한다. 우리의 태도가 앞으로 일어날 일들을 바라보는 관점과 문제에 대처하는 방식에 영향을 미친다는 점을 언급한다.<br>• 낙관성과 비관성의 정의를 간단히 설명한다.<br>- 낙관성: 좋은 결과에 대한 일반적인 기대<br>- 비관성: 나쁜 결과에 대한 일반적인 기대 |

| | |
|---|---|
| **2. 모둠 토론:** 성공 또는 실패**(12분)**<br><br>▷ **교수자료**<br>- [부록 13-2] 파워포인트 슬라이드: 지유의 학업과 민재의 경쟁<br>- [부록 13-3] 교수자용 참고 자료: 지유의 학업 이야기 대본<br>- [부록 13-4] 교수자용 참고 자료: 민재의 경쟁 이야기 대본<br>- [부록 13-5] 모둠 활동지: 지유의 학업<br>- [부록 13-6] 모둠 활동지: 민재의 경쟁<br>- [부록 13-7] 교수자용 참고 자료: 낙관성과 비관성 보충자료 | **목표: 낙관성과 비관성의 장점과 단점을 파악한다.**<br>1. 학생들을 두 개의 큰 모둠으로 나눈다. 한 모둠에게는 '지유의 학업'의 핵심 내용을, 다른 모둠에게는 '민재의 경쟁'의 핵심 내용을 기록해 보도록 지시한다.<br>2. 음성 자료가 포함된 파워포인트 슬라이드([부록 13-2])를 통해 '지유의 학업' 이야기와 '민재의 경쟁' 이야기를 들려주거나, [부록 13-3]과 [부록 13-4] 내용을 참고하여 글을 읽어 준다.<br>3. 다른 이야기를 다룬 각 모둠에서 한 명씩, 두 명이 짝을 이루도록 지시한다. 토론의 지침을 설명하고 활동지를 나누어 준다([부록 13-5], [부록 13-6]). 짝끼리 활동지에 적힌 질문의 답변을 논의한다.<br>• 이야기 속 주인공은 낙관적인가요, 비관적인가요?<br>• 주인공의 태도가 이야기의 전개에 어떤 영향을 미치나요?<br>4. 학생들에게 첫 번째 질문에 대한 답변을 발표하고 그와 같은 답변을 하게 된 이유를 설명하도록 지시한다. 학생들에게 두 번째 질문에 대한 답변은 다음 활동의 토론 주제가 될 것임을 공지한다. |
| **3. 학급 토론:** 좋은 것, 또는 나쁜 것**(8분)**<br><br>▷ **교수자료**<br>- [부록 13-8] 교수자용 참고 자료: 칠판 기록 형식 | **목표: 낙관성과 비관성의 장점과 단점을 심층적으로 이해한다.**<br>1. 토론의 규칙과 절차를 설명한다. '지유의 학업'을 다뤘던 모둠은 '낙관성'의 관점을, '민재의 경쟁'을 다뤘던 모둠은 '비관성'의 관점을 대변하도록 지시한다. 학생들은 어떤 태도를 가지는 것이 일상생활을 살아감에 있어 더 좋을지에 대해 토론한다. 토론의 핵심 내용을 칠판에 적는다([부록 13-8]).<br>2. 토론 이후, 학생들의 주장을 요약한다. |
| **4. 결론(2분)** | 과도하게 낙관적이거나 과도하게 비관적인 것은 모두 좋지 않다. 사람들은 자신의 태도가 양극단으로 치우치지 않도록 주의해야 한다. 긍정적인 삶의 태도를 가지는 것은 미래에 대한 신념을 발전시킴에 있어 가장 중요한 요소이다. |
| **5. 마무리 활동(5분)**<br><br>▷ **교수자료**<br>- [부록 13-10] 성장 확인 질문 | 1. 성장 질문을 공유하고 학생들이 소단원 활동을 돌아볼 수 있도록 유도한다.<br>2. 소단원 활동에 대한 학생들의 참여를 칭찬한다. |

## 4. 세부 지도 사항

### 1) 준비 활동

• 활동은 심리 검사가 아니다. 활동의 목적은 학생들이 삶에 대한 자신의 태도가 사소한 측면에도 반영될 수 있다는 것을 이해하도록 돕는 것이다. 질문에 대한 답변이 학생들의 관점을 완전히 반영하지 않음을 명심해야 한다.
• 전체 학급이 활동에 참여해야 한다. 토론을 주도하는 몇몇 적극적인 학생들이 준비 활동의 진행을 원활하게 해 줄 수는 있지만, 몇몇 학생들만의 의견으로 토론이 이뤄질 경우, 토론이 한 방향으로 치우칠 수 있다. 교수자는 가능한 한 최선을 다해 모든 학생이 토론에 참여하고 자신의 관점을 표현할 수 있도록 독려해야 한다.
• 학생들의 참여도를 높이기 위해, 낙관성과 비관성의 정의를 모둠 토론 이후에 설명할 수 있다.

### 2) 성공 또는 실패

• 토론이 잘 진행되고 있다면, 학생들이 다양한 관점에서 주제를 생각해 볼 수 있도록 독려한다.
• 시간 여유가 있다면, 학생들과 '지유의 학업'과 '민재의 경쟁'의 역할 놀이를 시도할 수 있다.

### 3) 좋은 것 또는 나쁜 것

• 활동이 토론의 형식으로 진행될지라도, 엄격하게 토론의 형식과 규칙을 따를 필요는 없다.
• 토론이 매끄럽게 진행되기 위해서 교수자의 진행 능력은 매우 중요하다. 교수자는 두 모둠이 서로 반대되는 입장임을 강조하고, 각 모둠의 발언 시간과 발언 기회를 적절하게 통제해야 한다.
• 학생들이 토론에 집중할 수 있도록, 교수자는 개방형 질문을 사용해 토론을 시작할 수 있다. 예를 들어, 교수자는 본격적으로 토론을 시작하기 전, 학생들에게 "비관적인 태

도의 장점은 없을까요? 나쁜 결과를 예상한다면 더 잘 대비할 수 있지 않을까요? 개인의 관점이 그 사람의 감정과 대처 방식에 어떻게 영향을 미칠 수 있을까요?"라고 질문할 수 있다.

## 5. 보충 활동(선택 사항)

| 활동 | 내용 | 권장 사항 |
|---|---|---|
| 창작 연극 | **목표: 낙관성과 비관성의 영향을 심층적으로 이해한다.**<br>학생들에게 [부록 13-9]의 예시들을 참고해 연극을 만들어 보도록 지시한다. 참고로, 학생들은 이와 같은 상황에서 자신이 취할 태도를 부각해서 연극을 구성해야 한다. | 해당 활동은 학생들이 협력하고 공연할 수 있는 기회를 제공한다. 교수자는 학생들의 참여를 독려하는 보상을 제공한다. |

## 부록 13-3 교수자용 참고 자료: 지유의 학업 이야기 대본

1. 지유는 중학교 1학년 학생입니다. 지유가 중학교 1학년이 되었을 때, 지유는 스스로 학업 목표를 정했습니다. 지유는 자신이 가진 모든 문제집을 다 풀어서 반에서 3등 안에 들자고 다짐했습니다. 지유는 모든 수업에 집중하고 매일 밤 공부하기로 결심했습니다. 퀴즈와 시험을 보기 일주일 전부터 지유는 최상의 결과를 얻기 위해 공부를 시작했습니다. 지유는 열정이 가득했습니다. 얼마 후…….

2. 지유는 수업을 이해하는 게 너무 쉽다고 느꼈습니다. 지유는 집에서 혼자 공부해도 교과서의 내용을 다 이해할 수 있을 것 같다고 생각했습니다. 따라서 지유는 수업 시간에 옆자리에 앉은 급우와 떠들었고, 수업에 집중하지 않았습니다.

3. 지유가 집에 왔을 때, 급우로부터 대화를 하자는 전화가 왔습니다. 지유는 '좀 있다 공부하지, 뭐. 잠깐 동안 통화하는 건 괜찮겠지.'라고 생각했습니다. 시간이 꽤 흐르고, 지유는 아직 자신이 숙제를 다 하지 못했다는 것을 발견했지만, 지유는 '내일도 시간이 있어. 밤에는 쉬어도 괜찮아.'라고 생각했습니다. 따라서 그날 지유는 시험 공부를 하지도 않았고 숙제를 다 하지도 못했습니다.

4. 시간이 흐르고, 시험 날짜가 다음 주로 다가왔습니다. 지유는 학습 계획을 실행하기 시작했습니다. 그러나 지유는 자신이 복습도 하지 않고 수업 때 집중하지도 않았기 때문에 교과서의 내용을 완전히 이해하기 어렵다는 것을 깨달았습니다. 한편 지유는 자신이 빌렸던 만화책의 반납 일자가 얼마 남지 않았다는 것을 발견했습니다. 그녀는 시험 문제가 그리 어렵지 않을 것이라 생각하며 만화책을 먼저 읽기로 결정했습니다.

5. 결국, 지유는 하루밖에 공부하지 못했고, 시험 성적은 정직했습니다. 지유는 반에서 3등에는 한참 미치지 못하는 성적을 받았습니다. 그러나 지유는 여전히 희망적이었습니다. 지유는 다음에 열심히 한다면 자신의 목표를 달성할 수 있을 것이라고 믿었습니다.

# 부록 13-4 교수자용 참고 자료: 민재의 경쟁 이야기 대본

1. 민재는 농구를 매우 좋아합니다. 민재는 중학생이 된다면 농구부에 입단해 자신의 실력을 갈고닦아 학교의 명예를 드높이는 데 기여하고 싶었습니다. 따라서 민재는 농구부에 꼭 들어가고 싶었지만 자신이 부원으로 선발되지 못할까 봐 걱정했습니다.

2. 학기가 시작된 후, 민재는 농구부원의 선발이 다음 달에 진행된다는 안내를 들었습니다. 민재는 '지원은 할 수 있지만, 나는 실력이 엄청 뛰어나지도 않고 키가 크지도 않아. 내가 선발될 가능성은 희박하겠지.'라고 생각했습니다. 민재는 의기소침해졌지만, 기회를 잡기 위해서는 실력을 키워야만 한다고 생각했습니다. 민재는 자신의 실력을 키우기 위한 계획을 세웠습니다.

3. 민재는 평일 방과 후와 주말 동안 매일 달리기를 연습했고, 강해지기 위해 스스로를 단련했습니다. 민재는 연습 시간이 충분하지 않다고 걱정했고, 따라서 가장 좋아하는 컴퓨터 게임도 멀리했습니다.

4. 민재는 주말에 부모님과 쇼핑하는 것을 좋아했습니다. 그러나 민재는 자신의 실력이 다른 학생들에 비해 경쟁력이 떨어진다고 걱정했고, 따라서 부모님과 시간을 보내기보다는 농구장에 가서 연습을 더 하기로 결정했습니다. 실력을 향상시키기 위해 그는 자신보다 더 농구를 잘하는 친구와 함께 연습했습니다.

5. 농구부 입단 시험 당일, 민재는 매우 뛰어난 성과를 보였습니다. 민재의 신체 조건도 생각했던 것보다 나쁘지 않았고, 신체의 약점을 민재의 향상된 농구 실력이 보완해 줬습니다. 결국, 민재는 농구부에 입단할 수 있게 되었습니다. 즉, 민재는 대회에서 승리하여 학교의 명예를 드높이는 목표에 크게 한 단계 다가갔습니다. 그러나 민재는 여전히 자신의 실력이 기존 농구부원들에 비해 충분히 좋지 않다고 걱정했습니다. 따라서 농구부원이 되는 데 성공했음에도 민재는 편안히 쉬지 못했습니다.

# 부록 13-5 모둠 활동지: 지유의 학업

모둠: ____________________

1. 지유의 태도: 적절한 답변에 동그라미 표시를 해 주세요.

2. 지유의 태도의 장점과 단점: 지유의 태도가 지유가 무언가를 진행하고 문제를 해결하는 데 어떤 영향을 미치나요?

장점

단점

# 부록 13-6 모둠 활동지: 민재의 경쟁

모둠: ______________________

1. 민재의 태도: 적절한 답변에 동그라미 표시를 해 주세요.

2. 민재의 태도의 장점과 단점: 민재의 태도가 민재가 무언가를 진행하고 문제를 해결하는 데 어떤 영향을 미치나요?

장점

단점

# 부록 13-7 교수자용 참고 자료: 낙관성과 비관성 보충자료

**'낙관성'과 '비관성'**

### 1. 지유의 학업

지유가 자신이 반에서 3등 이내에 들 수 있다고 믿었던 것은 지유의 낙관적인 태도를 반영한다. 그러나 지유의 과도하게 낙관적인 태도로 인해, 지유는 실제 목표를 이루기 위해 필요한 조건들과 열심히 공부하는 것의 중요성을 과소평가했다. 이는 지유가 학습 계획을 실행하는 과정에서 목표를 성취하는 것을 어렵게 만들었다. 한편으로, 지유는 학습에 대해 지나치게 걱정하지 않고 매우 긍정적인 감정을 유지하는 이점을 가졌다.

### 2. 민재의 경쟁

민재는 농구부에 들어가고 싶었지만, 나쁜 결과를 기대했다. 민재는 부원으로 선발되지 않을 것을 걱정했고, 이는 민재의 비관적인 태도를 반영한다. 민재는 항상 나쁜 결과를 생각했지만 적극적으로 대응했고, 그 결과 민재는 효과적으로 자신의 약점을 극복했다. 따라서 민재의 비관적인 태도는 자신의 약점을 바라볼 수 있도록 돕는다고 볼 수 있지만, 모든 일을 마주함에 있어서 지나치게 걱정하는 어려움을 유발하기도 한다.

## 부록 13-8 교수자용 참고 자료: 칠판 기록 형식

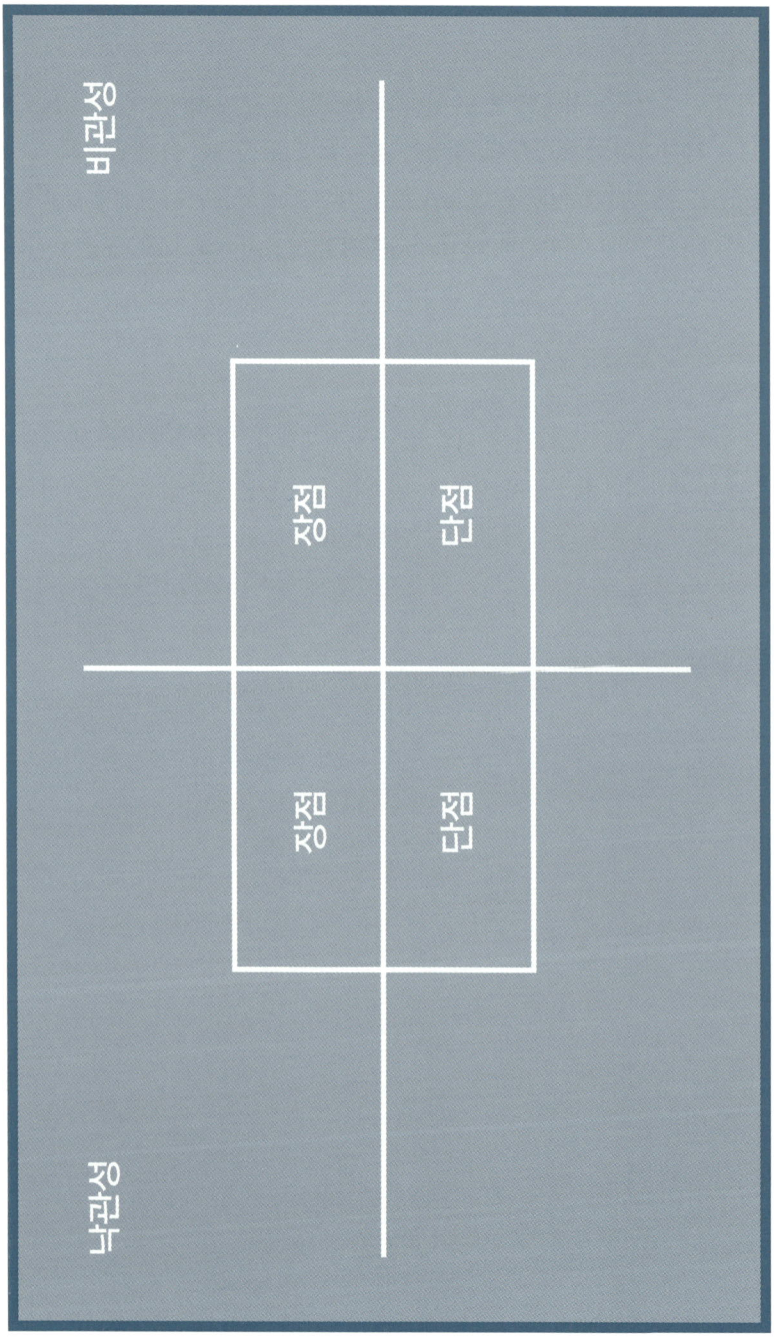

부록 13-9

# 보충 활동: 연극 창작하기

이름: ____________________

[상황 1]

| 배경 | 사건 1 | 사건 2 | 사건 3 | 사건 4 |
|---|---|---|---|---|
| **광복절 기념 행사에 참석** | 지나가던 행인들이 나를 툭 치거나 무시한다. | 맛있는 브런치를 판매하는 카페를 지나친다. | 행사에 참석한 사람이 기대보다 적다. | 사람들이 행사의 진행에 불만을 표현한다. |

[상황 2]

| 배경 | 사건 1 | 사건 2 | 사건 3 | 사건 4 |
|---|---|---|---|---|
| **내일 있을 시험 준비** | 급우가 농구를 같이 하자고 제안한다. | 가장 좋아하는 TV 프로그램이 방송 중이다. | 시험을 위해 준비한 필기 중 일부를 잃어 버렸다. | 가장 친한 친구가 대화하자고 전화를 걸었다. |

[상황 3]

| 배경 | 사건 1 | 사건 2 | 사건 3 | 사건 4 |
|---|---|---|---|---|
| **모둠 프로젝트를 위한 논의** | 모둠 구성원 중 한 명이 휴식을 위해 잠시 놀자고 제안한다. | 모둠 구성원들이 의견 차이로 다툰다. | 새롭거나 혼란스러운 정보를 접한다. | 모둠 구성원 중 한 명이 모둠에서 빠지겠다고 선언한다. |

[상황 4(학생들의 상황에 따라 적절한 금액을 설정한다.)]

| 배경 | 사건 1 | 사건 2 | 사건 3 | 사건 4 |
|---|---|---|---|---|
| **저축을 계획하고, 현재까지 ________원을 저축한 상황** | 가장 좋아하는 운동화를 발견했다. | 급우들이 같이 놀자고 제안했고, 놀기 위해서는 돈이 필요하다. | 용돈을 잃어버렸다. | 부모님께서 나의 저축 계획에 대해 성공할 수 없을 것이라고 생각하신다. |

[다른 상황(교수자는 학생들의 상황에 따라 사건을 고안할 수 있다.)]

| 배경 | 사건 1 | 사건 2 | 사건 3 | 사건 4 |
|---|---|---|---|---|
| | | | | |

[예시]

| 배경 | 사건 1 | 사건 2 | 사건 3 |
|---|---|---|---|
| **어느 날 나는 빈곤 노인을 위한 복지 기금을 모금하기 위해, 광복절 기념 행사장에 부스를 열었다.** | 기금 모금을 진행하는 동안, 행인들은 나의 말을 무시했다. 나는 처음에만 조금 힘들지 결국 목표 금액을 모을 수 있을 것이라 생각하고, 계속 활동을 진행했다.<br>(낙관성) | 가까운 카페에서 판매하는 브런치가 매우 맛있어 보였다. 나는 아직 시간이 이르기 때문에 아침을 먹고 와서 다시 활동을 진행해도 될 것 같다고 생각했다. 따라서 나는 카페에 가서 아침 식사를 즐겼다.<br>(낙관성) | 아침을 다 먹었을 때, 나는 많은 행인이 부스 옆을 지나가고 있음을 확인했다.<br>(학생들은 자신만의 이야기를 만들 수 있다.) |

# 부록 13-10 성장 확인 질문

이름: ____________ 반: ____________ 날짜: ____________

## 1. 수업 과제

1) 나는……. (적절한 답변에 ○ 표시를 해 주세요.)

- 내가 생각하기에…….

  (매우 낙관적이다 – 낙관적이다 – 보통이다 – 비관적이다 – 매우 비관적이다)

- 가족들이 보기에 나는…….

  (매우 낙관적일 것이다 – 낙관적일 것이다 – 보통일 것이다 – 비관적일 것이다 – 매우 비관적일 것이다)

- 친구들이 보기에 나는…….

  (매우 낙관적일 것이다 – 낙관적일 것이다 – 보통일 것이다 – 비관적일 것이다 – 매우 비관적일 것이다)

2) 나의 낙관적인 / 비관적인 태도는 다음의 사건과 관련이 있다(하나 이상의 사건을 적어 주세요).

가정: ____________

학교: ____________

친구 관계: ____________

3) ____________은/는 내가 아는 사람 중 가장 낙관적/비관적이다. 나는 ____________에게 이 성격이 좋은/그렇게 좋지는 않은 영향을 미치고 있다고 생각한다. 왜냐하면 ____________

____________

## 2. 숙제

1) 나는 내 학업과 관련해 낙관적 / 비관적이다. 나는 이런 태도가 나에게 ____________한 영향을 미치기 때문에 주의를 기울일 필요가 있다.

2) 나는 내 대인 관계와 관련해 낙관적 / 비관적이다. 나는 이런 태도가 나에게 ____________한 영향을 미치기 때문에 주의를 기울일 필요가 있다.

3) 사람들에게 낙관적인 태도나 신중한 태도를 갖도록 격려하는 속담 또는 격언을 찾아보세요. 이 속담 또는 격언에 대해 내가 가지고 있는 생각을 적어 보세요.

____________

____________

소단원 2

# 삶의 나침반

## 1. 소단원 목적

미래에 대한 신념을 발전시키고, 삶의 방향성을 탐색함에 있어 긍정적인 태도를 가진다.

## 2. 학습 목표

① 미래에 대한 신념의 중요성을 인식한다.

② 학업, 가족, 친구 관계의 측면에서 미래에 대한 긍정적인 신념을 형성하고, 이 주제와 관련해 미래에 자신이 할 수 있거나, 할 것 같거나, 하고 싶은 것이 무엇인지 고민한다.

## 3. 수업 내용

| 활동 | 절차 |
|---|---|
| **1. 준비 활동(3분)**<br><br>▷ **교수자료**<br>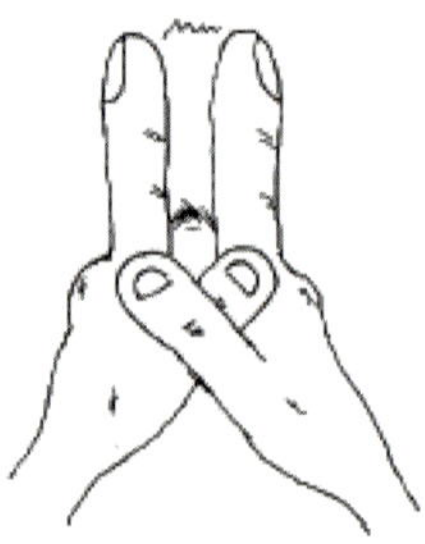<br>[그림 13-1] | 1. 지난 활동을 간단히 복습하고 다음의 활동을 시작한다.<br>• 학생들에게 양손을 깍지 껴잡은 채로 양손의 검지만을 1~2cm 거리를 두어 펼쳐 보도록 지시한다. 학생들에게 두 검지의 끝에 주의를 기울이고 두 검지 사이에 자력이 있다고 상상해 보도록 지시한다.<br>• 낮은 목소리로 "더 가까이……. 더 많이 가까이……. 거의 달라붙을 것 같이……."라고 말한다. 일반적으로 학생들은 두 검지가 점차 가까워지는 것을 볼 수 있다.<br>2. 대부분의 학생이 일반적인 결과를 얻으면, 학생들에게 두 검지가 가까워지도록 만든 것이 무엇일지 질문한다.<br>3. 손가락의 움직임이 자력이 있는 것처럼 생각하라고 안내받기는 했지만, 실제로는 우리의 생각에 의해 결정되었음을 명시한다. 일상생활에서 우리의 많은 행동과 의사결정이 우리의 사고와 신념에 의해 결정된다는 점을 강조한다. |

| | |
|---|---|
| **2. 학급 토론:** 금메달의 비하인드 스토리**(8분)**<br><br>▷ **교수자료**<br>- [부록 13-11] 파워포인트 슬라이드: 금메달의 비하인드 스토리<br>- [부록 13-12] 교수자용 참고 자료: 금메달의 비하인드 스토리 대본 | **목표: 신념의 중요성을 이해한다.**<br>1. 음성 자료가 포함된 파워포인트 슬라이드([부록 13-11])를 보여 주거나, [부록 13-12] 내용을 참고하여 글을 읽어 준다. 다음의 질문을 던지며 학급 토론을 시작한다.<br>• 신념이 사람에게 중요할까요? 그 이유는 무엇일까요?<br>• 천스신(Chen Shih Hsin) 선수가 성공하게 된 이유는 무엇일까요?<br>• 삶에 대한 신념을 가지고 있나요? 만약 그렇다면, 어떤 신념을 가지고 있나요?<br>2. 학생들이 천스신 선수의 사례를 통해 신념의 중요성을 잘 이해하도록 돕는다. 신념은 한 사람이 앞으로 나아갈 수 있도록 동기부여하고 목표를 성취하도록 돕는 원동력이다. 천스신 선수는 끈기 있게 자신의 신념을 따랐고, 여러 어려움을 극복하고 목표를 달성했다. |
| **3. 개인 활동:** 삶의 나침반**(12분)**<br><br>▷ **교수자료**<br>- [부록 13-13] 활동 준비물: 삶의 나침반<br>- [부록 13-14] 파워포인트 슬라이드: 삶의 나침반 예시<br>- [부록 13-15] 교수자용 참고 자료: 삶의 나침반 예시<br>- [부록 13-16] 활동지: 인생지도 | **목표: 삶의 방향성을 생각해 본다.**<br>1. 학생들에게 다음의 내용을 질문한다.<br>• 천스신 선수가 3년 동안 방황했던 이유는 무엇이었을까요?<br>• 천스신 선수는 삶의 방향성을 잃고 방황했지만, 마침내 자신만의 길을 발견했습니다. 천스신 선수가 되찾은 삶의 방향성은 무엇이었을까요?<br>2. 학생들에게 비유를 활용해 설명한다.<br>• 신념은 비행기가 날아갈 수 있게 해 주는 연료와 같습니다.<br>3. 학생들에게 천스신 선수와 같이 명확한 삶의 방향성을 가지고 싶다면 자기성찰과 자기탐구의 시간이 필요하며, 명확한 삶의 방향성은 하루아침에 만들어지지 않는다는 점을 전달한다. 각 학생에게 삶의 나침반 준비물([부록 13-13])을 나누어 주고 자신의 삶의 방향성에 대해 생각해 보도록 지시한다.<br>4. 삶의 나침반과 실제 나침반의 차이에 대해 생각해 보도록 지시한다. 이후, "삶의 나침반"([부록 13-14])의 파워포인트 슬라이드를 보여 주며 네 개의 축의 의미를 설명한다.<br>5. 인생지도 활동지([부록 13-16])를 나누어 주고 학생들에게 지도의 중앙에 삶의 나침반을 놓아 보도록 지시한다. 하나의 주제(예: 학업)를 선택하고 나침반의 축에 따라 활동지에 관련된 내용을 적어 보도록 지도한다. 예를 들어, 나침반의 축이 W를 가리키면 학생들은 학업 영역에서 하고 싶은 일에 대해 적는다.<br>6. 삶의 나침반을 계속 움직이며 각 주제에 따라 '할 수도 있는 일' '할 수 있는 일' '해야만 하는 일' '하고 싶은 일'에 대해 적어 보도록 지시한다. 활동지 작성이 마무리되면, 학생들이 자신의 결과를 공유하도록 독려한다. |
| **4. 결론(2분)**<br><br>▷ **교수자료**<br>- [부록 13-16] 활동지: 인생지도 | 1. 학생들에게 다음과 같은 내용을 질문한다. "신념과 삶의 방향성은 중요합니다. 우리는 삶의 방향성과 신념을 어떻게 탐색할 수 있을까요?"<br>2. 학생들이 자신이 삶의 방향성을 생각해 보도록 독려한다. 학생들에게 다른 영역에서의 '할 수도 있는 일' '할 수 있는 일' '해야만 하는 일' '하고 싶은 일'을 적어 보면서 인생지도 활동지([부록 13-16])를 숙제로 마무리하도록 지시한다. |

| 5. 마무리 활동(5분)<br><br>▷ **교수자료**<br>- [부록 13-17] 성장 확인 질문 | 1. 성장 확인 질문을 나누어 주고 학생들에게 지난 활동을 돌아볼 수 있는 시간을 준다.<br>2. 수업 시간 동안 학생들의 참여에 대해 칭찬한다. |
|---|---|

## 4. 세부 지도 사항

### 1) 준비 활동

- 상황이나 학생들의 필요에 따라, 교수자는 학생들을 몇 개의 모둠으로 나눌 수 있다.
- 몇몇 학생들은 예상한 결과를 얻지 못할 수 있다. 교수자는 학생들이 조용히 자세를 준비하도록 지도한 후, "손가락은 서로를 끌어당깁니다."라는 아이디어를 소개함으로써 학생들이 집중하도록 도울 수 있다.
- 몇몇 학생들은 손가락의 움직임에 대해 교수자와 언쟁할 수 있다. 이 활동은 준비를 위한 게임에 불과하므로, 교수자는 너무 많은 시간을 할애하기보다는 학생들에게 집에서 다시 활동을 해 보도록 권장할 수 있다.

### 2) 금메달의 비하인드 스토리

- 학생들이 토론의 핵심에 대해 파악하기 어려워한다면, 교수자는 본격적으로 삶의 방향성에 대해 토론하기 전에 학생들에게 천스신 선수의 이야기를 듣고 느낀 점이 무엇인지 정리해 보도록 지도할 수 있다.
- 학생들은 한 수업만으로 자신의 삶의 방향성을 확인하거나 표현하기 어려워할 수 있다. 토론의 목표는 학생들이 자신의 삶의 방향성을 고민해 볼 수 있는 기회를 갖고, 삶의 방향성의 중요성을 잘 이해하도록 돕는 것이다. 교수자는 학생들이 자신만의 삶의 신념이나 좌우명을 찾도록 독려하는 동시에, "열심히 살자"나 "삶은 소중하다"와 같은 간단한 신념도 충분하다는 점을 언급한다.

### 3) 삶의 나침반

- 학생들의 상황에 따라, 교수자는 학생들이 교실에서 연습해 볼 수 있는 하나의 주제를 선택할 수 있다. 학생들은 활동지의 다른 주제에 대해서는 집에서 적어 볼 수 있다.
- 삶의 나침반과 인생지도를 사용해 학생들이 삶의 방향성을 서로 공유하도록 지도할 수 있다.
- 학생들이 삶의 나침반을 보관하고 일상생활에서 사용하도록 독려할 수 있다.

## 5. 보충 활동(선택 사항)

| 활동 | 내용 | 권장 사항 |
|---|---|---|
| 한 사람의 특징 | **목표: 삶의 신념의 역할에 대해 고민한다.**<br>학생들에게 그들이 알거나 존경하는 사람들(선생님, 가족, 친구 등)의 삶의 신념에 대해 알아보도록 지시한다. 학생들에게 그들의 신념이나 좌우명을 노트에 적어 정리해 보도록 지시한다. | 활동은 인터뷰 등의 다른 형식으로 진행될 수 있다. |
| 인생 속담 | **목표: 긍정적인 신념의 중요성에 대한 이해를 높인다.**<br>학생들은 긍정적인 삶의 신념을 담은 격언이나 속담을 적어 제출한다. 예시로는 '하늘은 스스로 돕는 자를 돕는다'가 있다. | 활동은 학급 전체와 함께 진행할 수 있으며, 학생들의 참여를 독려하기 위한 간단한 보상을 준비할 수 있다. |

## 부록 13-12 교수자용 참고 자료: 금메달의 비하인드 스토리 대본

천스신(陳詩欣, Chen Shih Hsin)은 대만의 태권도 선수로, 2004년 아테네 올림픽의 금메달리스트이다. 천스신은 5세 때부터 태권도를 배우기 시작했고 15세에 세계 챔피언이 되었다. 그녀는 지역 대회와 국제 대회를 통틀어 수많은 상을 휩쓸었다. 그녀는 태권도 코치인 아버지로부터 운동을 배웠다. 아버지는 천스신에게 "성공하기 위해서는 끈기를 갖고 시련에 맞설 준비가 되어 있어야 한다."라고 늘 말씀하셨다. 천스신은 '인내'를 모토로 삼았다. 어려움을 마주할 때마다 이 모토는 그녀에게 활력소가 되었으며, 대회 기간 동안 그녀를 지탱해 주었다.

그러나 16세가 되던 해, 그녀는 고된 훈련을 감당하기 어려웠고, 동시에 평범한 청소년처럼 웃고 즐기는 삶을 살고 싶은 마음에 집중력이 흐트러졌다. 그녀는 태권도 연습에 소홀해졌고, 결국 운동을 그만두었다. 그녀는 가족과의 관계도 단절했으며, 그동안 쌓아온 모든 성과를 포기했다. 그녀는 3년 동안 배움을 멈추고 노점상으로 일하거나 속옷만 입고 물건을 팔기도 했다. 천스신의 회고에 따르면, 그녀는 3년의 소중한 시간을 허비하고 13년 동안 고된 노력으로 이뤄 낸 성과를 잃었다. 그녀는 자책하고 상심했으며 후회로 가득 찼다. 결국 그녀는 더 이상 가족들을 실망시킬 수 없어 집으로 돌아왔다. 그녀는 마음을 다잡고 운동에 복귀했다. 처음에는 힘과 기술이 부족해 많은 경기와 대회에서 패했으며, 심지어는 2000년 올림픽에 참가할 기회도 얻지 못했다. 그러나 그녀는 포기하지 않고 '인내와 승리'라는 수정된 모토로 스스로를 다독였다. 마침내 그녀는 한 주 동안 아시안 게임과 월드컵에서 동시에 우승하며, 태권도 역사에 길이 남을 기록을 세웠다.

천스신은 스스로에게 "태권도는 이제 내 삶에서 가장 중요한 거야. 나는 가족과 나를 아껴 주는 사람들을 실망시키지 않을 거야. 살아가는 모든 날 동안, 나는 하루하루 최선을 다해 살 거야. 성공은 멀리 있지 않아. 신념을 갖고 있는 한, 나는 태권도 선수로서 순탄하게 앞으로 나아갈 수 있을 거야."라고 말했다. 강한 의지로 무장한 천스신은 마침내 2004년 올림픽에서 금메달을 획득했다.

부록 13-13

# 활동 준비물: 삶의 나침반

선을 따라 오린 다음, 한 학생당 한 개씩 잘라 나눠 주세요.

부록 13-15

## 교수자용 참고 자료: 삶의 나침반 예시

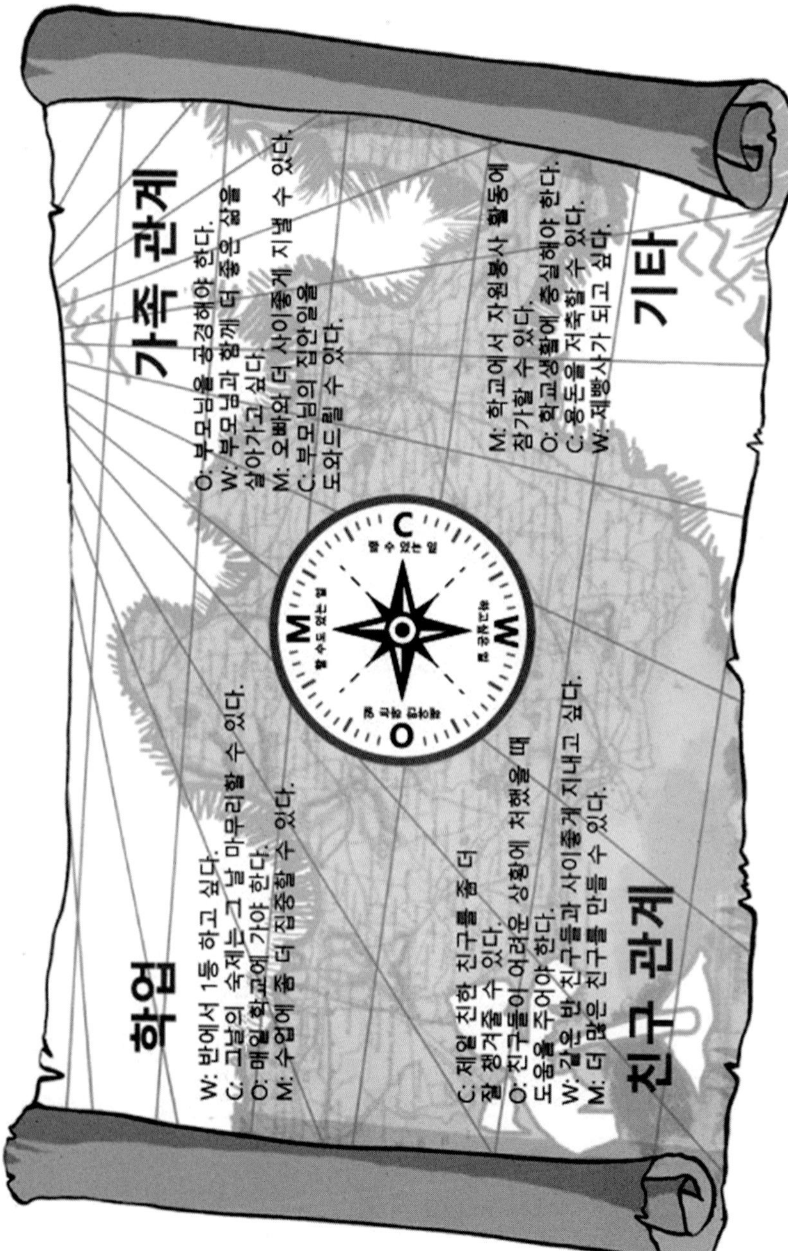

부록 13–16

# 활동지: 인생 지도

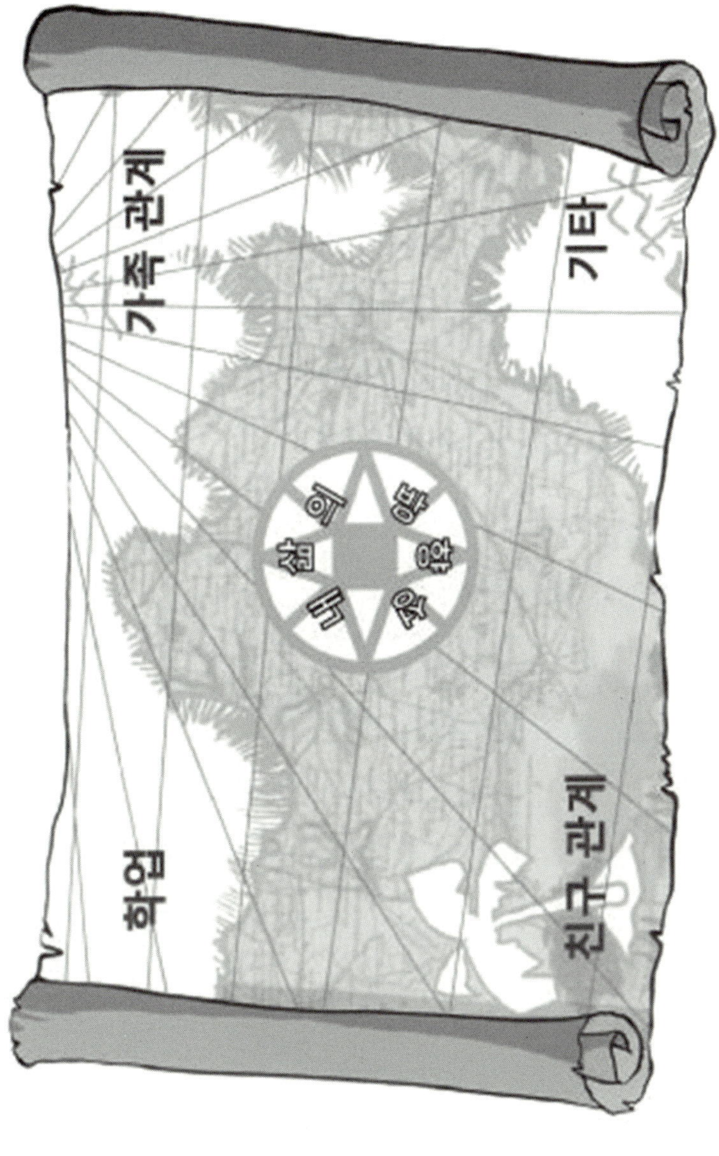

# 부록 13-17 성장 확인 질문

이름: ______________________ 반: ______________________ 날짜: ______________________

1. 이번 소단원 활동을 통해 배운 내용이 나에게 어떤 방식으로 도움이 될 수 있을까요?

2. 나의 삶의 방향성은 무엇인가요? 나는 목표를 성취하기 위해 무엇을 할 수 있을까요?

대단원 14

# 친사회적 참여

## 들어가며

기부 또는 자원봉사와 같은 공동체 활동에 참여하는 것은 친사회적 행동의 한 형태이다. 반면에 도둑질, 약물남용, 무단결석과 같은 파괴적이거나 비정상적인 반사회적 행동은 공동체 활동과 상반된다. 공동체 활동에 참여하는 것은 친사회적 규범을 수용하고 친사회적 행동을 촉진할 뿐만 아니라 반사회적 행동에 대한 예방책이 될 수 있다.

연구에 따르면 성공적인 공동체 활동은 다른 사람을 돕고 사회에 기여하는 동시에 당사자 개인의 능력을 개발할 수 있는 기회를 제공함으로써 사람들 간의 긍정적인 관계 형성을 촉진하는 것으로 나타났다. 청소년에게 친사회적 행동을 장려할 때는 먼저 사회에 기여하는 행동이라는 개념을 가르친 후에 공동체 활동에 참여하도록 권장할 필요가 있다.

'친사회적 참여' 대단원은 공동체 활동에 대한 학생들의 이해를 높이고, 학교와 사회가 주최하는 공동체 활동에 더 많이 참여하도록 장려하는 데 중점을 둔다. 이 대단원은 4개의 소단원으로 이루어져 있다. 소단원 1은 학생들에게 공동체 활동에 참여하는 것이 개인의 발전뿐만 아니라 사회에도 도움이 된다는 것을 가르친다. 소단원 2는 학생들이 친사회적 활동과 반사회적 활동을 구분하고, 그러한 활동에 참여하는 동기를 이해하도록 돕는다. 이 단원에서는 친사회적 활동과 반사회적 활동이 자신과 다른 사람에게 미치는 영향을 이해하도록 지도한다. 소단원 3에서는 학교 생활에 도움이 되는 활동과 그로 인한 긍정적인 효과에 대해 가르치고 학생들이 학교에 더 많은 공헌을 하도록 장려한다. 소단원 4에서는 학생들이 학교 밖의 공동체 활동과 그 활동이 사회에 기여하는 바를 파악하고 이러한 활동에 실제로 참여하도록 권장한다.

## 개관

| 소단원 | 소단원 목적 | 학습 목표 |
|---|---|---|
| **공동체 활동이란 무엇인가요 (30분)** | 사회와 개인의 발전을 위한 공동체 활동 참여의 이점을 이해한다. | 1. 공동체 활동의 정의를 이해한다.<br>2. 공동체 활동에 참여함으로써 사회와 개인이 얻을 수 있는 이점을 인식한다. |
| **잘못된 행동 거절하기 (30분)** | 반사회적 행동의 의미와 참여 동기를 이해하고, 친사회적 행동과 반사회적 행동을 구분한다. | 1. 반사회적 행동의 정의를 이해한다.<br>2. 친사회적 행동과 반사회적 행동을 구분할 수 있다. |
| **학교 내 공동체 활동 (30분)** | 학교생활에 유익한 활동과 그 긍정적 효과에 대해 배우고, 학생들이 학교에 더 많은 공헌을 할 수 있도록 장려한다. | 학교생활에 유익한 활동과 긍정적인 효과를 이해한다. |
| **사회를 위한 공동체 활동 (30분)** | 학교 밖의 공동체 활동과 이런 활동이 사회에 기여하는 바를 배우고, 학생들이 공동체 활동에 참여하도록 장려한다. | 학교 밖의 공동체 활동과 이것이 사회에 기여하는 역할을 이해한다. |

이 대단원에 포함된 모든 활동지 및 파워포인트 슬라이드와 영상 자료 등은 학지사 홈페이지(www.hakjisa.co.kr)에서 내려받을 수 있습니다.

소단원 1

# 공동체 활동이란 무엇인가요

## 1. 소단원 목적

사회와 개인의 발전을 위한 공동체 활동 참여의 이점을 이해한다.

## 2. 학습 목표

① 공동체 활동의 정의를 이해한다.

② 공동체 활동에 참여함으로써 사회와 개인이 얻을 수 있는 이점을 인식한다.

## 3. 수업 내용

| 활동 | 절차 |
|---|---|
| **1. 준비 활동(3분)** | 학생들에게 다음 질문들을 물어본다.<br>• 지난 일주일 동안 공동체 활동에 참여한 적이 있나요?<br>• 친사회적 행동이란 무엇일까요? |
| **2. 모둠 토론:** 공동체 활동**(10분)**<br><br>▷ **교수자료**<br>- [부록 14-1] 활동지: 공동체 활동 설문지<br>- [부록 14-2] 교수자용 참고 자료: 공동체 활동 설문지 예시 | **목표: 인터뷰를 통해 친사회적 행동이 무엇인지 알아본다.**<br>1. 학급을 두 모둠으로 나누어 한 모둠은 질문자 역할을, 다른 모둠은 답변자 역할을 맡는다. 각 질문자에게 활동지([부록 14-1])를 제공한다.<br>2. 학생들에게 인터뷰의 목적과 내용을 간략히 설명한다.<br>• 인터뷰를 통해 학생들이 친사회적 행동의 한 형태인 공동체 활동에 대해 어떻게 생각하는지 파악한다.<br>• 학생들의 공동체 활동 참여 여부와 참여했을 때의 기분을 알아본다.<br>3. 질문자에게 5분 동안 최대 3명의 답변자와 대화하고 답변을 메모하라고 지시한다.<br>4. 인터뷰가 끝난 후 모든 설문지를 수집한다. |

| | |
|---|---|
| **3. 학급 토론:** 공동체 활동의 중요성**(10분)** | **목표: 공동체 활동의 중요성과 이로 인해 본인과 사회가 얻는 이점을 이해한다.**<br>설문지 중 하나를 예로 들어 학생들이 다음의 문제에 대해 토론하고 생각할 수 있도록 유도한다.<br>• 해당 활동이 공동체 활동에 해당한다고 생각하는지 여부<br>• 해당 활동이 공동체 활동에 해당한다는 것에 동의하거나 동의하지 않는 이유<br>• 해당 활동의 중요성과 사회에 대한 기여도 |
| **4. 결론(2분)** | 1. 공동체 활동에 참여할 때 학생 본인과 사회가 얻는 이점을 전달한다.<br>2. 학생들이 여가 시간에 공동체 활동에 더 많이 참여하도록 장려한다.<br>3. 학생들에게 "한국에서 더 이상 공동체 활동이 없다면 우리의 삶과 사회는 어떻게 변할까요?"라고 물으며 상상해 보도록 유도한다. |
| **5. 마무리 활동(5분)**<br><br>▷ **교수자료**<br>- [부록 14-4] 성장 확인 질문 | 1. 성장 확인 질문을 나누어 주고 학생들이 수업 내용과 스스로를 돌아볼 수 있도록 지도한다.<br>2. 수업 중 학생들의 참여도를 칭찬한다. |

## 4. 세부 지도 사항

### 1) 준비 활동

- 수업에 참여한 대부분의 학생이 지난 일주일 동안 공동체 활동에 참여하지 않은 경우, 교수자는 "지난 2주 동안은 어땠습니까?"라고 추가로 질문할 수 있고 응답하는 학생 수가 소수인 경우 질문의 기간을 연장할 수 있다(예: 한 달, 두 달 등). 대다수의 학생이 응답하지 않는 경우, 교수자는 학생이 참여할 수 있는 공동체 활동을 탐색하여 사회에 기여할 수 있도록 격려하는 것이 수업 목적임을 강조할 수 있다.
- '친사회적 행동'의 정의
  - 친사회적 행동은 사회에 기여하거나 긍정적인 영향을 미치는 유익한 행동을 의미한다. 친사회적 행동의 가장 일반적인 예로 공동체 활동 참여를 들 수 있다. 친사회적 행동의 다른 형태로 수용적 행동이 있다. 이는 배려하는 마음가짐으로 시작하여 다른 사람을 돕는 행동으로 발전한다. 청소년들이 참여할 수 있는 수용적 행동으로는 헌혈, 기부, 자선 바자회 참여, 구호 활동, 희생을 통한 타인 돕기 등이 있다.

### 2) 공동체 활동

- 상황에 따라 교실 내 질서 유지를 위해 근처에 있는 반 친구를 인터뷰하도록 요청한다.

### 3) 공동체 활동의 중요성

- 학생들에게 자신이 제안한 공동체 활동이 누구에게 도움이 될 수 있는지 분석하도록 한다.

## 5. 보충 활동(선택 사항)

| 활동 | 내용 | 권장 사항 |
|---|---|---|
| 일상 속 공동체 활동 | **목표: 공동체 활동에 대한 이해를 심화한다.**<br>학생들은 다음 주에 있을 주변의 공동체 활동을 조사하고, 그 내용을 요약하여 해당 활동이 학교나 사회에 기여하는 부분을 나열한다([부록 14-3]). 최종적으로, 학생들에게 해당 활동에 참여했는지 여부와 앞으로 참여할 의향이 있는지를 적도록 한다. | 학생들이 이전에 해 본 적 없지만 수업에서 소개된 공동체 활동에 참여할 수 있도록 격려한다. |

부록 14-1

# 활동지: 공동체 활동 설문지

이름: ______________________

안녕하세요? 저는 공동체 활동에 대한 설문조사를 진행하고 있습니다. 다음 네 가지 질문에 답해 주시겠어요?

| 질문 | 인터뷰 대상자 1 | 인터뷰 대상자 2 | 인터뷰 대상자 3 |
|---|---|---|---|
| 1. 공동체 활동의 예를 들어 주실 수 있나요? | | | |
| 2. 이 공동체 활동은 사회에 어떤 도움을 주나요? | | | |
| 3. 어떤 종류의 공동체 활동에 참여한 적이 있나요? (활동 유형을 적어 주세요. 인터뷰 대상자가 관련 경험이 없는 경우, 인터뷰는 여기서 끝납니다.) | | | |
| 4. 이 활동에 참여한 후 어떤 느낌이나 생각이 들었나요? | | | |

## 부록 14-2 교수자용 참고 자료: 공동체 활동 설문지 예시

안녕하세요? 저는 ○○중학교에 재학 중인 학생으로 공동체 활동에 대한 설문조사를 진행하고 있습니다. 다음 네 가지 질문에 답해 주시겠어요?

| 질문 | 예시 1 | 예시 2 |
|---|---|---|
| 1. 공동체 활동의 예를 들어 주실 수 있나요? | 지역 자선 행사 | 노인 길 건너기 돕기 |
| 2. 이 공동체 활동은 사회에 어떤 도움이 되나요? | 지역 사회에서 도움이 필요한 사람들에게 금전적인 도움을 줍니다. | 이 사회에서 도움이 필요한 사람들을 도울 수 있습니다. |
| 3. 어떤 종류의 공동체 활동에 참여한 적이 있나요?<br>(활동 유형을 적어 주세요. 인터뷰 대상자가 관련 경험이 없는 경우, 여기서 인터뷰를 종료합니다.) | 바자회 판매자 | 노인 가구 방문 |
| 4. 이 활동에 참여한 후 어떤 느낌이나 생각이 들었나요? | 보람찼어요. 비록 큰 금액은 아니었지만 최선을 다해 참여하고 다른 사람들을 돕기 위해 노력했습니다. | 제가 방문한 노인분은 오랫동안 누군가의 보살핌을 받지 못한 분이었기 때문에 무척 다행이었습니다. |

## 부록 14-3 보충 활동: 일상 속 공동체 활동

이름: ____________________

1. 다음 주에 있을 주변의 공동체 활동을 조사하세요.
2. 공동체 활동의 예를 두 가지 제시하고, 그 내용을 요약하세요.
3. 이러한 활동이 학교나 사회에 어떤 기여를 하는지, 그리고 그 활동에 참여하기 위해 희생하는 것(예: 돈, 시간, 즐거움)에 대해 설명하세요.
4. 마지막으로, 해당 활동에 참여했는지 여부와 참여하였다면 그 이유를 적어 주세요.

| | 공동체 활동 | 기여점 | 개인적 희생 | 참여 여부 | 참여 이유 |
|---|---|---|---|---|---|
| 예시 | 깃발 판매 | 자선 단체를 위한 기금을 모아서 도움이 필요한 단체를 지원할 수 있습니다. | 용돈 | 예 | 적은 돈이라도 여러 명이 모인다면 많은 도움이 될 수 있기 때문입니다. |
| 학교(1) | | | | | |
| 학교(2) | | | | | |
| 지역 사회(1) | | | | | |
| 지역 사회(2) | | | | | |

# 부록 14-4 성장 확인 질문

이름: ________________ 반: ________________ 날짜: ________________

## 1. 수업 과제

1) 친사회적 행동은 무엇을 의미하나요?

2) 공동체 활동은 사회에 어떤 기여를 하나요? 본인에게 개인적으로 어떤 이점이 있나요?

3) 공동체 활동 예시 세 가지를 적어 주세요.

## 2. 숙제

1) 공동체 활동에 참여하는 것은 ________ 행동입니다. 이는 도둑질, 학교 무단 결석 등의 ____________ 행동과는 정반대입니다.

2) 청소년이 반사회적 활동에 참여할 가능성을 최소화하려면 어떻게 해야 할까요?

3) 한국의 모든 공동체 활동이 사라진다면 사회와 우리의 삶은 어떻게 될까요?

소단원 2

# 잘못된 행동 거절하기

## 1. 소단원 목적

반사회적 행동의 의미와 참여 동기를 이해하고, 친사회적 행동과 반사회적 행동을 구분한다.

## 2. 학습 목표

① 반사회적 행동의 정의를 이해한다.

② 친사회적 행동과 반사회적 행동을 구분할 수 있다.

## 3. 수업 내용

| 활동 | 절차 |
| --- | --- |
| **1. 준비 활동(3분)** | 1. 학생들에게 질문을 던진다.<br>• 지난 수업(소단원 1)에서 친사회적 행동이 무엇인지 배웠습니다. 친사회적 행동이 무엇인지 설명할 수 있는 사람이 있나요?<br>2. 학생들에게 반사회적 행동이 무엇인지 설명한다. |
| **2. 모둠 토론:** 일상 속 행동**(15분)**<br><br>▷ **교수자료**<br>- [부록 14-5] 모둠 활동지: 일상 속 행동<br>- [부록 14-6] 교수자용 참고 자료: 일상 속 행동 예시답안 | **목표: 친사회적 행동과 반사회적 행동을 분석한다.**<br>1. 학급을 여러 개의 작은 모둠으로 나누고 각 모둠에 활동지([부록14-5])를 제공한다.<br>2. 학생들은 모둠별로 10분 동안 토론한다.<br>3. 활동지에 제시된 활동을 분류하도록 요청한다.<br>• 친사회적 행동<br>• 중립적 행동<br>• 반사회적 행동<br>4. 학생들이 자신의 선택을 설명하고 서로 생각을 공유하도록 지도한다. |

| | |
|---|---|
| 3. **학급 토론:** 일상 속 행동(5분) | **목표: 학급 토론을 통해 친사회적 행동과 반사회적 행동의 차이점을 더 깊이 이해한다.**<br>1. 순서대로 모둠별 토론 결과를 학급에 발표한다.<br>2. 다른 학생들은 모둠의 분류 결과에 대해 동의 여부를 표현하고 자신의 의견을 공유할 수 있다. |
| 4. **결론(2분)** | 1. 친사회적 행동과 반사회적 행동을 구분하는 것의 중요성을 강조한다.<br>2. 학생들에게 모든 사람이 남의 희생을 이용하여 이익만 얻으려고 한다면 우리 사회가 어떻게 될지 상상해 보도록 안내한다. |
| 5. **마무리 활동(5분)**<br><br>▷ **교수자료**<br>- [부록 14-8] 성장 확인 질문 | 1. 성장 확인 질문을 나누어 주고 학생들이 수업 내용과 스스로를 돌아볼 수 있도록 지도한다.<br>2. 수업 중 학생들의 참여도를 칭찬한다. |

## 4. 세부 지도 사항

### 1) 준비 활동

- 반사회적 행동의 정의
  - 부적절한 행동, 비정상적인 행동, 파괴적인 행동 등을 말하며, 다른 사람에게 여러 가지 피해를 주고 다른 사람의 이익을 저해한다는 특징이 있다.
  - 10대들의 대표적인 반사회적 행동은 다음과 같다.
    남을 무시하거나 반항적인 태도, 공공 물건을 함부로 다루거나 규칙 또는 동료에 대해 적대적인 태도, 흡연, 도둑질, 약물 남용, 싸움, 무단 결석, 가출, 성적 비행 행동, 기타 불법 행위
- 시간 여유가 있는 경우, 학생들과 함께 '친사회적 행동'의 정의를 검토하고 예시를 들 수 있다.
  - 친사회적 행동이란 사회에 긍정적인 영향을 미치는 행동으로, 사회에 기여하고 이득이 되는 행동이다.
  - 10대들이 할 수 있는 친사회적 행동으로는 헌혈, 기부, 자선 바자회 참여, 도움 제공, 구호, 자신의 돈이나 시간 등을 희생하여 다른 사람을 돕는 것 등이 있다.

## 5. 보충 활동(선택 사항)

| 활동 | 내용 | 권장 사항 |
|---|---|---|
| 자체 평가 | **목표: 반사회적 활동에 참여하려는 동기와 그로 인한 결과를 고려한다.**<br>“반사회적 행동 이해하기” 활동지([부록 14-7])를 학생들에게 나누어 준다. 학생들은 청소년들이 자주 하는 반사회적 행동을 나열하고 이러한 행동을 하는 이유와 목적, 행위자의 심리적 욕구 및 행동의 결과를 적는다. 마지막으로, 학생들에게 동일한 목표를 달성할 수 있는 친사회적인 방법을 제안하도록 한다. | 학생이 과제물을 제출하면 교수자는 학생의 노력에 대해 칭찬하고 제출된 아이디어에 대해 학생과 함께 토론한다. 이를 통해 학생들은 자신이 존중받는다고 느낄 수 있다. |

# 부록 14-5 모둠 활동지: 일상 속 행동

모둠: ______________________

다음은 일반적인 행동 목록입니다. 각 행동이 친사회적 행동, 중립적 행동, 반사회적 행동 중 어디에 속하는지 다음 공간에 분류하여 적어 주세요.

| | | |
|---|---|---|
| (01) 온라인 도박<br>(02) 비행 청소년과 어울리기<br>(03) 낙서하기<br>(04) 길 가는 사람과 일부러 부딪히기<br>(05) 종교 활동 참여<br>(06) 다양한 인종적 배경을 가진 친구 사귀기<br>(07) 파격적인 옷차림 | (08) 국경일에 국가 부르기<br>(09) 공공 기물 망가뜨리기<br>(10) 길에 쓰레기 버리기<br>(11) 부모에게 욕하기<br>(12) 노인에게 깍듯이 인사하기<br>(13) 자원봉사 활동하기<br>(14) 자선 단체에 기부하기<br>(15) 학교 규칙 준수 | (16) 몸싸움<br>(17) 다른 사람의 분실물을 찾고 보관하기<br>(18) 친구 응원하기<br>(19) 공동체 발전에 대한 관심 갖기<br>(20) 물건 훔치기<br>(21) 인종 차별<br>(22) 약물 남용 |

| 행동의 분류 | |
|---|---|
| 친사회적 행동 | |
| 중립적 행동 | |
| 반사회적 행동 | |

## 부록 14-6 교수자용 참고 자료: 일상 속 행동 예시

**다음은 일반적인 행동 목록입니다. 특징에 따라 분류해 주세요.**

| | | |
|---|---|---|
| (01) 온라인 도박<br>(02) 비행 청소년과 어울리기<br>(03) 낙서하기<br>(04) 길 가는 사람과 일부러 부딪히기<br>(05) 종교 활동 참여<br>(06) 다양한 인종적 배경을 가진 친구 사귀기<br>(07) 파격적인 옷차림 | (08) 국경일에 국가 부르기<br>(09) 공공 기물 망가뜨리기<br>(10) 길에 쓰레기 버리기<br>(11) 부모에게 욕하기<br>(12) 노인에게 깍듯이 인사하기<br>(13) 자원봉사 활동하기<br>(14) 자선 단체에 기부하기<br>(15) 학교 규칙 준수 | (16) 몸싸움<br>(17) 다른 사람의 분실물을 찾고 보관하기<br>(18) 친구 응원하기<br>(19) 공동체 발전에 대한 관심 갖기<br>(20) 물건 훔치기<br>(21) 인종 차별<br>(22) 약물 남용 |

| 행동의 분류 | | | |
|---|---|---|---|
| 친사회적 행동 | • 자선 단체에 기부하기<br>• 학교 규칙 준수<br>• 국경일에 국가 부르기 | • 다른 사람의 분실물 찾고 보관하기<br>• 친구 응원하기<br>• 노인에게 깍듯이 인사하기 | • 자원봉사 활동하기<br>• 공동체 발전에 대해 관심 갖기 |
| 중립적 행동 | • 종교 활동 참여<br>• 다양한 인종적 배경을 가진 친구 사귀기<br>• 파격적인 옷차림 | | |
| 반사회적 행동 | • 온라인 도박<br>• 길 가는 사람과 일부러 부딪히기<br>• 공공 기물 파손<br>• 물건 훔치기 | • 약물 남용<br>• 낙서하기<br>• 몸싸움<br>• 길에 쓰레기 버리기 | • 부모에게 욕하기<br>• 비행 청소년과 어울리기<br>• 인종 차별 |

**[토론 중 참고할 사항]**

1. 학생들은 온라인 도박을 중립적인 행동이라고 생각할 수 있다. 학생들이 온라인 도박 활동에 대해 경각심이 약한 경우, 교수자는 학생들에게 청소년 불법 온라인 도박의 피해 사례나 처벌 규정 등을 소개할 수 있다.
2. 학생들은 노인에게 깍듯이 인사하고 부모에게 욕하는 것이 중립적인 행동이며, 가족 구성원과 관계를 맺는 방법 중 하나라고 생각할 수 있다. 교수자는 학생들에게 다양한 민족 또는 문화의 전통과 가치관에 따라 이러한 행동을 분류하고 토론하도록 권장할 수 있다. 학생들은 부모에게 욕하는 것과 친구에게 욕하는 것에 대해 토론하며 해당 행동이 반사회적인지 비교 및 검토할 수 있다. 토론 과정에서 학생들은 자신의 견해를 뒷받침하는 이유를 설명해야 한다.

부록 14-7

# 보충 활동: 반사회적 행동 이해하기

이름: ____________________

**다음 문제에 대해 생각해 보고 칸에 적어 보세요.**

1. 청소년이 자주 참여하는 반사회적 활동/사건/행동
2. 그렇게 하는 이유(예: 목적, 장점 및 이득)
3. 반사회적 행동과 동일한 목표를 달성할 수 있는 친사회적 행동

| 반사회적 활동 / 사건 / 행동 | 참여 이유 | 결과 | 기타 친사회적 수단 및 행동 |
|---|---|---|---|
| 예1: 시험 부정 행위 | 좋은 성적을 원했기 때문이다. | 반 친구들이 이 사실을 알게 되면 불쾌하고 불공평하다고 느낄 것이다. | 더 열심히 공부한다. |
| 예2: 물건 훔치기 | 돈을 내지 않고 물건을 갖고 싶기 때문이다. | 체포되어 처벌받을 것이다. | 용돈을 벌 수 있는 일을 찾아 열심히 한다. |
| | | | |
| | | | |

# 부록 14-8 성장 확인 질문

이름: ______________________ 반: ______________________ 날짜: ______________________

1. 이번 수업에서 무엇을 배웠나요?

2. 반사회적 행동을 자주 하나요? 반사회적 행동을 하는 것은 본인과 주변 사람들에게 어떤 영향을 미치나요?

소단원 3

# 학교 내 공동체 활동

## 1. 소단원 목적

학교생활에 유익한 활동과 그 긍정적 효과에 대해 배우고, 학생들이 학교에 더 많은 공헌을 할 수 있도록 장려한다.

## 2. 학습 목표

학교생활에 유익한 활동과 긍정적인 효과를 이해한다.

## 3. 수업 내용

| 활동 | 절차 |
|---|---|
| **1. 준비 활동(2분)** | 학생들에게 지난 학기 동안 정규 수업 이외에 어떤 활동에 참여했는지, 그중 가장 좋았던 활동과 싫었던 활동이 무엇이었는지 물어본다. |
| **2. 모둠 게임:** 학교 내 공동체 활동**(18분)**<br><br>▷ **교수자료**<br>- 도화지 | **목표: 교내 공동체 활동을 실천한다.**<br>1. 학생들을 여러 개의 작은 모둠으로 나눈다. 각 모둠에게 도화지 한 장을 주고 5분 동안 공동체 활동을 홍보할 전단지를 디자인하도록 한다. 학생들은 본인 모둠의 아이디어를 다른 학생들에게 홍보한다.<br>2. 만약 각 학급이 돌아가며 전교생을 위한 공동체 활동을 기획하는 과제가 주어진다면 모둠별로 어떤 공동체 활동을 선택할지 정하고 다음 질문에 대해 생각해 보도록 안내한다.<br>• 해당 활동을 하는 것은 어떤 장점이 있나요?<br>• 학급에서 이 활동을 하는 것이 좋은 이유는 무엇인가요?<br>• 학교 전체가 이 활동에 참여하는 것이 좋은 이유는 무엇인가요?<br>3. 학생들이 학교에서 한 번도 해 본 적 없는 새로운 활동을 생각해 보도록 지도한다.<br>4. 각 모둠은 해당 활동을 선택한 이유와 그 활동이 학교에 기여하는 바를 제품 판매원처럼 홍보하는 90초 역할극을 수행한다. 다른 학생들은 활동에 대해 자유롭게 질문할 수 있다. |

| | |
|---|---|
| **3. 학급 게임:** 한 사람당 한 표씩**(3분)**<br><br>▷ **교수자료**<br>- [부록 14-9] 준비 자료: 투표 용지 | **목표: 교내 공동체 활동에 대한 학생들의 선호를 알아본다.**<br>1. 각 학생에게 투표 용지([부록 14-9])를 나누어 주고 모둠별 발표를 참고하여 가장 마음에 드는 친사회적 행동 하나를 선택하고 투표 용지에 적게 한다.<br>2. 투표 용지를 수집하고 집계한다.<br>3. 투표 결과를 발표한다. |
| **4. 결론(2분)** | 1. 학생들이 그동안 간과했던 사소한 교내 활동이 학교에 긍정적인 영향을 미칠 수 있음을 알린다.<br>2. 학생 참여의 중요성을 강조한다. |
| **5. 마무리 활동(5분)**<br><br>▷ **교수자료**<br>- [부록 14-11] 성장 확인 질문 | 1. 성장 확인 질문을 나누어 주고 학생들이 수업 내용과 스스로를 돌아볼 수 있도록 지도한다.<br>2. 수업 중 학생들의 참여도를 칭찬한다. |

## 4. 세부 지도 사항

### 1) 준비 활동

- 학생들이 자신이 참여했던 활동 중 일부가 사실 교내 공동체 활동이었음을 깨달을 수 있도록 지도한다.
- 학생들의 답변을 기록하여 다음에 이어지는 '학교 내 공동체 활동'에서 활용한다.

### 2) 학교 내 공동체 활동

- 공동체 활동이 공공에게 유익하고 금전적 방식 외에도 다양한 방식으로 이루어진다는 점을 강조한다.
- 준비 활동에서 수집한 답변을 읽어 주고 학생들이 새로운 활동을 구상하도록 한다.
- 시간이 충분하지 않은 경우, 학생들이 모둠 아이디어를 역할극이 아닌 발표 형식으로 공유하도록 조정한다.
- 모둠 아이디어를 홍보할 때는 모든 팀원이 발표에 참여해야 한다. 이를 통해 모둠 구성원 간 팀워크가 형성되고 발표에 대한 다른 학생들의 질문에 더 수월하게 답할 수 있다.
- 학생들이 아이디어를 떠올리지 못하는 경우, 교수자는 외국어 노래 경연대회, 축제에

어울리는 교실 꾸미기 등의 예시를 제안할 수 있다.
- 적극적으로 질문을 던지는 학생을 격려하며 칭찬한다.

### 3) 한 사람당 한 표씩

- 학생들도 함께 개표 과정에 동참하여 참여도를 높일 수 있다.
- 시간 여유가 있는 경우, 학생들이 각자 투표의 이유를 설명하고 토론하도록 진행한다.

## 5. 보충 활동(선택 사항)

| 활동 | 내용 | 권장 사항 |
|---|---|---|
| **학교 내 공동체 활동** | **목표: 학교에서 공동체 활동하기**<br>학급을 4명 혹은 5명씩 모둠으로 나누어 각 모둠에게 "학교 내 공동체 활동" 활동지([부록 14-10])를 제공한다. 학생들은 학교 내 공동체 활동의 몇 가지 예에 관해 토론하고 이러한 활동이 학교 생활에 어떤 기여를 하는지 설명한다. | 학교 내 공동체 활동의 예로는 축제에 어울리는 교실 꾸미기, 학교 청소, 동아리 가입 등이 있다. |
| **자선 바자회** | **목표: 학교에 대한 책임감을 강화한다.**<br>자선 바자회를 개최함으로써 학교에서 학생들이 공동체 활동을 실제로 경험할 수 있는 기회를 제공한다. | 학생들이 직접 만든 목걸이나 팔찌, 간식 등 간단한 물품을 내놓을 수 있도록 하여 학생들의 흥미와 참여도를 높일 수 있다. |

부록 14-9

# 준비 자료: 투표 용지

| 투표 | 투표 |
|---|---|
| 활동:<br><br>이유: | 활동:<br><br>이유: |
| **투표** | **투표** |
| 활동:<br><br>이유: | 활동:<br><br>이유: |
| **투표** | **투표** |
| 활동:<br><br>이유: | 활동:<br><br>이유: |
| **투표** | **투표** |
| 활동:<br><br>이유: | 활동:<br><br>이유: |
| **투표** | **투표** |
| 활동:<br><br>이유: | 활동:<br><br>이유: |

부록 14-10

# 보충 활동: 학교 내 공동체 활동

모둠: ____________________

**다음 지시에 따라 활동하세요.**

1. 학교에서 할 수 있는 공동체 활동의 몇 가지 예를 들어 보세요.
2. 이러한 활동이 학교 생활에 어떤 기여를 할 수 있는지 설명하세요.
3. 이러한 활동에 참여하는 이유를 설명하세요.

| 학교 내 공동체 활동 | 학교 생활에 대한 기여 | 참여 이유 |
|---|---|---|
| 예시: 공개 수업 | 학부모와 학생이 학교에 대해 더 많이 이해할 수 있는 기회입니다. | 다른 사람에게 학교를 소개하기 위해 참여합니다. |
| 예시: 학교 합창단 | 학교를 대표하여 학교를 빛낼 수 있도록 대회를 열심히 준비합니다. | 노래 부르는 것을 좋아하기 때문입니다. |
| | | |
| | | |
| | | |

# 부록 14-11 성장 확인 질문

이름: ________________ 반: ________________ 날짜: ________________

**1. 수업 과제**

1) 학교에서 정규 수업 이외 활동에 참여한 적이 있나요? 왜 그랬나요?

2) 학교에서 가장 좋아하는 정규 수업 이외 활동은 무엇인가요?

3) 학교에서 공동체 활동에 참여하면서 무엇을 배웠나요?

**2. 숙제**

1) 학교에서 공동체 활동에 참여하면 어떤 장점이 있나요?

2) 학생들이 공동체 활동에 참여하지 않는다면 학교에 어떤 영향이 있을까요?

3) 학생들이 학교에 더 많이 기여하도록 장려하려면 어떻게 해야 할까요?

소단원 4

# 사회를 위한 공동체 활동

## 1. 소단원 목적

학교 밖의 공동체 활동과 이런 활동이 사회에 기여하는 바를 배우고, 학생들이 공동체 활동에 참여하도록 장려한다.

## 2. 학습 목표

학교 밖의 공동체 활동과 이것이 사회에 기여하는 역할을 이해한다.

## 3. 수업 내용

| 활동 | 절차 |
|---|---|
| **1. 준비 활동(3분)** | 학생들끼리 공동체 활동을 나열하는 게임을 한다. 활동을 가장 많이 나열하는 학생이 우승한다. |
| **2. 학급 게임:** 공동체 활동 빙고!**(20분)**<br><br>▷ **교수자료**<br>- [부록 14-12] 활동지: 공동체 활동 빙고<br>- [부록 14-13] 교수자용 참고 자료: 공동체 활동 빙고 예시<br>- 뽑기 상자 | **목표: 공동체 활동과 공동체 활동이 사회에 기여하는 바를 더 깊이 이해한다.**<br>1. '공동체 활동 빙고!' 활동지([부록 14-12])를 배포한다.<br>2. 학생들에게 5분 동안 공동체 활동의 예시와 각 활동이 사회에 기여하는 역할을 9가지 적도록 지시한다. 학생들은 지난 수업에서 습득한 내용을 적용할 수 있다. 동일한 활동 예시를 두 번 이상 쓸 수 있지만 이 경우에 다른 기여점을 제시해야 한다.<br>3. 빙고 정답을 미리 준비하여 뽑기 상자에 넣는다.<br>4. 학생들이 활동지 작성을 마치면 상자에서 하나씩 빙고 정답을 뽑고 알려준다. 빙고 정답이 학생이 작성한 활동 예시 및 기여점과 일치하는 경우 '×' 자 표시를 하도록 한다. 모든 학생이 빙고 패턴(가로세로 또는 대각선으로 세 개의 '×'가 연속)을 완성할 때까지 게임을 계속 진행한다. |
| **3. 결론(2분)** | 1. 학생들이 알고 있는 공동체 활동을 분류하고 학생들이 사회에 도움이 되는 활동에 더 많이 참여하도록 권장한다.<br>2. 방학 동안 빙고 게임에 언급된 공동체 활동을 적극적으로 실천하여 풍요로운 경험을 할 수 있도록 격려한다. |

| 4. 마무리 활동(5분)<br><br>▷ 교수자료<br>- [부록 14-15] 성장 확인 질문 | 1. 성장 확인 질문을 나누어 주고 학생들이 수업 내용과 스스로를 돌아볼 수 있도록 지도한다.<br>2. 수업 중 학생들의 참여도를 칭찬한다. |
|---|---|

## 4. 세부 지도 사항

### 1) 준비 활동

- 공동체 활동이 금전적 방식 외에도 다양한 방식으로 공공의 이익에 도움이 된다는 점을 강조한다.
- 상황에 따라 게임 난이도를 조정한다.
- 우승자에게 사탕이나 문구류와 같은 작은 상품을 제공할 수 있다.

### 2) 공동체 활동 빙고!

- 빙고 정답은 학생들이 한 번도 생각해 본 적 없는 활동 위주로 구성한다. 교수자가 학생들에게 다양한 공동체 활동을 소개함으로써 시민의식에 대한 이해를 높인다는 수업의 핵심 목표를 성취할 수 있다.
- 학생의 답이 빙고 정답과 유사하지만 정확히 일치하지 않는 경우 교수자가 최종 결정권을 가진다.
- 뽑힌 빙고 정답은 칠판에 붙여 모두 확인할 수 있도록 한다.
- 빙고 우승자에게 사탕이나 문구류와 같은 작은 상품을 제공하고 학생들과 함께 축하의 박수를 보낸다.
- 교수자는 예시 및 기여점의 수를 추가하여 게임 난이도를 높일 수 있다.
- 학생이 '공동체 활동 빙고'를 작성하는 데 어려움을 겪는 경우, 교수자는 힌트를 제공할 수 있다. 필요한 경우 교수자는 [부록 14-13]를 복사하여 학생이 참고할 수 있도록 한다. 다만, 이 경우에 학생이 제시된 예에 얽매이지 않고 자유롭게 다양한 공동체 활동을 제안하도록 한다.

## 5. 보충 활동(선택 사항)

| 활동 | 내용 | 권장 사항 |
|---|---|---|
| 사이 좋은 이웃 | **목표: 지역 내 공동체 활동에 대한 인식과 지역 사회에 대한 이해도를 높인다.**<br>'사이 좋은 이웃' 활동지([부록 14-14])를 나누어 주고 학생들에게 행정복지센터에서 지역 사회 활동 홍보물을 수집하도록 요청한다. 학급 전체가 수월하게 참여할 수 있도록 주의를 기울이고 학생들이 자신이 살고 있는 지역 사회에 대해 더 많이 알아가는 것에 초점을 둔다. 최종적으로 학생들에게 한 가지 공동체 활동을 선택하게 하고, 그 활동이 학급 전체가 참여하기 적합한 이유와 사회에 어떤 도움이 될 수 있는지 적게 한다. | 교수자는 학생들의 활동지를 읽고 여러 활동 사이의 공통점을 요약할 수 있다(예: 어려움에 처한 사람을 돕는다). 교수자는 학생에게 가장 선호하는 활동을 고르고 향후 이러한 활동에 직접 참여하도록 장려할 수 있다. |

## 부록 14-12 활동지: 공동체 활동 빙고

이름: ____________________

[게임 규칙]

1. 공동체 활동의 예와 사회에 기여하는 역할을 9가지 제시해 주세요.
2. 교수자가 미리 준비한 공동체 활동을 한 개씩 뽑아 답을 읽어 줍니다. 정답이 자신의 답과 일치하면 해당 칸에 '×' 표시를 하세요.
3. 세로, 가로, 대각선으로 연속된 세 개의 상자에 '×' 표시를 하면 "빙고!"라고 외칩니다.
4. 교수자는 모든 학생이 "빙고!"를 외칠 때까지 게임을 계속합니다.

| | | |
|---|---|---|
| 활동: ________ 기여점: ________ | 활동: ________ 기여점: ________ | 활동: ________ 기여점: ________ |
| 활동: ________ 기여점: ________ | 활동: ________ 기여점: ________ | 활동: ________ 기여점: ________ |
| 활동: ________ 기여점: ________ | 활동: ________ 기여점: ________ | 활동: ________ 기여점: ________ |

부록 14-13

# 교수자용 참고 자료: 공동체 활동 빙고 예시

| | | |
|---|---|---|
| **활동**: 헌혈<br>**기여점**: 사람들의 생명 구하기 | **활동**: 번역 자원 봉사<br>**기여점**: 지역 거주 외국인의 소통 지원 | **활동**: 깃발 판매<br>**기여점**: 기금 모금 |
| **활동**: 나무 심기<br>**기여점**: 환경 보호 | **활동**: 노인 가정 방문<br>**기여점**: 노인 돌봄 | **활동**: 길거리에서 쓰레기 줍기<br>**기여점**: 환경 정화 |
| **활동**: 범죄 신고<br>**기여점**: 공공 질서 유지 | **활동**: 보이/걸스카우트 가입<br>**기여점**: 팀워크 배우기 | **활동**: 정품 구매<br>**기여점**: 저작권 보호 |
| **활동**: 종이, 알루미늄 캔, 페트병 재활용하기<br>**기여점**: 환경 보호 | **활동**: 독거노인 방문<br>**기여점**: 노인 돌봄 | **활동**: 자선 바자회 조직하기<br>**기여점**: 기금 모금 |
| **활동**: 친구 사귀기 프로그램 참여<br>**기여점**: 모범적인 모습 실천 | **활동**: 도로 안전 순찰대 가입<br>**기여점**: 봉사 정신 배우기 | **활동**: 산불 예방 동호회 가입<br>**기여점**: 어려움 극복하는 법 배우기 |
| **활동**: 도서관 책 정리<br>**기여점**: 학구 혹은 이웃 돕기 | **활동**: 지역 동아리 가입<br>**기여점**: 대인 관계 기술 배우기 | **활동**: 이웃을 위한 도시락 봉사<br>**기여점**: 소외 이웃을 위한 도움 실천 |
| **활동**: 환자 방문<br>**기여점**: 필요한 도움 제공 및 격려 | **활동**: 아동 환자에게 이야기 들려주기<br>**기여점**: 놀이 지원 및 격려 | **활동**: 아동센터 어린이들에게 책 읽어 주기<br>**기여점**: 아이들 교육 |
| **활동**: 단체 캠프 참여<br>**기여점**: 팀워크 배우기 | **활동**: 오지 탐험 프로그램 참여<br>**기여점**: 개인적 성장 | **활동**: 중고 제품 판매 바자회 참여<br>**기여점**: 빈곤층에게 저렴하게 물품 제공 |
| **활동**: 옷 기부<br>**기여점**: 쓰레기 줄이기 | **활동**: 도서 기부<br>**기여점**: 필요한 사람에게 자원 제공 | **활동**: 자선 마라톤 기부 조직<br>**기여점**: 기금 모금 |
| **활동**: 자선 걷기 대회 참여<br>**기여점**: 이웃을 위한 기금 모금 | **활동**: 눈 오는 날 눈 치우기<br>**기여점**: 이웃들의 안전 도모 | **활동**: 교육봉사 자원하기<br>**기여점**: 취약 계층 학습 지원 |
| **활동**: 마을 축제 기획<br>**기여점**: 이웃 간 화합 증진 | **활동**: 학교 또는 지역 사회에서 부모와 자녀가 함께하는 활동에 참여<br>**기여점**: 가족 구성원 간의 소통 및 교감 증진 | **활동**: 노숙인에게 생필품 배포<br>**기여점**: 취약 계층 생활 지원 |

부록 14-14

# 보충 활동: 사이 좋은 이웃

이름: ____________________

다음 주에 집 근처 행정복지센터를 방문하여 지역 공동체 활동에 대한 정보(홍보물 등)를 수집하세요. 지역 공동체 활동은 학급 전체가 참여할 수 있고 지역 사회에 대해 더 많은 것을 배우고 깨달을 수 있는 활동이어야 합니다. 활동 중 하나를 선택하고 이 활동이 학급 전체가 참여하기에 적합한 이유와 이 활동을 통해 사회가 얻을 수 있는 장점을 적으세요.

| 활동명 | 활동 내용 |
|---|---|
| | |
| | |
| | |

[나의 선택]

활동명: ____________________

활동 내용: ____________________

활동을 선택한 이유: ____________________

# 부록 14-15 성장 확인 질문

이름: ______________________ 반: ______________________ 날짜: ______________________

**1. 수업 과제**

1) 사회의 공익을 위해 공동체 활동에 참여해 본 적 있나요?

2) 사회에 기여하는 공동체 활동의 예시를 들어 보세요.

3) 공동체 활동으로 인해 사회가 얻을 수 있는 장점에는 어떤 것들이 있나요?

**2. 숙제**

1) 쇼핑, 영화 감상, 게임 외에 방학을 더욱 알차게 보낼 수 있는 방법은 무엇일까요?

2-1) 가장 도움이 필요한 사람들은 누구일까요?

2-2) 이런 사람들을 돕기 위해 무엇을 할 수 있나요?

3) 양로원 방문이 가치 있다고 생각하나요? 그 이유는 무엇인가요?

Validated PYD programs are scarce in Asian societies. As such, the Project P.A.T.H.S. is a responsive and innovative program aiming at enhancing the well-being and purpose of junior high school students through positive education programs.

The P.A.T.H.S. Project is innovative in several ways. First, this is a pioneer large-scale positive youth development program in Hong Kong addressing the mental health needs of high school students (Grade 7 to Grade 12). In view of the growing youth mental health problems in Hong Kong, this is a needy and timely response. Second, it highlights the potential and strengths of young people based on the positive youth development (PYD) approach. The P.A.T.H.S. programs are the products of a paradigm shift-looking at the strengths of adolescents and believing that every young person will shine and thrive.

Third, it highlights the importance of positive education utilizing experiential learning pedagogies. Its adoption of an experiential education approach is also novel in Asian contexts where didactic teaching and teacher-centred teaching are strongly emphasized. The P.A.T.H.S. programs also show new and creative approaches to education: focus on reflective and collaborative learning, student-centred teaching and learning, systematic teacher training, and development of e-learning materials.

Fourth, the vision of the P.A.T.H.S. project is to enhance student well-being as well as holistic development. The focus on non-cognitive skills and 21st Century skills obviously disrupts the prevailing belief that academic excellence is the sole criterion for youth thriving which is the hallmark of education in Asia. The programs help young people develop psychosocial skills, knowledge, and reflections to shape society for the better. Besides, instead of focusing narrowly on youth problem behavior, our project upholds a holistic perspective to promote holistic youth development through 15 positive youth development constructs, such as bonding, resilience, and social competence. Hence, the P.A.T.H.S. programs are future-oriented focusing on the promotion of 21stCenturyskillstopreparestuden tsforthe"VUCA"(volatile,uncertain,complexandambiguous)world.Besides, the programs also enhance the knowledge and skills of the teachers and promote their reflective practice, hence contributing to the advancement of education.

Fifth, we focus on evidence-based PYD programs based on multi-method evaluation and promote scholarship of teaching and learning through publications. Unlike other prevention programs without evaluations, we employed systematic evaluation strategies (e.g., quantitative and qualitative evaluation, focus group interviews) to assess effectiveness and improve subsequent implementation. We have also adopted a scholarship of teaching and learning (SoTL) approach. We have 1,164 publications for the project). The publications can be divided into different categories, including 445 peer-reviewed journal articles, 182 books and special issues, 384 book chapters, and 153 conference papers. Work and impacts of our projects have also been published in newspaper and magazine articles, governmental official documents, and other scholars' review work. The P.A.T.H.S. program in Hong Kong has been identified by a paper as an evidence-based program published in Lancet.

Sixth, the P.A.T.H.S. programs are sustainable over time (including the COVID-19 pandemic period) and across contexts. We have transplanted and adapted the Hong Kong program, including the development of Tin Ka Ping P.A.T.H.S. program and a rural version of the P.A.T.H.S. program. Besides, to promote the well-being of university students, we have also developed a credit-bearing subject on leadership education using positive youth development constructs. We are currently developing the primary school version of the P.A.T.H.S. program with the hope that primary school students can benefit from the developed curriculum.

Finally, the reach of the P.A.T.H.S. programs is extensive, serving 674,637 and 1,035,042 student-times in Hong Kong and elsewhere, respectively. Over 11,000 teachers, social workers and allied professionals have been trained, which addresses the weaknesses of other training programs and promotes its high impact and sustainability. In Hong Kong (2005-present), more than 320 schools and 284,400 students (with 601,198 man-times) participated in the project from 2005 to 2018. From September 2019 till now, despite the Social Event in Hong Kong and the pandemic, the program has benefitted many students (216,671 students online and 89,732 students offline) and 3,921teachers. The research team has also collected evaluation data from more than 14,600 students and 85 teachers since 2019/20 academic year. Obviously, the reach of the program since the pandemic is enormous (306,403 students and 3,921teachers). The project has attracted huge earmarked grants (Hong Kong P.A.T.H.S. Project around US$97 million; Tin Ka Ping P.A.T.H.S. around US$1.8M) that signifies its perceived social impact by the donors.

There are several social impacts of the project. First, it enriches the toolbox on youth well-being promotion programs in Hong Kong. Outside Hong Kong, UNICEF has developed the Sri Lanka version and tested it in Sri Lanka. We are now developing the Spanish version of the program in Argentina as well as the Malaysian version in Malaysia. Besides, the rural, university and primary school versions are tools that can be used by teachers and allied professionals to enhance the mental health of children, adolescents and emerging adulthood.

Second, the P.A.T.H.S. programs enhance psychosocial competence and well-being in more than 1 million students. There are several lines of evidence supporting the effectiveness of the P.A.T.H.S. programs. First, objective outcome evaluation showed that students displayed better psychosocial competences such as resilience, emotional competence, self-efficacy and positive identity after joining the program. Second, subjective outcome evaluation showed that a majority of teachers and students perceived that the programs were able to enhance the psychosocial competencies of the students. Third, qualitative evaluation via interviews and focus groups showed that students agreed that they acquired more soft skills and improved their psychosocial competencies after joining the program. Fourth, students shared in their diaries that they gained much in psychosocial competence, self-understanding and interpersonal skills. Obviously, enhancement of psychosocial competencies would help to improve employability because employers are recruiting employees who are good in soft skills. The university version of the program (i.e., Tomorrow's Leaders) also leads to improved learning outcomes and employability.

Third, the P.A.T.H.S. programs enhanced professional and psychosocial competencies of more than 11,000 teachers through training and program implementation. It is noteworthy that the program is highly beneficial to teachers because teaching in differentAsiansocieties is commonly didactic in nature and teacher lack the positive attitudes and skills to teach positive youth development programs. Experiential learning is also not a common pedagogy in Asia. Through teacher training, the programs enhance the competence and wellbeing of teachers.

Finally, we are transforming high school mental health education by adoption and promotion of programs with positive education and experiential learning pedagogies. The program introduces and provides alternative modes of mental health programs that are more student-centred and interactive in nature. We believe the Project P.A.T.H.S. can save lives of many young people.

We are very pleased to conduct this collaborative research project involving the Hong Kong Polytechnic University and Korea University. Under the leadership of Professor Sun W. Park, we have completed the first step of translating and adapting the related curriculum materials. We earnest hope that the Korean version of the P.A.T.H.S. program can serve as a timely and constructive response to the growing adolescent mental health needs in Korea.

The Project PATHS: Past, Present and Future<br>Daniel T.L. Shek and Diya Dou<br>The Hong Kong Polytechnic University

# 저자 소개

**〈대표 저자〉**

• Daniel T. L. Shek (Principal Investigator)

(BSocSc, PhD, FHKPsS, BBS, JP)

Department of Applied Social Sciences The Hong Kong Polytechnic University

• Hing Keung Ma (Senior Co-principal Investigator)

(BSc, DipEd, MA, PhD, FHKPsS)

Department of Education Studies Hong Kong Baptist University

---

Tak Yan Lee (Co-principal Investigator)

(BSSc, MSW, PhD, RSW)

Department of Applied Social Studies City University of Hong Kong

Ching Man Lam (Co-principal Investigator)

(BSSc, MSW, PhD, RSW)

Department of Social Work The Chinese University of Hong Kong

Sandra K. M. Tsang (Co-principal Investigator)

(BSocSc, MSocSc, PhD, FHKPsS, C.Psychol. BPS, RSW, AFHKPCA, JP)

Department of Social Work and Social Administration The University of Hong Kong

Eadaoin K. P. Hui (Co-principal Investigator)

(BSocSc, C.Ed, MSc, PhD, FHKPS, C.Psychol. BPS, AFHKPCA, Cert.CounsellorHKPCA)

Faculty of Education The University of Hong Kong

Andrew M. H. Siu (Co-principal Investigator)

(PDOT, MSc, MSc, MCounselling, PhD)

Department of Rehabilitation Sciences The Hong Kong Polytechnic University

Patrick S. Y. Lau (Co-principal Investigator)

(BSc, DipEd, MA(Ed), PhD)

Department of Educational Psychology The Chinese University of Hong Kong

Ben M. F. Law (Co-principal Investigator)

(BSW, MPhil, PhD, RSW)

Department of Social Work and Social Administration The University of Hong Kong

Rachel C. F. Sun (Co-principal Investigator)

(BSocSc, PhD)

Faculty of Education The University of Hong Kong

# 역자 소개

박예린(Yerin Park)
시카고대학교 인간발달학과 박사 후 연구원이다. 청소년 및 청년기의 건강한 사회심리적 발달에 대해 연구하고 있다. 특히 교육환경이 정체성 발달에 미치는 영향에 관심을 두고 있다.

김소의(Soeui Kim)
고려대학교 심리학부 석사과정생이다. 한국인의 정체성 형성과 이것이 웰빙에 미치는 영향에 관심을 두고 있다.

김혜민(Hyemin Kim)
고려대학교 심리학부 석사과정생이다. 성격심리학을 연구하며 개인의 정체성 형성과 조직 내 리더 정체성에 관한 연구를 진행하고 있다.

장상원(Sangwon Jang)
고려대학교 심리학부 박사과정생이다. 육군 장교로서 장병들의 건강한 군 생활에 영향을 미치는 회복탄력성과 정체성에 관심이 있다.

문 현(Hyun Moon)
텍사스 오스틴 대학교 박사과정에 재학 중이다. 주관적 노화와 다양한 맥락적 요인의 상호작용이 중·노년기 건강과 웰빙에 미치는 영향을 연구하고 있다.

박선웅(Sunwoong Park)
고려대학교 심리학부 교수이다. 성격심리학자로서 사람들 사이에 존재하는 심리적인 개인차가 개인의 삶과 조직에 미치는 영향을 연구하고 있다. 특히 정체성 형성이라는 개인차에 관심이 많다. 저서로는 『정체성의 심리학』(21세기북스, 2020)이 있다.

**청소년 사회 정서발달 핸드북 Level 1**
P.A.T.H.S. to Adulthood:
A Jockey Club Youth Enhancement Scheme Activity Handbook 1

2025년 6월 5일 1판 1쇄 인쇄
2025년 6월 15일 1판 1쇄 발행

지은이 • Daniel T. L. Shek 등 공저
옮긴이 • 박예린 · 김소의 · 김혜민 · 장상원 · 문현 · 박선웅
펴낸이 • 김진환
펴낸곳 • (주)학지사
04031 서울특별시 마포구 양화로 15길 20 마인드윌드빌딩
대표전화 • 02-330-5114 팩스 • 02-324-2345
등록번호 • 제313-2006-000265호

홈페이지 • http://www.hakjisa.co.kr
인스타그램 • https://www.instagram.com/hakjisabook

ISBN 978-89-997-3436-6 93370

정가 27,000원